印刷工程专业系列规划教材

印刷质量与标准化

郑元林　主编　　林茂海　主审

化学工业出版社
·北京·

《印刷质量与标准化》以印刷品质量检测与控制为目标，系统地介绍了印刷质量检测原理与标准化的内容。首先整体介绍了印刷质量和印刷标准化的意义，以及目前印刷行业中几个印刷标准化认证规范；然后介绍了印刷质量检测的色度和密度基本原理，主观评价的方法及要求，质量检测与控制的重要参数以及检测的手段——印刷测控条和测试版等；接着结合国家标准和印刷行业标准给出了各类印刷品的检测方法、印后加工质量检测方法、印刷品的综合检测方法以及印刷品的环保检测要求和方法；最后结合 ISO 相关标准介绍了目前常用的印刷质量控制方法和印刷质量检测系统。

本书可作为高等院校印刷工程类本专科专业教材，也可作为印刷科研人员，从事印前处理、印刷质量和生产管理的工程技术人员的参考书；同时也适合作为包装工程、广告设计等相关专业的参考书。

图书在版编目（CIP）数据

印刷质量与标准化/郑元林主编 . —北京：化学工业出版社，2018.4（2024.9重印）
印刷工程专业系列规划教材
ISBN 978-7-122-31658-5

Ⅰ.①印… Ⅱ.①郑… Ⅲ.①印刷工业-质量管理-标准化管理-中国-教材　Ⅳ.①F426.846.3-65

中国版本图书馆 CIP 数据核字（2018）第 041796 号

责任编辑：杨　菁　闫　敏　　　　　　文字编辑：孙凤英
责任校对：边　涛　　　　　　　　　　　装帧设计：张　辉

出版发行：化学工业出版社（北京市东城区青年湖南街 13 号　邮政编码 100011）
印　　装：北京盛通数码印刷有限公司
787mm×1092mm　1/16　印张 13¼　彩插 4　字数 300 千字　2024 年 9 月北京第 1 版第 3 次印刷

购书咨询：010-64518888　　　　　　　售后服务：010-64518899
网　　址：http://www.cip.com.cn
凡购买本书，如有缺损质量问题，本社销售中心负责调换。

定　价：49.00 元　　　　　　　　　　　　　　　　　　　　版权所有　违者必究

前言

中国作为印刷大国，现在经历着向印刷强国转变的历史时期。印刷企业之间的竞争逐渐演绎成管理模式与战略思维的竞争。印刷标准化作为现代印刷企业持续发展的原动力，不仅在成本控制、生产效率、产品质量以及安全生产等方面发挥着举足轻重的作用，更重要的是它可以使企业不断提高和强化市场竞争力，实现企业的发展战略目标，推进企业的长足发展。因此，实行标准化生产和管理是印刷企业发展的重要支撑，标准化程度的高低直接关系着印刷品质量水平的高低。在印刷工程教育中，印刷质量与标准化的课程也被作为核心课程列在教学计划中。基于此，笔者编写了这本《印刷质量与标准化》。

本书的编写，既注重本科教学的理论性，又尽可能地结合印刷工业的生产实际，同时也注重将印刷质量检测的新技术、方法、标准等引入其中。书中系统地介绍了印刷质量与标准化的内容。首先介绍了印刷品质量检测和控制的基础——印刷色彩检测，接着结合 ISO 3664 和 ISO 12646 介绍了印刷品主观评价的方法；对于印刷品质量的客观评价，先从检测与控制参数开始，结合工业应用介绍了常用的印刷测控条和测试版，并提出了印刷品质量的综合评价方法；由国家标准和印刷行业标准给出了各类印刷品的检测方法和具体的参数指标；针对目前国家对环保的要求，结合相关标准介绍了印刷品的环保检测；对印刷品质量控制的方法、控制的要素等内容结合 ISO 2846、ISO 10128、ISO 12647、ISO 15339 等国际标准进行了介绍。最后，简单介绍了先进的印刷质量检测系统。

本书可作为高等院校印刷工程类本专科专业教材，也可作为印刷科研人员，从事印前处理、印刷质量和生产管理的工程技术人员的参考书；同时也适合作为包装工程、广告设计等相关专业的参考书。本书作为教材使用，参考学时为 40 学时，在实际教学中可以根据教学安排适当调整。

本书由郑元林担任主编。编写人员及写作分工如下：第四、五、六章由西安理工大学赵金娟编写，其余部分由西安理工大学郑元林编写，于淼淼翻译整理了部分 ISO 标准，刘腾收集整理了部分资料，邓轩协助进行了校对工作。全书由郑元林统稿。

本书由齐鲁工业大学林茂海老师主审。

在编写过程中得到了北京大恒图像视觉有限公司的支持，在此表示感谢。

限于编者学识水平，本书难免有不足之处，恳请各位专家学者及广大读者批评指正。

编者

目录

第一章 绪论 /1

第一节 印刷（品）质量 ……………………………………………… 2
一、印刷品质量 …………………………………………………… 2
二、印刷复制质量 ………………………………………………… 2
三、印刷品质量评判的标准和演化 ……………………………… 4
四、评判过程 ……………………………………………………… 5
五、印刷质量检测的意义 ………………………………………… 7

第二节 标准与标准化 …………………………………………………… 8
一、标准与标准化 ………………………………………………… 8
二、印刷标准与标准化 …………………………………………… 9

第三节 印刷标准认证 …………………………………………………… 9
一、G7 和 G7PC 认证 …………………………………………… 10
二、PSA 认证 ……………………………………………………… 11
三、GMI 认证 ……………………………………………………… 12
四、PSO 认证 ……………………………………………………… 12
五、绿色印刷认证 ………………………………………………… 14

第二章 印刷色彩检测基础 /15

第一节 印刷密度 ………………………………………………………… 16
一、密度的基本概念 ……………………………………………… 16
二、ISO 密度 ……………………………………………………… 18

第二节 色彩空间与色差评价 …………………………………………… 31
一、色彩空间 ……………………………………………………… 31
二、色差评价 ……………………………………………………… 36

第三节 色彩测量 ………………………………………………………… 39
一、色度测量几何条件 …………………………………………… 39
二、测量条件 ……………………………………………………… 45
三、测量背衬 ……………………………………………………… 46
四、数据报告 ……………………………………………………… 47

第三章　印刷品的主观评价 /49

第一节　印刷品比较和单独观察时的评价条件 …… 50
　　一、P1 条件 …… 51
　　二、P2 条件 …… 52

第二节　彩色软打样系统要求 …… 53
　　一、软打样的数据要求 …… 53
　　二、软打样的显示器要求 …… 53
　　三、显示要求 …… 54
　　四、显示驱动和模拟要求 …… 55

第三节　印刷品的主观评价方法 …… 56
　　一、主观评价观测条件 …… 57
　　二、印刷品表观质量的评价 …… 57
　　三、主观评价方法介绍 …… 58

第四章　印刷品评价与控制的主要参数 /59

第一节　实地密度 …… 60
　　一、墨层厚度对实地密度的影响 …… 60
　　二、实地覆盖率对实地密度的影响 …… 61

第二节　阶调值与阶调值增加 …… 62
　　一、阶调值 …… 62
　　二、阶调值的确定方法 …… 62
　　三、阶调值增加 …… 64

第三节　灰平衡 …… 68
　　一、中性灰的确定 …… 68
　　二、灰平衡及灰平衡曲线的绘制 …… 70
　　三、影响灰平衡的因素 …… 72

第四节　相对反差 …… 73
　　一、相对反差值的概念 …… 73
　　二、确定相对反差值的意义 …… 74
　　三、影响相对反差值的因素 …… 74
　　四、D_R 值部位的选择 …… 75
　　五、最佳实地密度与相对反差 …… 76

第五节　印刷色序和叠印率 …… 77
　　一、印刷色序 …… 77

二、确定印刷色序的一般原则 ……………………………………… 78
　　三、叠印率的测定 …………………………………………………… 79

▶ 第六节　光泽度 ………………………………………………………… 80
　　一、基本概念 ………………………………………………………… 80
　　二、光泽度的测量 …………………………………………………… 82
　　三、影响印刷品光泽的因素 ………………………………………… 84

第五章　印刷测控条的原理和种类 / 90

▶ 第一节　基本概念与原理 ……………………………………………… 91
　　一、测控条的检测原理 ……………………………………………… 91
　　二、测控条的分类 …………………………………………………… 92

▶ 第二节　制版测控条 …………………………………………………… 93
　　一、AGFA 数字制版控制条 ………………………………………… 93
　　二、GATF Merritt 印版测控条 ……………………………………… 95

▶ 第三节　数码打样测控条 ……………………………………………… 95
　　一、ISO 12647-7 测控条 …………………………………………… 96
　　二、BRUNNER 打样控制条 ………………………………………… 97

▶ 第四节　印刷测控条 …………………………………………………… 98
　　一、UGRA/FOGRA 印刷控制条 …………………………………… 99
　　二、ECI/BVDM 中性灰测控条 ……………………………………… 100
　　三、测控条的使用方法 ……………………………………………… 103

第六章　印刷测试版 / 105

▶ 第一节　GATF 测试版 ………………………………………………… 106
　　一、GATF 测试版的诊断功能 ……………………………………… 106
　　二、版面上的构成要素 ……………………………………………… 108

▶ 第二节　ALTONA 测试版 ……………………………………………… 112

第七章　印后加工质量评价 / 115

▶ 第一节　印后加工一般要求 …………………………………………… 116

▶ 第二节　书籍的印后加工要求 ………………………………………… 116
　　一、精装书的质量要求 ……………………………………………… 116

  二、平装书的质量要求 …………………………………………………… 117

> **第三节　印后整饰的质量要求** ……………………………………………… 118
  一、覆膜 …………………………………………………………………… 118
  二、上光 …………………………………………………………………… 119
  三、烫印和压凹凸 ………………………………………………………… 119

第八章　印刷品质量的综合评价方法 /120

> **第一节　综合评价的必要性** ………………………………………………… 121

> **第二节　综合评价方法** ……………………………………………………… 121
  一、综合评价法的特点 …………………………………………………… 121
  二、综合评判的步骤 ……………………………………………………… 122

第九章　不同类型印刷品的检测与评价 /126

> **第一节　分级与抽样检测** …………………………………………………… 127
  一、印刷品质量等级的划分 ……………………………………………… 127
  二、书刊印刷品检验抽样规则 …………………………………………… 127

> **第二节　平版装潢印刷品** …………………………………………………… 130
  一、成品规格尺寸偏差 …………………………………………………… 130
  二、套印允差 ……………………………………………………………… 130
  三、实地印刷 ……………………………………………………………… 131
  四、网点印刷要求 ………………………………………………………… 131
  五、印面外观 ……………………………………………………………… 131
  六、印面烫箔外观 ………………………………………………………… 132
  七、印面凹凸印外观 ……………………………………………………… 132
  八、印面覆膜外观 ………………………………………………………… 132
  九、印面上、压光外观 …………………………………………………… 132

> **第三节　凸版装潢印刷品** …………………………………………………… 133
  一、成品规格与尺寸偏差 ………………………………………………… 133
  二、套印允差 ……………………………………………………………… 133
  三、实地印刷要求 ………………………………………………………… 134
  四、印面外观 ……………………………………………………………… 134

> **第四节　柔性版装潢印刷品** ………………………………………………… 135
  一、外观 …………………………………………………………………… 135
  二、同批同色色差 ………………………………………………………… 136

三、印刷墨层结合牢度与耐磨性 ………………………………………… 136
　　四、套印精度 …………………………………………………………… 136

▶ 第五节　凹版装潢印刷品 …………………………………………………… 136
　　一、套印允差 …………………………………………………………… 136
　　二、实地印刷 …………………………………………………………… 137
　　三、印面外观 …………………………………………………………… 137

▶ 第六节　数字印刷品质量评价 ……………………………………………… 137
　　一、字符与线条质量指标 ……………………………………………… 138
　　二、大面积区域密度属性指标 ………………………………………… 139
　　三、局限性 ……………………………………………………………… 140

第十章　印刷品的环保检测 / 142

▶ 第一节　绿色印刷 …………………………………………………………… 143
　　一、绿色印刷的背景 …………………………………………………… 143
　　二、绿色印刷的发展现状 ……………………………………………… 143
　　三、绿色印刷的内涵 …………………………………………………… 143
　　四、绿色印刷的主要特征 ……………………………………………… 144

▶ 第二节　平版印刷品环保检测要求 ………………………………………… 144
　　一、印刷用原辅料的要求 ……………………………………………… 144
　　二、印刷产品有害物限量 ……………………………………………… 146
　　三、印刷过程宜采用的原辅材料 ……………………………………… 147
　　四、印刷过程宜采用的环保措施 ……………………………………… 147

▶ 第三节　凹版印刷品环保检测要求 ………………………………………… 149
　　一、印刷用原辅料的要求 ……………………………………………… 149
　　二、印刷过程采用的原辅材料 ………………………………………… 151
　　三、印刷过程采用的节能环保措施 …………………………………… 151

第十一章　印刷质量控制 / 153

▶ 第一节　油墨质量控制 ……………………………………………………… 154
　　一、油墨的色彩要求 …………………………………………………… 154
　　二、透明度特征 ………………………………………………………… 155
　　三、墨膜厚度 …………………………………………………………… 156

▶ 第二节　印刷控制的方法 …………………………………………………… 156
　　一、控制阶调值增加曲线方法 ………………………………………… 157

二、灰平衡校正方法 ·················· 157
　　三、CMYK 到 CMYK 多维转换的使用 ·················· 158
　　四、三种方法的对比 ·················· 159

▶ 第三节　印前数字打样质量控制 ·················· 160
　　一、打样的基本要求 ·················· 160
　　二、打样承印物的颜色和光泽度 ·················· 161
　　三、印刷出来的颜色 ·················· 161
　　四、其他要求 ·················· 162

▶ 第四节　ISO 12647-2 的印刷质量控制 ·················· 164
　　一、一般的技术要求 ·················· 164
　　二、打样和印刷的技术要求 ·················· 165
　　三、阶调复制范围 ·················· 170
　　四、阶调值增加和扩展 ·················· 170
　　五、图像位置误差 ·················· 172
　　六、纸张颜色偏差的处理 ·················· 172

▶ 第五节　跨技术的印刷数字化数据 ·················· 173
　　一、技术要求 ·················· 174
　　二、过程控制 ·················· 176
　　三、7 种特性化参考印刷条件 ·················· 177

▶ 第六节　G7 工艺 ·················· 180
　　一、G7 新的理念 ·················· 180
　　二、G7 的基本概念 ·················· 181
　　三、G7 校正的工具 ·················· 182
　　四、使用 FanGraph 进行 G7 校正 ·················· 183
　　五、G7 的常规印刷 ·················· 191

第十二章　印刷质量检测系统　/193

▶ 第一节　基于视觉的印刷质量检测系统 ·················· 194
　　一、检测原理 ·················· 194
　　二、质量检测系统 ·················· 195

▶ 第二节　检品机 ·················· 196
　　一、检品机发展现状 ·················· 196
　　二、系统功能 ·················· 196
　　三、系统结构及工作原理 ·················· 197

▶ 第三节　印刷质量检测系统的发展趋势 ·················· 199

参考文献　/202

第一章

绪 论

第一节 印刷（品）质量

印刷产品是采用一定的印刷工艺技术，通过印版或其他方法与承印物、油墨、印刷机械相结合，得到的以还原原稿为目的的复制品，又称为印刷品，或者印品。

一、印刷品质量

1. 印刷品质量的定义

印刷品种类繁多，用途广泛，笼统地给印刷（品）质量一个严密的定义是比较困难的。人们在评论印刷品质量的时候，总是不由自主地联想到审美、技术、一致性三方面因素。这种思考问题的方法是把人的视觉心理因素与复制工程中的物理因素综合在一起进行考虑的，也就是说既考虑印刷品的商品价值或艺术水平，也考虑印刷技术本身对印刷品质量的影响。但是实践证明，从商品价值或艺术角度评价印刷品质量的技术尚不完善。这样的评价往往不能可靠地表达印刷品的复制质量特性，只有从印刷技术的角度出发进行评定，才能正确地评价印刷品质量，使歧见取得统一。这种观点得到国内外大多数专家的赞同。

A. C. Zettlemeyer 等人曾经为"印刷品的质量"下过这样的定义：印刷品质量是印刷品各种外观特性的综合效果。从印刷技术的角度考虑，所谓印刷品的外观特性又是一个比较广义的概念，对于不同类型的印刷产品具有不同的内涵。

对于线条或实地印刷品，应该要求墨色厚实、均匀、光泽好、文字不花、清晰度高、套印精度好，没有透印和背凸过重，没有背面蹭脏等。

对于彩色网点印刷品，应该要求阶调和色彩再现忠实于原稿，墨色均匀、光泽好、网点不变形、套印准确，没有重影、透印、各种杠子、背面粘脏及机械痕迹。

上述这些外观特性的综合效果，反映了印刷品的综合质量，在印刷质量评判中，各种外观特性可以作为综合质量评价的依据，当然也可以作为印刷品质量管理的根本内容和要求。

2. 印刷品质量的内涵

印刷品质量的内涵包括以下几个方面：
① 印刷品接近原稿的程度；
② 印张对付印样的接近程度；
③ 同批印刷品的合格率和同批印刷品之间的一致程度。
前两项和印刷品的绝对质量有关，后一项和印刷品的相对质量有关。

二、印刷复制质量

印刷品质量概念的内涵和外延都很丰富，譬如对于书籍而言，装订质量也应当包括在

"印刷品质量"的范畴之内。然而，如此广泛地考虑印刷品的质量，从印刷图像复制技术的角度考虑，往往很不方便也无必要。G. W. Jorgensen 等人指出，前述关于印刷品质量的定义是不够准确的，从复制技术的角度出发，他们把印刷品质量定义为"对原稿复制的忠实性"。这种定义方法对进行印刷复制工艺研究和评价印刷复制各个阶段的质量是方便的。基于这种考虑，本书把印刷品的质量和印刷图像的质量区别成两个不同的概念，即把印刷图像质量定义为"印刷图像对原稿复制的忠实性"。

与印刷品质量的定义相比，印刷图像质量的定义缩小了讨论问题的范围，这样就可以把印刷图像视为二维或三维图画上具有亮暗和色彩变化的一定量单个像素的信息集合（注意，文字也可以作为图形信息处理，所以文字也可视为图像）。印刷图像质量充其量包括两方面的内容：图像质量和文字质量。现将表达图像质量和文字质量的特征参数分述如下，这些质量特征参数既可作为质量评价时的评判参数选用，也可作为质量管理中的目标参数选用。

1. 图像质量特征参数

图像质量特征参数可分为以下四种：阶调与色彩再现、图像分辨力、龟纹等故障图形以及表面特性。下面按此顺序进行说明。

阶调和色彩再现是指印刷复制图像的阶调平衡、色彩外观跟原稿相对应的情况。就黑白复制来说，通常都用原稿和复制品间的密度对应关系表示阶调再现的情况（复制曲线）。就彩色复制品来说，色相、饱和度与明度数值更具有实际意义。印刷图像的阶调与色彩再现能力不仅受到所用的油墨、承印材料以及实际印刷方法固有特性的影响，而且也常受到经济方面的制约。例如在多色印刷时，采用高保真印刷工艺就能够取得比较高的复制质量，可是那将是以提高成本为代价的。所以对于以画面为主题的印刷品来说，所谓阶调与色彩的最佳复制就是在印刷装置的各种制约因素与能力极限之内，综合原稿主题的各种要求，产生出多数人认为是高质量印刷图像的工艺与技术。关于最佳阶调和色彩复制的问题后边还将比较详细地叙述。

最佳复制中的图像分辨力问题，包括分辨力与清晰度两方面的内容。印刷图像的分辨力主要取决于网目线数，但网目线数是受承印材料与印刷方法制约的。人的眼睛能够分辨的网目线数可以达到每英寸（1in＝0.0254m）250 线，但实际生产中，并不总能采用最高网线数。此外，分辨力还受到套准变化的影响。清晰度是指阶调边缘上的反差。在分色机上，通过电子增强方法，能够调整图像的清晰度。但是，人们至今还不知道清晰度的最佳等级是什么。倘若增强太多，会使风景或肖像之类的图像看起来与实际不符，但像织物及机械产品的图像却能提高表现效果与感染力。

龟纹、杠子、颗粒性、水迹、墨斑等都会影响图像外观的均匀性。在网点图像中，有些龟纹图形（如玫瑰斑）是正常的，但当网目角度发生偏差时，就会产生不好的龟纹图形，影响图像颗粒性的因素很多，纸张平滑度、印版的砂目粗细都与图像的颗粒性相关。从技术角度讲，除龟纹与颗粒图形之外，人们可以使其他多数引起不均匀性的斑点与故障图形接近于零。

印刷图像的表面特性包括光泽度、纹理和平整度。对光泽度的要求依据原稿性质与印刷图像的最终用途而定。一般来说，复制照相原稿时，使用高光泽的纸张效果较好。在实际印刷中有时需要使用亮油来增强主题图像的光泽。光泽程度高，会降低表面的光散射，从而增强色彩饱和度与暗度。然而，用高光泽的纸张来复制水彩画或铅笔画时，效果并不太好，使用非涂料纸或者无光涂料纸，却可以产生较好的复制效果。纸张的纹理会在某种程度上损坏图像，通常应避免使用有纹理的纸张复制照相原稿。但使用非涂料纸复制美术品时，纸张原有的纹理会使印刷品产生更接近于原稿的感觉。

2. 文字质量特征参数

最佳文字质量的定义是非常明确的。它们必须没有下列各种物理缺陷：堵墨、字符破损、白点、边缘不清、多余墨痕等。

文字图像的密度应该很高。实际上，文字图像的密度受可印墨层厚度的限制。在涂料纸上，黑墨的最大密度约为 1.40～1.50；而在非涂料纸上，黑墨具有的最大密度均为 1.00～1.10。

笔画和字面的宽度应该同设计人员绘制的原始字体相一致。字体的笔画与字面宽度也受墨层厚度的影响。墨层比较厚的时候，产生的变形就会比较大，在一定的墨层厚度条件下，小号字产生的变形要比大号字产生的变形明显得多。为了获得最佳的复制效果，笔画宽度的变化应该保持在字体设计人员或制造人员所定规范的 5% 以内；字符尺寸应保持在原稿规范的 0.025～0.050mm 以内。

三、印刷品质量评判的标准和演化

1. 传统的评判方式到现代的评判方式

评判方式经历了从用眼睛、靠直觉、凭经验、描述感受的传统的主观评判方式到现代用仪器、靠数据、凭标准、描述异同的客观评判方式的发展过程。

2. 定性为主到定量为主的评判标准

过去定性评判标准多，文字描述为主：
① 画面整洁，无水迹、油迹和条痕；
② 无墨皮、纸毛、背面粘脏、重影、飞墨、浮脏等；
③ 文字、线条轮廓清晰完整，网点光洁，失真少；
④ 充分体现和反映原稿的风格和特点，质地感强；
⑤ 墨层色泽柔和、层次分明，景深清楚，拼接整齐，墨色协调一致；
⑥ 无褶皱、折角、糊版和花版，不堆墨等；
⑦ 不偏色，不发闷，人物肤色纯真，真实感强，实地平服；
⑧ 套印准确，边框正反面对齐等。

现在多以定量评判标准为主：
① 墨色的实地密度；
② 表征图像阶调、层次、反差的印刷相对反差和网点扩大值；
③ 呈现同色效果的同色密度偏差，同批同色色差；
④ 叠印率、灰平衡以及油墨的色偏、色效率、灰度、色强度等；
⑤ 影响图文清晰度的套印误差等。

3. 单一的评判方式到"三结合"的评判方式

"三结合"是指传统与现代相结合、定性与定量相结合、主观与客观相结合。它们的关系是客观评判为主和主观评判为辅相结合的综合评判方法；定量要求为主和定性要求为辅的质量标准；现代评判方式为主和传统评判方式为辅相结合的综合方式。

4. 印刷标准日趋完善

为了规范印刷品质量，全国印刷标准化技术委员会制定和修订了很多国家标准，如GB/T 7707—2008《凹版装潢印刷品》、GB/T 7706—2008《凸版装潢印刷品》、GB/T 7705—2008《平版装潢印刷品》、GB/T 22113—2008《印刷技术印前数据交换用于图像技术的标签图像文件格式（TIFF）》、GB/T 20439—2006《印刷技术印前数据交换用于四色印刷特征描述的输入数据》等；同时，在有些公司建立了标准化研究与推广基地、标准化试验基地等，为全国印刷的标准化工作奠定了基础。

四、评判过程

1. 客户对送审样的评判

在这种情况下，评判的主角是客户。客户的要求即客户提供的原稿是否被圆满地复制出来，是决定印制质量优劣以及客户在送审样上（一般为打样样张：单色样和叠色样或蓝图本）是否同意签字付印的主要根据。客户具有否决权。

一般来说，这个过程要几上几下，才能满足客户提出的要求（通常批注在送审样上），最终签字认可印前工作，正式转入印刷阶段。

2. 印刷现场的评判

正式开印前，一般由值班工段长、车间主任或技术（生产）副厂长现场评判，签出付印样。签字的依据是客户认可的送审样。个别客户到印刷现场签付印样（又称机上打样）。

以付印样为基准，在印样与付印样对照比较时，若有偏差应及时调整。要勤抽样检查，尽可能使在印印张与付印样张一致。

印刷时往往发现，刚刚印出来的印张视觉效果是色彩鲜艳、墨层厚实。但是过半个小时以后，再看就感到色彩变差，墨层不如原先厚实，变得浅薄了等。这种被称为干退密度现象，给印刷现场评判质量带来了难题。实际操作时，必须做到勤抽样检查（必须以付印样为标准），且必须给在印样有一个提高量，使之略深于付印样。因此，目测墨色时，要凭经验估计，略有一个提高量，经过一段时间，颜色就退到和付印样的色泽一样了。这种经验估计，往往误差大，没有数据，只可意会，不可言传。此时的质量评判不仅要准，而且要快速及时，否则停机时间就太长，损失也就大了。

3. 印后加工现场的评判

是指在上光、覆膜、烫金、压凹凸以及折页、装订或者模切、压痕、制盒等期间对在制印刷品的评判和检查。

4. 印刷品出厂前的评判

成品车间（又称完成时间）对出厂前的印刷品进行检查，剔除废、次品，清点数字等。

客户接收产品的核查依据是客户亲自认可的送审样。

5. 消费者对印刷品的评判

消费者对印刷品的评判包括消费者对印刷品的残次质量的投诉、调换、退货、诉讼等举措。

6. 各种各类印刷品质量的等级评判

定期或不定期有制版、印刷专家对各种各类印刷品（平印、凸印、凹印、孔印等类印刷品，书刊、画册、连环画、图片、纸盒等）分门别类地进行印刷质量优劣登记的评比。评比依据是各种各类的印刷品各自的原稿或客户事先（印前）要求。

行业公认的普遍质量要求包括：套印准确，色泽均匀，无斑点墨皮、背面沾脏、弓皱、色差、花版、脏版、条痕、剥纸等问题。

上述六种情况，都需要适当的评判项目和一定的评比标准，以及统一的、标准的照明光源。

到目前为止，上述六种情况的判断，大多还是凭经验、靠肉眼感受以及文字描述的质量评价要求。

这种以主观评价为主的评价印刷质量的经验方法，又称印刷质量评判的传统方法。人们主要依据长期工作实践所积累的经验来从事这项工作，虽有一定的准确性，但受评判人员的视觉生理差别、心理素质差别以及情绪因素等的影响，使评判工作或多或少地存在印象分的成分。同时，由于缺乏客观的质量数据资料，故说服力不强。有时对某些产品的评定，评判人员看法也不一，各执一词，迟迟统一不起来。

正因为这样，现在有些单位和主管部门，已着手采用测控条和测量仪器相结合的定量检测方法，并制定了相应的印刷质量标准。例如，由中华人民共和国国家质量监督检验检疫总局和中国国家标准化管理委员会发布并实施的国家标准（GB）《平版装潢印刷品》《凸版装潢印刷品》等；由中华人民共和国国家新闻出版广电总局发布的行业标准（CY）《书刊印刷优质产品条件》《绿色印刷 通用技术要求与评价方法 第1部分：平版印刷》等。发展领先的印刷企业凭借自身的技术优势，制定本企业的标准。有些企业甚至成为我国印刷标准的先行者，例如雅昌成为中国印刷标准化技术应用与推广的基地。

7. 客户与印刷企业就印刷质量看法不同发生的仲裁评判

由于甲、乙双方对印刷品质量要求事先在某些方面没有明确，或者明确得不够、有疏漏，在印刷品交付时发生不合格或合格的不同看法，甚至上诉法院。此时，必须由某权威的印刷质量检测机构作为真正独立的第三方出面，做出公平、公正、公开的仲裁性的质量评判，供法院作为判决的依据。其评判的依据是公认的行业标准（或企业标准）以及甲、乙双方事先的书面约定。评判人员是和甲、乙双方毫无关系的业内评审质量的权威人士。被评审的样张是甲、乙双方有不同看法的印刷品。

8. 国际性、地区性书展或印制大奖赛上的印刷质量评判

例如，德国莱比锡国际书展、美国印制大奖（Premier Print Awards）、中国香港印制大奖等。此时，被评比的各种各类印刷品是由参赛国或地区选送（通常是各参赛国或地区百里挑一、精心选择而报送）来的。评审的专家是世界印刷业质量检测方面的权威和知名人士，评判的标准是国际公认的质量要求和艺术效果，以及是否是满足适用性、装帧设计、包装创意、创新程度（新材料、新工艺、新技术）、民族特色、环保程度等要求的精品力作。

五、印刷质量检测的意义

1. 意义

印刷质量检测是印刷质量管理向数据化、规范化和标准化方向发展的必然需要。印刷质量管理由定性为主发展为定量为主，必然要求印刷质量要有数据和规范标准来表征其优劣，印刷质量检测是顺理成章之事。

印刷质量既要上乘，又要稳定，印刷质量检测是重要前提，它必然要求：操作要规范，仪器和测试项目要统一，规范标准要科学，管理要严格，操作人员的素质要提高。

印刷质量检测是沟通客户与企业之间业务交往的重要环节，它使印刷质量的评价以客观为主，主观评价为辅，减少了随意性。

印刷要和国际先进水平接轨，必然要求实施印刷质量检测数据化、规范化和标准化，才能使印刷质量要求可操作性强，重复性好。

通过对一系列印刷质量数据的测定、分析和归纳，找出印前（制版）和印刷两大工序之间的联系和规律，以确定评价印刷质量的规范标准，为稳定和提高印刷质量创造良好条件。

使整个印刷工艺流程的上下工序之间责任分明、衔接紧密，既提高工作效率又避免相互推诿，使企业的全面质量管理上一个新的台阶。

在生产中，对印刷质量及时进行数据测定和分析，便于迅速而准确地找出和解决影响印刷质量的关键因素，使损耗大幅下降，降低成本，提高经济效益。

质量检测是实施全面质量管理，实现 ISO 9000：2000 质量管理体系的基础，也是 ISO 14000 保障可持续发展认证和实施的前提，更是 OHSAS 18000 职业安全卫生标准认证和实施的前期工作。

2. 检测与控制的关系

对印刷品的质量进行适时的检测是为了及时了解在印品的质量状态，一旦发现问题，及时做出正确的相应调整，使生产质量始终处于稳定、受控、达标、废次品尽可能少的程度。而这种适时的调整和控制，在以往主要是靠作业人员的感觉和目测比较，然后手工做出调整和控制的，其反应速度的快慢和准确性取决于人们的经验、责任心和团队精神。而现在和往后，将越来越多地借助仪器设备的智能化检测和控制以及在线质量检测和控制，做到检测和控制的密切结合，这种结合简称为测控。

3. 测控与适性的关系

检测与控制的紧密结合是真正意义上的测控。适性这里指的是印刷适性。所谓印刷适性是指承印物、印刷油墨以及其他材料与印刷条件相匹配适合于印刷作业的总性能。前后两者密不可分，适性匹配在前，测控在后；相互制约、相互促进。测控与印刷适性的密切结合才是可持续发展的必然特征和客观需要。

第二节 标准与标准化

在经济全球化的带动下,标准越来越成为国际竞争的重要环节,标准化应用在各行业都备受关注。中国作为全球经济体的重要一员和生产大国,印刷行业也进入了不断融入国际化的进程。全球的印刷供应商们纷纷认识到标准的重要性,开始推行印刷标准化,而国际印刷品买家为了加强其自身管理效率和品质一致性,对印刷供应商也提出了或多或少关于标准化的要求。

一、标准与标准化

按 ISO 和 GB/T 20000.1—2014 的定义,标准化是指"为了在既定范围内获得最佳秩序,促进共同效益,对现实问题或潜在问题确立共同使用和重复使用的条款以及编制、发布和应用文件的活动"。标准化活动确立的条款,可形成标准化文件,包括标准和其他标准化文件。标准化的主要效益在于为了产品、过程或服务的预期目的,改进它们的适用性,促进贸易、交流及技术合作。

标准是指"通过标准化活动,按照规定的程序协商一致制定,为各种活动或其结果提供规则、指南或特性,供共同使用和重复使用的文件"。而文件的实质内容就是"条款"。故简而言之,"标准"就是一种公认的"条款"和"规矩"。标准宜以科学、技术和经验的综合成果为基础,以促进最佳社会效益为目的。

条款是指"规范性文件内容的表述方式,一般采用陈述、指示、推荐或要求的形式"。可见由条款组成了规范性文件。陈述型条款在标准中仅仅用来提供信息,不作为任何要求和建议。要求型条款在标准中表示如果声称符合标准需要遵守的准则,并且不允许有差异。推荐型条款介于陈述型条款与要求型条款之间,既不是强烈的"要求",也不是一般的"陈述"。它只能利用助动词"宜"或"不宜"来表达。将一些相关的条款集中在一起,就构成了规范性文件的实质内容。表 1-1 列出了条款中常见的助动词的中英文对照。

表 1-1 条款中常见的助动词的中英文对照

条款类型和表述性质	助动词	
	中文	英文对应词
要求型	应	shall
	不应	shall not
推荐型	宜	should
	不宜	should not
陈述型	可	may
	不必	need not
	能	can
	不能	can not

按照标准化对象，通常把标准分为技术标准、管理标准和工作标准三大类。技术标准是指对标准化领域中需要协调统一的技术事项所制定的标准。技术标准包括基础技术标准、产品标准、工艺标准、检测试验方法标准及安全、卫生、环保标准等。管理标准是指对标准化领域中需要协调统一的管理事项所制定的标准。管理标准包括管理基础标准、技术管理标准、经济管理标准、行政管理标准、生产经营管理标准等。工作标准是指对工作的责任、权利、范围、质量要求、程序、效果、检查方法、考核办法所制定的标准。工作标准一般包括部门工作标准和岗位（个人）工作标准。

按照标准的应用范围可以分为国际标准、国家标准、行业标准、地方标准、企业标准等，在我国的《中华人民共和国标准化法》中，标准分为国家标准、行业标准、地方标准和企业标准四级。

国际标准：指由国际性标准化组织制定并在世界范围内统一和使用的标准。目前是指由国际标准化组织（ISO）、国际电工委员会（IEC）、国际电信联盟（ITU）所制定的标准，以及被国际标准化组织确认并公布的其他国际组织所制定的标准。国际标准是世界各国进行贸易的基本准则和基本要求。

国家标准：指由国家的官方标准机构或国家政府授权的有关机构批准、发布并在全国范围内统一和使用的标准。如日本工业标准（JIS）、德国标准（DIN）、英国标准（BS）、美国标准（ANSI）等。

行业标准：指由一个国家内一个行业的标准机构制定并在一个行业内统一和使用的标准。如新闻出版行业标准（CY）、包装行业标准（BB）、环境保护行业标准（HJ）等。

企业标准：是对没有国家标准、行业标准和地方标准而又需要在企业范围内协调、统一的技术要求、管理要求和工作要求所制定的标准。企业标准由企业组织制定，在企业内部适用，并按省、自治区、直辖市人民政府的规定备案。

二、印刷标准与标准化

印刷标准化是对印刷工艺全流程提出整套改进和提高的控制方法和管理手段，目的是要做到数据化控制、规范化操作和专业化管理。印刷标准化可以促进印刷企业提高科学管理水平和技术进步，保证印刷原材料质量，为印刷产品最优化奠定了基础，使数据化、规范化操作有了依据；使印刷产品在国际市场具有竞争力，能产生经济效益，实现产业升级。

第三节　印刷标准认证

随着印刷品买家对印刷品质量要求的不断国际化，更多的印刷品供应商已经意识到国际印刷标准认证的重要性。"印刷标准认证"属于工艺标准认证，包括基于印刷数字化工作流程，为符合 ISO 12647-2《胶印工艺技术标准》等印刷标准而设计的印刷工艺方法，及对此进行的认定。目前主要的印刷标准化认证主要有以下几个。

一、G7 和 G7PC 认证

G7 是由美国 IDEAlliance 发展出来的,"G"代表灰色 Gray,"7"代表国际标准协会（ISO）所定的七种基本墨色（CMYKRGB），而 GRACoL7 是 GRACoL 标准的第七版本，G7 则是根据 GRACoL 7 标准制定的一套新校准方法。G7 可应用于不同的印刷方法和打样，是一种校正方法，不是标准，是品质控制的方法，利用灰平衡（gray balance）作为校正的基础，是结合印刷数据化及目测的应用。

使用 G7 可以更快、更有效地达到 ISO 12647、GRACoL 等标准，也令校正机器的时间缩短，效率得以提高。

1. IDEAlliance G7 企业认证计划

IDEAlliance G7 企业认证计划专为已经应用 G7 校准方法的打样公司及印刷企业而设，此认证的意义是指打样公司或印刷企业具有一定的能力使用最先进的技术、质量控制方法与标准制作高质量的商业印刷品。G7 认证企业在生产的过程中应用 G7 色彩控制及校正方法，从而可以确保印刷的质量，而 IDEAlliance 所颁发 G7 认可资格，以显示企业的能力。G7 企业认证计划须每一年重新申请认证一次。

G7 企业认证计划共设四个级别：分别为 G7 Grayscale、G7 Targeted、G7 ColorSpace 和 G7 Production Proof，见表 1-2。

表 1-2　G7 企业认证计划各级别的达标要求一览表

级别 要求	G7 Grayscale	G7 Targeted	G7 ColorSpace	G7 Production Proof
印张均匀性	▲	▲	▲	▲
P2P 中性灰	▲	▲	▲	▲
P2P 的 CMTKRGB		▲	▲	▲
IT8.7/4 数据			▲	▲
适用企业	平版印刷 柔性版印刷 丝网印刷 数码印刷	平版印刷 数码印刷	平版印刷 数码印刷 数码打样	数码打样

注：▲表示不同级别的认证需要达到的要求。

① G7 Grayscale。这是认可企业的最低要求。要通过此级别，必须达到中性灰的要求（测量两个 P2P），同时样张左右要平均。

② G7 Targeted。要达到此级别，先要达到 G7 Grayscale 要求，同时 CMYK 和 RGB 也必须达到标准。建议企业认证时使用 ISO 2846 油墨或 CMYK 墨色达 ISO 12647 的要求；纸张方面可选择使用 ISO 或非 ISO 标准纸，若使用非 ISO 标准纸，则可使用"随纸白修改目标值概念（substrate-corrected aims）"，就是目标值随纸白而变，可用 APTEC 所提供的运算工具，重新计算印刷目标值，假如样张达到要求，就可取得 G7 Targeted Relative 的资格。另外，亦可选用 ISO 标准纸张认证，如果样张达到标准，可取得 G7 Targeted 的资格。

③ G7 ColorSpace。印前制版或提供数码打样服务的企业适合考取，平版印刷企业亦可选择考核此级别。企业要考获此级别，必须使用 ISO 标准纸张，同时，除了达到上述 G7

Targeted 的要求外，IT8.7/4 整个数据库也必须达到达标要求。无论是通过哪一位专家做培训及认证，专家必须最后将印张提交至 APTEC 进行核实，如果认证合格，APTEC 将会签发 "G7 认可企业（G7 Master）" 证书，并将企业资料上载至 www.idealliance.org 及 www.idealliance-china.org，在 idealliance-china 网站上，会列明每家认可企业的级别。

④ G7 Production Proof。此级别适用于打样公司，必须达到 ISO 12647-7 达标要求，必须达到 IDEAlliance 所定制的在 IT8.7/4 及 IDEAlliance 12647-7 Control Strip 的其他达标要求，即必须达到印张平均性。

2. IDEAlliance PC 认证计划

G7PC 认证企业是 G7 认证企业的 "进阶版"，亦是由 IDEAlliance 发展出来的。PC 是 "Process Control" 的简写，代表持续流程控制概念，并将应用在日常生产流程中，从而提升生产质量，亦作为获取 PSA 或 PSO 的基础。要考取 G7PC 认证企业，必须进行为期四季的评估，具体要求如下：

第一季：
① 印张达到 G7 Targeted 或 G7 ColorSpace 要求；
② 数码打样达到 G7 ColorSpace 要求；
③ 通过 G7 PC 认证专家实地的生产流程评估；
④ 提交所有有关的标准操作守则（Standard Operating Procedure，SOP）。

第二至第四季：每季提交平日生产的印张，印张上必须加上控制色表，现有的 G7 认证企业，可申请升级为 G7 PC 认证企业；而尚未获得 G7 认证资格的企业，也可直接申请考取成为 G7 PC 认证企业。G7 PC 认证企业资格为期一年，必须每年重新认证。

二、PSA 认证

PSA 全名为 Printing Standards Audit，由美国 RIT（Rochester Institute of Technology，罗切斯特理工学院）设计及执行，严谨及客观地评估印刷厂的工作流程是否符合国际标准。PSA 可以说是 G7 Master 的一个延伸，由 G7PC Expert 协助进行。主要目的是审核企业的标准工作流程操作的使用、印刷颜色的评估、色彩数据库（Dataset）匹配。

PSA 是透明公正及客观的认证程序，重点是审核印刷企业能否根据颜色数据库（characterization dataset）进行印刷及制作打样，并审核由印前至印刷的流程。申请认证的企业可选择 GRACoL 或 SWOP 为目标值。如果印刷企业选择 GRACoL（SWOP），并成功通过 PSA 认证，将会取得 "PSA Certification to CGATS TR006（TR003，TR005）Dataset According to CGATS TR016" 的资格；如果该企业同时为 G7 认证企业（G7 Master），将会取得由 IDEAlliance 颁发的 "G7 GRACoL（SWOP）certified" 资格。取得了 PSA 认证资格，表示印刷企业已经掌握了标准化的应用。PSA 有效期为两年，但需要进行中期审核。

根据 PSA 的规定，PSA 顾问/培训员和 PSA 审核员的角色必须分开，只有从事印刷教育机构的人士方能成为 PSA 审核员，并且不能与申请的印刷企业有任何商业关系。审核员的角色是于 PSA 考核当日进行实地审核，并撰写审核报告，最终的印张测量、分析及证书颁发，则是 RIT 的工作。PSA 审核员完成当天的实地审核后，申请公司必须将印张寄往 RIT 进行测量，RIT 将会就以下的范畴作评估，见表 1-3。

PDF 文件处理：检视 PDF 档内的总油墨量处理及色彩管理/转换的处理。

表 1-3　PSA 相关标准要求

工作流程	目标	宽容度	相关标准
PDF 文件处理	ISO 15390		ISO 12647-2 Data Delivery
打样	ISO 12647-7	ISO 12647-2	
印刷机校正及印张标准	TR003（SWOP）	CGATSTR016	ISO/TS 10128（Calibration） ISO 2846-1（ink） ISO 13655（Measurement）
	TR005（SWOP）	CGATSTR016	
	TR006（GRACoL）	CGATSTR016	

打样的标准：是根据 ISO 12647-7，包括打样纸张颜色、CMYK 实地的偏差宽容度（即与目标值的最大差别）、印张均匀度、阶调增加值、中性灰、IT8.7/4 及 IDEAlliance 打样测控条的颜色要求。

印前及 CTP 制版的审核：包括制作流程、版材品质控制、版材处理及维护、RIP 设定等。

印张标准：将会从多方面检视，包括偏差宽容度［即校准后印张（OK 印张）与目标值的最大差别，检查包括 IT8.7/4、CMYK 实地、50%CMYK 和中性灰］、变化宽容度（即印品与 OK 印张的最大差别，检视包括 CMYK 实地、50%CMYK 和中性灰）、印张均匀度（IT8.7/4）。PSA 重点必须使用 ISO 2846-1 标准油墨，可使用 ISO/TS 10128 内所列的其中一种校正方法（即阶调增值、灰平衡或色彩管理 Device-Link），目标值亦可根据 GRACoL 或 SWOP 再随纸白而重新计算。

在印张评估上，PSA 的分数计算方法是基于偏差宽容度、变化宽容度和印张均匀度而计算的，每部分有不同的比重及级别（Level A、B、C），然后计算总分数。

三、GMI 认证

GMI 是国际图形测量公司的简称。GMI 认证的主要目的是为了提高 Target 产品的包装质量，并帮助其旗下印刷厂提高生产效率及稳定印刷色彩，是 Target 公司指定的对包装供应商评估及持续的包装样品测量的专业化机构。GMI 认证负责建立和运营一个专业网站，保存所有包装数据，并通过相关路径向 Target、产品供应商和认证的包装供应商提供报告。GMI 认证实际上是对包装供应商的评估与认证。

GMI 提出的认证模式主要有两个，一是引用 ISO 12647-2；二是增加了对文件、过程、维护、现场表现、质检项目等规范作为认证的考核点。

GMI 认证突破了原有的认证模式，抓住影响效率与质量的关键点，把主要焦点集中在印刷生产的过程控制上，印刷技术能力要求相对较严谨，认证涵盖面也较为广泛。

这样做的目的就是希望能改善原有的以经验为主导的作业模式，使其过渡到数字化的制程控制模式，让包装产品无论在不同的国家、不同的印刷厂、不同的时间段都能印出相同的色彩与质量，实现透明化管理；而且最为重要的是，通过认证后包装供应商就具有合法竞标零售商订单的机会，从而也促进了业界的良性的竞争。对于全球认证范围而言，这是新兴的认证模式。

四、PSO 认证

PSO 全名为 Process Standard Offset，是一项认证计划，是由德国印刷传媒工业联盟

(Germany's Printing and Regional Printing and Media Industries Federation，德语简写 bvdm）组织发展出来的，并由德国 FOGRA 及瑞士 UGRA 执行认证。PSO 跟 PSA 相类似，都是审核由印前至印刷的整个流程，但最大的分别在于 PSO 以 ISO 12647 为标准。而 FOGRA PSO 及 UGRA PSO 考核内容大致相同，不同的是 UGRA PSO 需要审核公司架构及文件，即需要符合 ISO 9000。PSO 有效期为两年，但需要进行中期审核。

　　PSO 认证的主要内容，其中主要涉及 7 个 ISO 标准：ISO 15930《印刷电子文件制作要求》、ISO 12646《观察颜色用的屏幕要求》、ISO 12647-7《数码样制作要求》、ISO 12647-2《印刷生产要求》、ISO 3664《观察颜色的光源要求》、ISO 2846-1《油墨特性要求》以及 ISO 9001《生产过程中各工序的描述文件及操作手册的编辑和管理要求》。若印刷企业能在生产过程中有效控制相关参数，其印品的色彩将达到 ISO 12647-2 标准的要求，如图 1-1 所示。

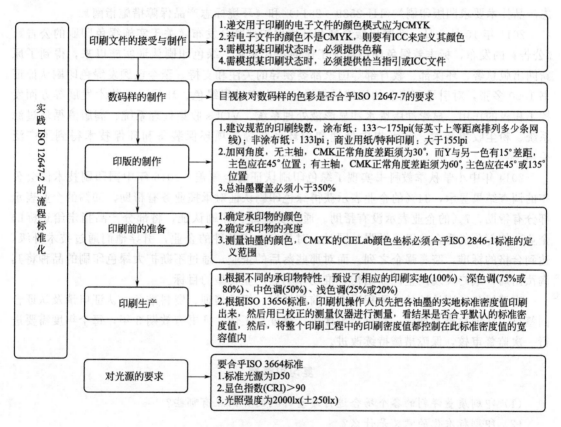

图 1-1　PSO 认证的主要内容

　　企业要获得 FOGRA PSO，可以选择 Prepress、Press 或同时获得 Prepress 和 Press，培训及认证是由认证的 FOGRA PSO Partner 进行，印张则由 FOGRA 及 bvdm 一并检查和测量，如果合格，FOGRA 及 bvdm 将会一同发出证书，该企业将会荣获"Certified Printing Company According to ISO 12647-PSO"。

　　至于 UGRA PSO，培训由 UGRA PSO 专家进行，认证则必须由 UGRA 派员实地审核，印张亦是由 UGRA 测量，如果合格，UGRA 将会发出 UGRA PSO 认证企业证书。

　　通过贯彻实施 PSO，从数据文件生成到最后印刷产品的整个印刷产品质量就可以得到保证。PSO 包括了足够的测试、控制的设备和方法，包括光谱和密度仪，以及测控条等，从而产品生产过程可以得到监控、指导和验证。通过与现代的生产条件和材料相结合，PSO方法设定了生产过程中的目标值及容差，概括为需要实现和可实现。PSO方法的目标是为了确保整个生产流程的高效率，实现产品在任意生产阶段的质量可控制和可预测性。

五、绿色印刷认证

绿色印刷认证作为企业实现绿色发展的重要手段，在企业管理、业务拓展、形象建立等经营活动中起着越来越重要的作用。印刷企业参与绿色认证积极性在不断增强，通过认证的企业数量在逐渐增多，对与之相配套的认证范围也在逐渐扩大。目前，绿色印刷认证主要包括平版印刷、商业票据印刷、凹版印刷三类。认证依据分别为《环境标志产品技术要求平版印刷》（HJ 2503—2011）、《环境标志产品技术要求票据印刷》（HJ 2530—2012）、《环境标志产品技术要求凹版印刷》（HJ 2539—2014）和《环境标志产品保障措施指南》。

2011年10月8日，新闻出版总署和环境保护部联合发布《关于实施绿色印刷的公告》。《公告》的发布，标志着绿色印刷认证工作的正式实施。绿色印刷认证实施以来，得到了原新闻出版总署、环保部、教育部等国家部委领导的关注和支持。至今已颁发绿色印刷认证证书1000多张，对引导印刷业的原辅材料绿色、生产过程绿色、环保设备技术发展等方面发挥了积极的作用。显影冲版废水和显影液处理系统、VOCs收集处理系统、润版液循环过滤系统、粉尘收集装置、污水集中处理和循环系统等各项环保装备和环保技术得到了广泛采用。

2014年中小学秋季教科书实现了绿色印刷认证的全覆盖。2016年中国印刷技术协会公布的调查结果显示，34%的企业表示获得绿色印刷认证对承揽业务有帮助，59%的企业表示部分有帮助，7%的企业表示没有帮助。通过实施绿色印刷认证，将部分产品指定给达标的企业，使部分优秀企业迅速做强。同时，对具有一定条件的企业，引导他们通过技术升级，达到合格的标准，跻身强企之列。而对那些落后的企业，通过不断扩大绿色印刷的品种将其淘汰出局，最终实现调整产业结构、推动印刷业产业转型的目标。

申请绿色印刷认证的主要程序有：前期辅导、标准培训、资料准备、认证申请及认证合同签订、认证检查及抽样、检查结果评价、获证后工作。证书有效期3年，每个年度需要进行一次监督审核，保障措施持续改进。

复习思考题

（1）印刷质量评判的各个场合进行质量评判的异同点有哪些？
（2）印刷标准化的意义是什么？
（3）印刷工业常见的认证有哪些？请简单介绍。

第二章

印刷色彩检测基础

第一节 印刷密度

一、密度的基本概念

1. 密度的定义

自然界的物体表面具有各种各样的颜色，在所有的颜色中，物体对光谱色的选择性吸收是产生颜色的主要原因。在颜色科学中，密度是表示颜色深浅的物理量，密度通常分为透射密度和反射密度。

对于透射物体，由朗伯-比尔定律写成如下形式：

$$D_\tau = \lg \frac{1}{\tau} = \lg \frac{\varphi_i}{\varphi_\tau} = a_\lambda l c \tag{2-1}$$

式中 D_τ——透射密度；

φ_i——入射光通量；

φ_τ——透射光通量；

τ——透射率（比）；

l——物体厚度；

c——介质浓度，单位体积内含有色料的数量；

a_λ——吸收物体的分子消光指数，它与物体的分子结构有关，与照射波长有关。

对于反射物体，将透射率 τ 改为反射率 ρ；将透射光通量 φ_τ 改为反射光通量 φ_ρ；将透射密度 D_τ 改为反射密度 D_ρ 即可。

2. 多层叠合呈色和密度的计算

如果将一束光 φ_i，经过第一种物质被吸收后成为 φ_1，再经第二种物质后成为 φ_2。如果以 φ_1/φ_i 表示第一种物质的透射率 τ_1，以 φ_2/φ_1 表示第二种物质的透射率 τ_2，如图 2-1 所示，其透射率、透射密度分别可用下面的方法计算。

第一层的透射率 τ_1 与透射密度 D_{τ_1} 为：

$$\begin{aligned}\tau_1 &= \varphi_1/\varphi_i \\ D_{\tau_1} &= \lg \frac{1}{\tau_1}\end{aligned} \tag{2-2}$$

第二层的透射率 τ_2 与透射密度 D_{τ_2} 为：

$$\begin{aligned}\tau_2 &= \varphi_2/\varphi_1 \\ D_{\tau_2} &= \lg \frac{1}{\tau_2}\end{aligned} \tag{2-3}$$

则通过两层物质后的合成透射率和合成密度值如下。

合成透射率：

$$\tau = \frac{\varphi_2}{\varphi_i} = \frac{\varphi_1}{\varphi_i} \times \frac{\varphi_2}{\varphi_1} = \tau_1 \tau_2 \qquad (2\text{-}4)$$

合成密度：

$$D_\tau = \lg\frac{1}{\tau} = \lg\frac{1}{\tau_1 \tau_2} = \lg\frac{1}{\tau_1} + \lg\frac{1}{\tau_2} = D_{\tau_1} + D_{\tau_2} \qquad (2\text{-}5)$$

通常透射率和透射密度都是光谱波长的函数，因此，可将上式写成光谱透射率 $\tau(\lambda)$ 和光谱透射密度 $D_\tau(\lambda)$ 的形式。

光谱透射率：

$$\tau(\lambda) = \tau_1(\lambda)\tau_2(\lambda) \qquad (2\text{-}6)$$

光谱透射密度：

$$D_\tau(\lambda) = D_{\tau_1}(\lambda) + D_{\tau_2}(\lambda) \qquad (2\text{-}7)$$

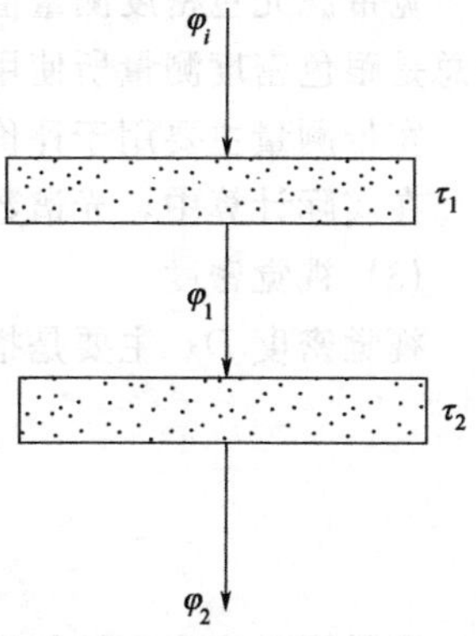

图 2-1 多层叠合密度示意图

这种密度是很有用的，可以用来精确地分析问题。

对于光谱反射率，与之相对的还有一个概念：光谱反射因数。光谱反射率（比）是指从物体表面反射的波长为 λ 的辐通量或光通量 $\varphi_\rho(\lambda)$ 与入射到物体表面的波长的辐通量和光通量 $\varphi_i(\lambda)$ 之比，光谱反射率以 $\rho(\lambda)$ 表示。光谱反射因数是指在规定的照明条件下，在规定的立体角内，从物体反射面反射的波长为 λ 的辐通量或光通量 $\varphi_\rho(\lambda)$ 与从完全漫反射表面反射的波长为 λ 的辐通量和光通量 $\varphi_s(\lambda)$ 之比，光谱反射因数以 $R(\lambda)$ 表示，如图 2-2 所示。

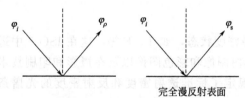

图 2-2 光谱反射率（比）和光谱反射因数示意图

3. 密度的种类

(1) 光谱窄带色密度

光谱窄带色密度是在波长为 $\Delta\lambda$ 范围内用窄带滤光片测得的光谱色密度 $D(\lambda)$，$D(\lambda)$ 是光谱反射率倒数的十进制对数或光谱反射率的十进制负对数值。

$$D(\lambda) = \lg\frac{1}{\beta(\lambda)} = -\lg\beta(\lambda) \qquad (2\text{-}8)$$

光谱反射率 $\beta(\lambda)$ 是对波长为 λ 的单色光线来说的反射率。

窄带测量对密度的微小变化增加了敏感性，与用宽带滤色片测量比较，它们更不像人的视觉响应。窄带密度测量主要用于测量网点增大、叠印、墨层厚度及油墨强度。

(2) 宽带滤光色密度

宽带滤光色密度是印刷工业中最常用的密度测量方式，它采用标准宽带彩色滤光片进行测量，每个滤光片测得的色密度由下式给出：

$$D = -\lg\frac{\int_\lambda \beta(\lambda)S(\lambda)S_r(\lambda)\tau(\lambda)\mathrm{d}\lambda}{\int_\lambda S(\lambda)S_r(\lambda)\tau(\lambda)\mathrm{d}\lambda} \qquad (2\text{-}9)$$

式中 λ——可见光波长，一般为 380~780nm；

$\beta(\lambda)$——物体的光谱反射率；

$S(\lambda)$——光源的相对能量分布；

$S_r(\lambda)$——传感器相对光谱灵敏度；

$\tau(\lambda)$——滤光片的光谱透射率。

宽带滤光色密度测量值不取决于光辐射分布的绝对值,而是取决于相对光谱辐射分布,即总是跟色密度测量所使用的传感器的相对光谱灵敏度和滤光片随光谱透射率有关。

宽带测量主要用于评价色相、灰度、透明度和校色。

在实际计算中,光谱数据一般是间隔为 10nm、20nm 的数据,用求和代替积分。

(3) 视觉密度

视觉密度 D_V 主要是指在非彩色试样上测得的密度,视觉密度的定义式是:

$$D_V = -\lg \frac{\int_K^L \beta(\lambda)S(\lambda)V(\lambda)d\lambda}{\int_K^L S(\lambda)V(\lambda)d\lambda} \tag{2-10}$$

测量视觉密度应该用视觉滤光片,必须用滤光片的光谱透射率 $\tau(\lambda)$ 和传感器的相对光谱灵敏度 $S_r(\lambda)$ 组合起来去模拟人眼的光谱灵敏度 $V(\lambda)$,即满足下式:

$$\tau(\lambda) \approx V(\lambda)/S_r(\lambda) \tag{2-11}$$

即为卢瑟条件。

二、ISO 密度

在使用密度进行色彩检测与控制中,必须选择密度状态,如 T、E 等,这在 ISO 5 中进行了详细的规定。ISO 5 包括四个部分,规定了黑白图像和彩色图像以及在摄影和印刷技术应用的光学密度空间和光谱条件。在 ISO 5-3 中规定了标准透射密度和反射密度的光谱条件,对于这些条件,用术语"状态密度"区分它们。

1. ISO 5 标准视觉密度

ISO 5 标准视觉密度表示为:$D_T(S_H:s_V)$ 或者 $D_R(S_A:s_V)$,是评价直接观察或通过投影观察影像的黑白程度。它主要用于测量黑白影像,但也适用于其他类型的影像。

ISO 5 标准视觉密度的光谱乘积的对数值如表 2-1 所示。

2. ISO 5 标准印片密度

ISO 5 的标准印片密度表示为 $D_T(S_H:s_p)$ 或者 $D_R(S_A:s_p)$。

在感光材料上印制连续调影像时,需要一种称为印片密度的特殊计量方法。该密度定义为一种使用了后面定义的合适光谱乘积的非选择性光谱 ISO 5 标准透射密度。印刷时按照该指标,胶片评价会得到相同的结果。当用一胶片试样与 ISO 5 印片密度做接触印片时,这时胶片也应该和无光谱选择性调制器做接触印片。对于 ISO 5 投影胶片密度,胶片试样应投影印制,但调制器应与印片材料接触印制。然而,两种胶片曝光时应该用同样的投影仪、同样的曝光时间和电压保持一致的相同光源,接触印制在印刷材料上。

用于测量或计算 ISO 5 标准印片密度的光谱乘积和加权因子称为 ISO 5 标准 1 型和 ISO 5 标准 2 型密度。

(1) ISO 5 标准 1 型密度

ISO 5 标准 1 型密度表示为 $D_T(S_H:s_1)$ 或者 $D_R(S_A:s_1)$。

ISO 5 标准 1 型密度意在代表印刷在重氮和缩微工业用相机制作的微泡胶片——原底或中间片。这类印制用胶片,通常在蓝光区和紫光区具有感光性。因此,一般在印片上采用附加的高压汞灯曝光，然而，何种程度的 ISO 5 标准 1 型密度会匹配实际打印密度，取决于胶片的灵敏度和印刷系统的光谱与几何特性。其光谱乘积的对数值如表 2-1 所示。

(2) ISO 5 标准 2 型密度

ISO 5 标准 2 型密度表示为 $D_T(S_H:s_2)$ 或者 $D_R(S_A:s_2)$，代表在卤化银盲色感光材料上印片（例如黑纸或胶片）。这些数据是用紫外吸收滤光器（在波长 360nm 处截止）修正印片材料的平均光谱响应后得出的。其光谱乘积的对数值如表 2-1 所示。

表 2-1 ISO 5 视觉密度、1 型和 2 型密度的光谱乘积的对数值 $\lg\Pi$（归一化至峰值为 5.000）

波长 λ/nm	视觉密度 $\lg\Pi_V$	1 型密度 $\lg\Pi_1$ （印片:重氮基和微泡胶片）	2 型密度 $\lg\Pi_2$ （印片:卤化银）
340	−2.822	−2.020	1.136
350	−2.230	−0.800	2.708
360	−1.638	0.420	4.280
370	−1.046	1.640	4.583
380	−0.454	2.860	4.760
390	0.138	4.460	4.851
400	0.730	5.000	4.916
410	1.322	4.460	4.956
420	1.914	2.860	4.988
430	2.447	1.640	5.000
440	2.811	0.420	4.990
450	3.090	−0.800	4.951
460	3.346	−2.020	4.864
470	3.582	−3.240	4.743
480	3.818	−4.460	4.582
490	4.041	−5.680	4.351
500	4.276	−6.900	3.993
510	4.513	−8.120	3.402
520	4.702	−9.340	2.805
530	4.825	−10.560	2.211
540	4.905	−11.780	1.617
550	4.957	−13.000	1.023
560	4.989	−14.220	0.429
570	5.000	−15.440	−0.165
580	4.989	−16.660	−0.759
590	4.956	−17.880	−1.353
600	4.902	−19.100	−1.947
610	4.827	−20.320	−2.541
620	4.731	−21.540	−3.135

续表

波长 λ/nm	视觉密度 $\lg\Pi_V$	1型密度 $\lg\Pi_1$ （印片：重氮基和微泡胶片）	2型密度 $\lg\Pi_2$ （印片：卤化银）
630	4.593	−22.760	−3.729
640	4.433	−23.980	−4.323
650	4.238	−25.200	−4.917
660	4.013	−26.420	−5.511
670	3.749	−27.640	−6.105
680	3.490	−28.860	−6.699
690	3.188	−30.080	−7.293
700	2.901	−31.300	−7.887
710	2.622	−32.520	−8.481
720	2.334	−33.740	−9.075
730	2.041	−34.960	−9.669
740	1.732	−36.180	−10.263
750	1.431	−37.400	−10.857
760	1.146	−38.620	−11.451
770	0.861	−39.840	−12.045

3. ISO 5 标准 A 状态密度

ISO 5 标准 A 状态密度表示为 $D_T(S_H:s_A)$ 或者 $D_R(S_A:s_A)$，它适用于彩色感光材料的测量，最初定义为用于评价与透明胶片最相匹配的光谱乘积，不论是直接观察或通过投影。后来，这些光谱乘积也用于纸基上类似的成色剂的测量。

ISO 5 标准 A 状态密度的光谱乘积的对数值，如表 2-2 所示。

表 2-2　ISO 5 标准 A 状态密度的光谱乘积的对数值（$\lg\Pi_A$ 归一化至峰值为 5.000）

波长/nm	蓝	绿	红
340	−26.798	−33.550	−67.632
350	−22.998	−31.350	−64.932
360	−19.198	−29.150	−62.232
370	−15.398	−26.950	−59.532
380	−11.598	−24.750	−56.832
390	−7.798	−22.550	−54.132
400	−3.998	−20.350	−51.432
410	−0.198	−18.150	−48.732
420	3.602	−15.950	−46.032
430	4.819	−13.750	−43.332
440	5.000	−11.550	−40.632
450	4.912	−9.350	−37.932

续表

波长/nm	蓝	绿	红
460	4.620	−7.150	−35.232
470	4.040	−4.950	−32.532
480	2.989	−2.750	−29.832
490	1.566	−0.550	−27.132
500	0.165	1.650	−24.432
510	−1.235	3.822	−21.732
520	−2.635	4.782	−19.032
530	−4.035	5.000	−16.332
540	−5.435	4.906	−13.632
550	−6.835	4.644	−10.932
560	−8.235	4.221	−8.232
570	−9.635	3.609	−5.532
580	−11.035	2.766	−2.832
590	−12.435	1.579	−0.132
600	−13.835	−0.121	2.568
610	−15.235	−1.821	4.638
620	−16.635	−3.521	5.000
630	−18.035	−5.221	4.871
640	−19.435	−6.921	4.604
650	−20.835	−8.621	4.286
660	−22.235	−10.321	3.900
670	−23.635	−12.021	3.551
680	−25.035	−13.721	3.165
690	−26.435	−15.421	2.776
700	−27.835	−17.121	2.383
710	−29.235	−18.821	1.970
720	−30.635	−20.521	1.551
730	−32.035	−22.221	1.141
740	−33.435	−23.921	0.741
750	−34.835	−25.621	0.341
760	−36.235	−27.321	−0.059
770	−37.635	−29.021	−0.459

4. ISO 5 标准 M 状态密度

ISO 5 标准 M 状态密度表示为 $D_T(S_H:s_M)$ 或者 $D_R(S_A:s_M)$，它适用于彩色负片感光材料的测量，被定义为符合历史上用于评价、用于印刷的彩色负片感光材料最相匹配的光谱产品，如彩色负片。

ISO 5 标准 M 状态密度的光谱乘积的对数值如表 2-3 所示。

表 2-3　ISO 5 标准 M 状态密度的光谱乘积的对数值（$\lg \Pi_M$ 归一化至峰值为 5.000）

波长/nm	蓝	绿	红
340	−15.397	−12.628	−70.691
350	−12.897	−11.568	−68.091
360	−10.397	−10.508	−65.491
370	−7.897	−9.448	−62.891
380	−5.397	−8.388	−60.291
390	−2.897	−7.328	−57.691
400	−0.397	−6.268	−55.091
410	2.103	−5.208	−52.491
420	4.111	−4.148	−49.891
430	4.632	−3.088	−47.291
440	4.871	−2.028	−44.691
450	5.000	−0.968	−42.091
460	4.955	0.092	−39.491
470	4.743	1.152	−36.891
480	4.343	2.207	−34.291
490	3.743	3.156	−31.691
500	2.990	3.804	−29.091
510	1.852	4.272	−26.491
520	−0.348	4.626	−23.891
530	−2.548	4.872	−21.291
540	−4.748	5.000	−18.691
550	−6.948	4.995	−16.091
560	−9.148	4.818	−13.491
570	−11.348	4.458	−10.891
580	−13.548	3.915	−8.291
590	−15.748	3.172	−5.691
600	−17.948	2.239	−3.091
610	−20.148	1.070	−0.491
620	−22.348	−0.130	2.109
630	−24.548	−1.330	4.479
640	−26.748	−2.530	5.000
650	−28.948	−3.730	4.899
660	−31.148	−4.930	4.578
670	−33.348	−6.130	4.252
680	−35.548	−7.330	3.875
690	−37.748	−8.530	3.491
700	−39.948	−9.730	3.099
710	−42.148	−10.930	2.687
720	−44.348	−12.130	2.269
730	−46.548	−13.330	1.859

续表

波长/nm	蓝	绿	红
740	−48.748	−14.530	1.449
750	−50.948	−15.730	1.054
760	−53.148	−16.930	0.654
770	−55.348	−18.130	0.254

5. ISO 5 标准 T 状态密度

ISO 5 标准 T 状态密度表示为 $D_T(S_H:s_T)$ 或者 $D_R(S_A:s_T)$，适用于印刷分色样品以及诸如单张纸印刷时油墨等印刷材料的测量。T 状态密度定义为符合历史上用以评价分色影像的最相匹配响应，但后来在美国被广泛应用于测量印刷制版材料。

ISO 5 标准 T 状态密度的光谱乘积的对数值如表 2-4 所示。

表 2-4　ISO 5 标准 T 状态的光谱乘积的对数值（$\lg\Pi_T$ 归一化至峰值为 5.000）

波长/nm	蓝	绿	红
340	0.699	−6.786	−18.347
350	1.000	−6.087	−17.472
360	1.301	−5.388	−16.597
370	2.000	−4.689	−15.722
380	2.477	−3.990	−14.847
390	3.176	−3.291	−13.972
400	3.778	−2.592	−13.097
410	4.230	−1.893	−12.222
420	4.602	−1.194	−11.347
430	4.778	−0.495	−10.472
440	4.914	0.204	−9.597
450	4.973	0.903	−8.722
460	5.000	1.602	−7.847
470	4.987	2.301	−6.972
480	4.929	3.000	−6.097
490	4.813	3.699	−5.222
500	4.602	4.447	−4.347
510	4.255	4.833	−3.472
520	3.699	4.964	−2.597
530	2.301	5.000	−1.722
540	1.602	4.944	−0.847
550	0.903	4.820	0.028
560	0.204	4.623	0.903
570	−0.495	4.342	1.778
580	−1.194	3.954	2.653
590	−1.893	3.398	4.477
600	−2.592	2.845	5.000
610	−3.291	1.954	4.929

续表

波长/nm	蓝	绿	红
620	−3.990	1.063	4.740
630	−4.689	0.172	4.398
640	−5.388	−0.719	4.000
650	−6.087	−1.610	3.699
660	−6.786	−2.501	3.176
670	−7.485	−3.392	2.699
680	−8.184	−4.283	2.477
690	−8.883	−5.174	2.176
700	−9.582	−6.065	1.699
710	−10.281	−6.956	1.222
720	−10.980	−7.847	0.745
730	−11.679	−8.738	0.268
740	−12.378	−9.629	−0.209
750	−13.077	−10.520	−0.686
760	−13.776	−11.411	−1.163
770	−14.475	−12.302	−1.640

6. ISO 5 标准 E 状态密度

ISO 5 标准 E 状态密度表示为 $D_T(S_H:s_E)$ 或者 $D_R(S_A:s_E)$，适用于诸如单张纸印刷时油墨等印刷材料的测量以及打样样张的测量。E 状态密度是从 DIN 16536-2：1986 中双通带滤光器技术规范拓展而来的。绿色和红色光谱乘积和 T 状态匹配。状态 E 光谱乘积主要在欧洲应用于对印品材料的测量。蓝滤色片的窄通带（相比于状态 T）产生的值，类似于传统印片密度的三色油墨的值。

ISO 5 标准 E 状态密度的光谱乘积的对数值，如表 2-5 所示。

表 2-5　ISO 5 标准 E 状态的光谱乘积的对数值（$\lg \Pi_E$ 归一化至峰值为 5.000）

波长/nm	蓝	绿	红
340	−1.569	−6.786	−18.347
350	−0.569	−6.087	−17.472
360	0.431	−5.388	−16.597
370	1.431	−4.689	−15.722
380	2.431	−3.990	−14.847
390	3.431	−3.291	−13.972
400	4.114	−2.592	−13.097
410	4.477	−1.893	−12.222
420	4.778	−1.194	−11.347
430	4.914	−0.495	−10.472
440	5.000	0.204	−9.597
450	4.959	0.903	−8.722
460	4.881	1.602	−7.847
470	4.672	2.301	−6.972

续表

波长/nm	蓝	绿	红
480	4.255	3.000	−6.097
490	3.778	3.699	−5.222
500	2.903	4.447	−4.347
510	1.699	4.833	−3.472
520	0.495	4.964	−2.597
530	−0.709	5.000	−1.722
540	−1.913	4.944	−0.847
550	−3.117	4.820	0.028
560	−4.321	4.623	0.903
570	−5.525	4.342	1.778
580	−6.729	3.954	2.653
590	−7.933	3.398	4.477
600	−9.137	2.845	5.000
610	−10.341	1.954	4.929
620	−11.545	1.063	4.740
630	−12.749	0.172	4.398
640	−13.953	−0.719	4.000
650	−15.157	−1.610	3.699
660	−16.361	−2.501	3.176
670	−17.565	−3.392	2.699
680	−18.769	−4.283	2.477
690	−19.973	−5.174	2.176
700	−21.177	−6.065	1.699
710	−22.381	−6.956	1.222
720	−23.585	−7.847	0.745
730	−24.789	−8.738	0.268
740	−25.993	−9.629	−0.209
750	−27.197	−10.520	−0.686
760	−28.401	−11.411	−1.163
770	−29.605	−12.302	−1.640

7. ISO 5 标准窄带密度

ISO 窄带状态密度表示为 $D_T(S_H:s_{\lambda,\sigma})$ 或者 $D_R(S_A:s_{\lambda,\sigma})$，它被设计表示单色光密度。它是由以下三个基本特征定义的。

① 峰值波长。选择接近实际应用的波长。

② 光谱带宽。光谱乘积下降到规定的峰值百分数时，两点之间用波长单位表示的宽度。例如，50%：不大于 20nm；0.1%：不大于 40nm。一个额定值为 15nm 频宽（50%点）的三腔 Fabry-Perot 干涉滤色片很容易满足上述要求。

③ 边带抑制。在 0.01% 波长点外光谱乘积的总积分应不超过 0.01% 波长点内光谱乘积积分的给定分数。如果待测密度最高为 3.0，则该分数不应大于 1/10000（抑制比）；如果待测密度最高为 4.0，则该分数不应大于 1/100000（抑制比）。

边带抑制和峰值波长应使用下列标符号指定光谱响应 S：

下标 λ 表示峰值波长，下标 σ 表示 10 的次幂指数边带抑制。

例1：$D_T(S_H：s_{480,5})$ 表示峰值波长为480nm，边带抑制为10^5。

例2：$D_T(S_H：s_{590,4})$ 表示峰值波长为590nm，边带抑制为10^4。

8. ISO 5 标准 I 状态密度

ISO 5 标准 I 状态密度表示为 $D_T(S_H：s_I)$ 或者 $D_R(S_A：s_I)$，用于评价印刷制版材料如纸张印刷油墨。I 状态密度是窄带密度的特例。其光谱带宽和边带抑制比如上节所定义，其峰值波长为：蓝（430±5）nm、绿（535±5）nm、红（625±5）nm。

ISO 5 标准 I 状态密度的光谱乘积的对数值如表 2-6 所示。

表 2-6　ISO 5 标准 I 状态的光谱乘积的对数值（$\lg\Pi_I$ 归一化至峰值为 5.000）

波长/nm	430nm 峰值	535nm 峰值	625nm 峰值
340	−145.230	−303.080	−303.080
350	−122.997	−303.080	−303.080
360	−100.764	−303.080	−303.080
370	−78.532	−303.080	−303.080
380	−56.299	−289.741	−303.080
390	−34.067	−267.508	−303.080
400	−15.015	−245.276	−303.080
410	−2.561	−223.043	−303.080
420	3.629	−200.811	−303.080
430	5.000	−178.578	−303.080
440	3.629	−156.346	−303.080
450	−2.561	−134.113	−303.080
460	−15.015	−111.881	−303.080
470	−34.067	−89.648	−289.741
480	−56.299	−67.416	−267.508
490	−78.532	−45.183	−245.276
500	−100.764	−23.705	−223.043
510	−122.997	−7.975	−200.811
520	−145.230	1.274	−178.578
530	−167.462	4.730	−156.346
540	−189.695	4.730	−134.113
550	−211.927	1.274	−111.881
560	−234.160	−7.975	−89.648
570	−256.392	−23.705	−67.416
580	−278.625	−45.183	−45.183
590	−300.857	−67.416	−23.705
600	−303.080	−89.648	−7.975
610	−303.080	−111.881	1.274
620	−303.080	−134.113	4.730
630	−303.080	−156.346	4.730
640	−303.080	−178.578	1.274
650	−303.080	−200.811	−7.975
660	−303.080	−223.043	−23.705

续表

波长/nm	430nm 峰值	535nm 峰值	625nm 峰值
670	−303.080	−245.276	−45.183
680	−303.080	−267.508	−67.416
690	−303.080	−289.741	−89.648
700	−303.080	−303.080	−111.881
710	−303.080	−303.080	−134.113
720	−303.080	−303.080	−156.346
730	−303.080	−303.080	−178.578
740	−303.080	−303.080	−200.811
750	−303.080	−303.080	−223.043
760	−303.080	−303.080	−245.276
770	−303.080	−303.080	−267.508

注：本表中的数据是一个示例，带宽和边带抑制是已知的，在此基础上改进的数据都是可以的。

9. ISO 5 标准 3 型密度

ISO 标准 3 型状态密度表示为 D_T（S_H：s_3）或者 D_R（S_A：s_3），它适用于三组分彩色胶片的光学密度测量。用透射峰值在波长 800nm 的窄带滤光器密度计可以监控这种形式的声带。该系统的有效光谱响应度以 S3 表示，所用密度计的条件应符合下述规定：密度计的峰值响应度在（800±5）nm 处，带宽为 20nm，带宽内的响应和为总响应的 80%，此带宽由光谱乘积最大值一半处的相应两波长之差决定。

10. 利用光谱数据计算 ISO 5 标准密度

宽带密度应按照式(2-9)进行计算，为了简化计算，ISO 5 给出了相应的转换后的光谱乘积或权重因子。

ISO 5 标准密度的计算可以用 1nm 间隔的光谱数据计算，也可以用 10nm 或 20nm 间隔的光谱数据计算。

用 1nm 间隔的光谱数据计算时，光谱反射或光谱透射数据应确定在 1nm 间隔，并通过直接测量而得，或通过在比 1nm 宽的间隔的数据用拉格朗日方法插值获得。ISO 5 反射标准密度计算如式(2-12)所示：

$$D = -\lg\left(\sum_\lambda \frac{\Pi_\lambda R_\lambda}{\Pi_{sum}}\right) \qquad (2\text{-}12)$$

式中 Π_λ——波长 λ 处的光谱乘积，在 ISO 5 的文件中给出了详细的数据，限于篇幅，本书不再给出；

R_λ——波长 λ 处的光谱反射率；

Π_{sum}——340～770nm 的光谱乘积总和。

用 10nm 或 20nm 间隔的光谱数据计算时，用式(2-13)：

$$D = -\lg\left(\sum_\lambda \frac{W_\lambda R_\lambda}{100}\right) \qquad (2\text{-}13)$$

式中 W_λ——波长 λ 处的权重因子，如表 2-7 和表 2-8 所示；

R_λ——波长 λ 处的光谱反射率；

100——波长从 340～770nm 光谱权重因子的总和。

表 2-7 各状态密度 10nm 间隔的权重因子

波长/nm	ISO视觉密度	印片1型	印片2型	状态A 蓝	状态A 绿	状态A 红	状态M 蓝	状态M 绿	状态M 红	状态T 蓝	状态T 绿	状态T 红	状态E 蓝	状态E 绿	状态E 红	状态I 蓝	状态I 绿	状态I 红
340	0	0.0001	−0.0181	0	0	0	0	0	0	0.0003	0	0	0	0	0	0	0	0
350	0	0.0014	0.0484	0	0	0	0	0	0	0.0014	0	0	0	0	0	0	0	0
360	0	0.0034	1.9896	0	0	0	0	0	0	0.0028	0	0	−0.0003	0	0	0	0	0
370	0.0001	−0.1086	4.1876	0	0	0	0	0	0	0.0125	0	0	−0.0028	0	0	0	0	0
380	0.0002	−0.3304	5.9885	0	0	0	−0.0001	0	0	0.0385	0	0	0.0388	0	0	0	0	0
390	0.0004	22.1299	7.5501	0	0	0	−0.0231	0	0	0.21	0	0	0.5362	0	0	0	0	0
400	0.0009	56.6083	8.6847	−0.0034	0	0	−0.098	0	0	0.8323	0	0	2.4215	0	0	−0.0064	0	0
410	0.0019	22.1299	9.5734	−0.3725	0	0	3.4977	0	0	2.4537	0	0	5.837	0	0	−1.8503	0	0
420	0.0078	−0.3304	10.2722	2.7628	0	0	10.6842	0	0	5.5297	0	0	11.1997	0	0	15.6734	0	0
430	0.0265	−0.1086	10.5721	20.8478	0	0	18.3795	0	0	8.5297	0	0	15.7929	0	0	72.3666	0	0
440	0.061	0.0034	10.3356	32.3954	0	0	24.5157	0	0	11.4476	0	0	18.7024	0	0	15.6734	0	0
450	0.1165	0.0013	9.4212	26.6839	0	0	22.2117	0	0	13.2614	0	0	17.4636	0	0	−1.8503	0	0
460	0.2091	0.0003	7.7401	13.7112	0	0	13.7079	0.0006	0	14.0388	−0.0013	0	14.3432	−0.0095	0	−0.0064	0	0
470	0.3618	0.0001	5.8521	3.7233	0	0	5.5234	0.0293	0	13.6479	−0.0096	0	8.8859	0.1724	0	0	0	0
480	0.6195	0	4.0335	0.2752	−0.0001	0	1.3734	0.3179	0	11.9318	0.1727	0	3.5169	0.964	0	0	0	0
490	1.0386	0	2.3748	−0.0217	−0.012	0	0.2178	1.4247	0	9.1433	0.964	0	1.1061	5.4663	0	0	0	0
500	1.7923	0	1.042	−0.0019	−0.2564	0	0.0127	4.2095	0	5.602	5.4663	0	0.1589	12.8802	0	0	−0.2876	0
510	3.0873	0	0.2731	−0.0001	2.887	0	−0.0027	9.5119	0	2.5683	12.8804	0	−0.0013	17.5928	−0.0013	0	−1.2818	0
520	4.7537	0	0.0623	0	19.1351	0	−0.0001	16.6877	0	0.7408	17.5926	0	0.0008	18.9941	0.0001	0	51.5694	0
530	6.3209	0	0.0163	0	31.4337	0	0	22.3531	0	0.0055	18.9941	0	0.0004	16.7862	0.0001	51.5694	0	0
540	7.5982	0	0.0007	0	25.8404	0	0	21.9873	0	0.0001	16.7862	0.0001	0.0001	12.5972	0.0004	0	−1.2818	0
550	8.569	0	−0.0001	0	14.1437	0	0	0	0	0.0013	12.5972	0.0004	0	8.0105	0.0027	0	−0.2876	0
560	9.2196	0	0	0	5.3654	0	0	14.7609	0	0.0003	8.0105	0.0027	0	0	0	0	0	0

续表

波长/nm	ISO视觉密度	印片1型	印片2型	状态A			状态M			状态T			状态E			状态I		
				蓝	绿	红	蓝	绿	红	蓝	绿	红	蓝	绿	红	蓝	绿	红
570	9.4564	0	0	0	1.2955	0	0	6.5166	0	0.0001	0	−0.0419	0	4.2078	−0.0419	0	0	0
580	9.2194	0	0	0	0.1659	−0.0004	0	1.8566	0	0	0	−0.3728	0	1.7152	−0.3728	0	0	0
590	8.5471	0	0	0	0.0035	−0.1077	0	0.3155	0	0	0	11.4921	0	0.4815	11.4921	0	0	0
600	7.5447	0	0	0	−0.0015	−0.2997	0	0.0283	−0.0002	0	0	30.713	0	0.1252	30.713	0	0	−0.2876
610	6.3584	0	0	0	−0.0001	16.1662	0	0	−0.0614	0	0	27.2826	0	0.0163	27.2826	0	0	−1.2818
620	5.0773	0	0	0	0	33.7973	0	−0.0001	−0.6306	0	0	17.3613	0	0.0009	17.3613	0	0	51.5694
630	3.7164	0	0	0	0	25.3121	0	0	13.1997	0	0	8.0369	0	0.0001	8.0369	0	0	51.5694
640	2.5589	0	0	0	0	13.8622	0	0	34.8262	0	0	3.1981	0	0	3.1981	0	0	−1.2818
650	1.6395	0	0	0	0	6.5315	0	0	28.0578	0	0	1.5211	0	0	1.5211	0	0	−0.2876
660	0.9723	0	0	0	0	2.723	0	0	13.867	0	0	0.4947	0	0	0.4947	0	0	0
670	0.5336	0	0	0	0	1.1853	0	0	6.2567	0	0	0.1529	0	0	0.1529	0	0	0
680	0.2898	0	0	0	0	0.4975	0	0	2.6758	0	0	0.0911	0	0	0.0911	0	0	0
690	0.1466	0	0	0	0	0.2006	0	0	1.0889	0	0	0.0479	0	0	0.0479	0	0	0
700	0.0748	0	0	0	0	0.0813	0	0	0.4422	0	0	0.016	0	0	0.016	0	0	0
710	0.0395	0	0	0	0	0.0314	0	0	0.1713	0	0	0.0031	0	0	0.0031	0	0	0
720	0.0204	0	0	0	0	0.0119	0	0	0.0652	0	0	0.0005	0	0	0.0005	0	0	0
730	0.0103	0	0	0	0	0.0046	0	0	0.0253	0	0	0.0001	0	0	0.0001	0	0	0
740	0.0051	0	0	0	0	0.0018	0	0	0.0099	0	0	0	0	0	0	0	0	0
750	0.0025	0	0	0	0	0.0007	0	0	0.0039	0	0	0	0	0	0	0	0	0
760	0.0015	0	0	0	0	0.0003	0	0	0.0017	0	0	0	0	0	0	0	0	0
770	0.0004	0	0	0	0	0.0001	0	0	0.0003	0	0	0	0	0	0	0	0	0
和	100	100	100	100	100	100	100	100	100	100	100	100	100	100	100	100	100	100

表 2-8 各状态密度 20nm 间隔的权重因子

波长/nm	ISO视觉密度	印片1型	印片2型	状态A 蓝	状态A 绿	状态A 红	状态M 蓝	状态M 绿	状态M 红	状态T 蓝	状态T 绿	状态T 红	状态E 蓝	状态E 绿	状态E 红	状态I 蓝	状态I 绿	状态I 红
340	0	−0.0027	−0.2819	0	0	0	0	0	0	−0.0002	0	0	−0.0004	0	0	0	0	0
360	0.0001	−1.6437	3.9557	0	0	0	0	0	0	−0.006	0	0	−0.0468	0	0	0	0	0
380	0.0003	11.5779	11.9602	−0.0018	0	0	−0.0148	0	0	−0.0003	0	0	−0.0323	0	0	−0.0034	0	0
400	0.0004	80.1369	17.3965	−1.5718	0	0	−0.7564	0	0	1.8234	0	0	5.0752	0	0	−5.2145	0	0
420	0.0164	11.578	20.5466	13.0126	0	0	8.0582	0	0	10.8762	0	0	22.2541	0	0	55.2179	0	0
440	0.118	−1.6441	20.6052	58.3749	0	0	37.2626	−0.0004	0	22.6837	−0.0008	0	36.4132	−0.0008	0	55.2179	0	0
460	0.4097	−0.0022	15.5202	29.6919	0	0	42.7724	−0.0266	0	28.06	−0.0913	0	28.0701	−0.0913	0	−5.2145	0	0
480	1.2052	−0.0001	8.0585	8.8018	−0.2799	0	12.6425	−0.073	0	23.738	−0.0724	0	8.1269	−0.0725	0	−0.0034	0	0
500	3.7088	0	2.1757	−0.3054	−0.3554	0	0.1435	2.9681	0	11.3514	12.161	0	0.2245	12.1609	0	0	−3.5537	0
520	9.4425	0	0.0761	−0.0022	37.4723	0	−0.1054	19.9745	0	1.6451	34.5619	0	−0.0836	34.5619	0	0	28.4969	0
540	15.1861	0	−0.0113	0	50.9459	0	−0.0026	43.2528	0	−0.1676	33.4589	−0.0013	−0.001	33.459	−0.0013	0	78.5071	0
560	18.428	0	−0.0015	0	12.3275	−0.0003	0	29.7207	0	−0.0037	16.2854	−0.8657	0	16.2854	−0.8657	0	−3.2902	0
580	18.4092	0	0	0	−0.0033	−1.2027	0	4.4469	−0.0001	0	3.5915	4.8217	0	3.5915	4.8217	0	−0.1601	−0.1601
600	15.1061	0	0	0	−0.1052	7.6707	0	−0.2326	−1.0063	0	0.1342	51.5195	0	0.1342	51.5195	0	0	−3.2902
620	10.1071	0	0	0	−0.0018	56.0831	0	−0.0301	5.5549	0	−0.0265	36.5205	0	−0.0265	36.5205	0	0	78.5071
640	5.1455	0	0	0	0	30.9342	0	−0.0004	56.9783	0	−0.0017	6.9737	0	−0.0017	6.9737	0	0	28.4969
660	1.9553	0	0	0	0	5.5233	0	0	32.5257	0	0	0.8994	0	0	0.8994	0	0	−3.5537
680	0.5669	0	0	0	0	0.8398	0	0	5.1018	0	0	0.0997	0	0	0.0997	0	0	0
700	0.1445	0	0	0	0	0.1307	0	0	0.7298	0	0	0.0335	0	0	0.0335	0	0	0
720	0.0384	0	0	0	0	0.0182	0	0	0.1001	0	0	−0.0008	0	0	−0.0008	0	0	0
740	0.0104	0	0	0	0	0.0029	0	0	0.0153	0	0	−0.0002	0	0	−0.0002	0	0	0
760	0.0009	0	0	0	0	0.0001	0	0	0.0004	0	0	0	0	0	0	0	0	0
和	100	100	100	100	100	100	100	100	100	100	100	100	100	100	100	100	100	100

第二节 色彩空间与色差评价

一、色彩空间

1. CIE 1931 XYZ 系统

在莱特和吉尔德颜色匹配实验的基础上，CIE 推出了 CIE 1931RGB 表色系统，但是因为颜色匹配实验中的负刺激的原因，该系统很多颜色的色度坐标落在了第二和第四象限，给工业应用带来了很多不便。因此 CIE 1931RGB 经过数学变换，形成了新的 CIE 1931 XYZ 系统，它是工业中最常用、最基础的表色系统，在该系统中颜色用三刺激值 X、Y、Z 表示，为了方便理解，更多用 Yxy 来表示颜色。该系统的三维空间如图 2-3 所示，xy 平面色度如图 2-4 所示。

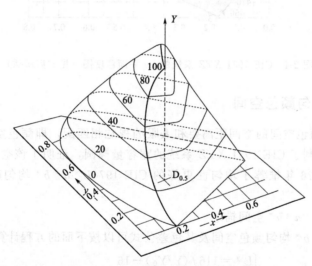

图 2-3 CIE 1931 三维 Yxy 色度图

在 CIE 1931 XYZ 系统中，颜色三刺激值的计算方法如下：

$$\begin{cases} X = K \int_\lambda S(\lambda) R(\lambda) \bar{x}(\lambda) \mathrm{d}\lambda \\ Y = K \int_\lambda S(\lambda) R(\lambda) \bar{y}(\lambda) \mathrm{d}\lambda \\ Z = K \int_\lambda S(\lambda) R(\lambda) \bar{z}(\lambda) \mathrm{d}\lambda \end{cases} \tag{2-14}$$

式中　$R(\lambda)$——光谱反射因数，包括光谱反射比和光谱辐亮度因数，按 GB/T 3979—2008 中 6.2 的规定测量；

　　　K——归一化系数，$K = \dfrac{100}{\int_\lambda S(\lambda) \bar{y}(\lambda) \mathrm{d}\lambda}$；

$S(\lambda)$——标准照明体的相对光谱功率分布,按 GB/T 3978—2008 中的规定取值;

λ——波长,380~780nm。

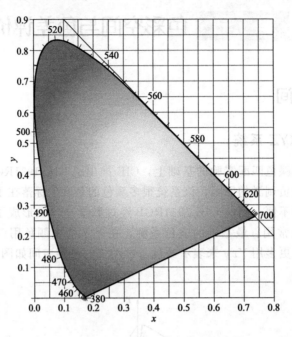

图 2-4　CIE 1931 XYZ 系统的 xy 平面色度图 (见文后彩插)

2. CIELAB 均匀颜色空间

现代工业要求颜色空间的空间距离要和人眼的视觉相匹配,即颜色空间应该是均匀的,麦克亚当 1942 年绘制了 CIE 1931 XYZ 系统的宽容量椭圆,证明了该空间具有很差的均匀性,因此 CIE 于 1976 年推荐了均匀性更好的 CIE 1976$L^*a^*b^*$ 均匀颜色空间,简写为 CIELAB。

(1) CIE 1976$L^*a^*b^*$ 空间描述

CIE 1976$L^*a^*b^*$ 均匀颜色空间及其色差公式可以按下面的方程计算:

$$\begin{cases} L^* = 116 f(Y/Y_0) - 16 \\ a^* = 500 [f(X/X_0) - f(Y/Y_0)] \\ b^* = 200 [f(Y/Y_0) - f(Z/Z_0)] \end{cases} \quad (2-15)$$

其中:

$$\begin{cases} f(I) = (I)^{1/3} & I > \left(\dfrac{6}{29}\right)^3 \\ f(I) = \dfrac{1}{3} \times \left(\dfrac{29}{6}\right)^2 I + \dfrac{4}{29} & I \leqslant \left(\dfrac{6}{29}\right)^3 \end{cases}$$

式中　X、Y、Z——颜色样品的三刺激值;

X_0、Y_0、Z_0——CIE 标准照明体的三刺激值;

L^*——心理计量明度,简称心理明度或明度指数;

a^*、b^*——心理计量色度。

从上述公式中可以看出,由 X、Y、Z 向 L^*、a^*、b^* 变换时,包含有立方根的项,这是一种非线性变换。经过非线性变换后,原来 CIE 1931 XYZ 色度图的马蹄形光谱轨迹则不再存在。对于这种非线性变换,通常用"心理颜色空间"来表示,它是基于赫林的四色对立颜色视觉理论,所以,这种坐标系统又称为对立色坐标或心理颜色空间,如图 2-5 所示,在方程中,心理色度 a^*、b^* 包含有 $(X-Y)$ 和 $(Y-Z)$ 项目,在这里 a^* 可以理解为神经节细胞的红-绿反应,b^* 是神经节细胞的黄-蓝反应,L^* 是神经节细胞的黑-白反应。在这一系统中,$+a^*$ 表示红色,$-a^*$ 表示绿色,$+b^*$ 表示黄色,$-b^*$ 表示蓝色,颜色的明度用 L^* 的表示,如图 2-5 所示。

此外,CIE 还定义彩度、色相角:

彩度 C_{ab}^*:

$$C_{ab}^* = [(a^*)^2 + (b^*)^2]^{1/2} \qquad (2-16)$$

色相角 h_{ab}^*:

$$h_{ab}^* = \arctan(b^*/a^*)(\text{弧度}) = \frac{180°}{\pi}\arctan(b^*/a^*)(°) \qquad (2-17)$$

由于三角函数 $y = \arctan(x)$ 的值域是 $(-90°, 90°)$,而色相角的范围为 $[0, 360°)$,因此式(2-17)修正为式(2-18)。

$$h_{ab}^* = \begin{cases} \dfrac{180°}{\pi}\arctan(b^*/a^*) & a^* > 0 \text{ 且 } b^* \geq 0 \\ \dfrac{180°}{\pi}\arctan(b^*/a^*) + 360° & a^* > 0 \text{ 且 } b^* < 0 \\ \dfrac{180°}{\pi}\arctan(b^*/a^*) + 180° & a^* < 0 \\ 90° & a^* = 0 \text{ 且 } b^* > 0 \\ 270° & a^* = 0 \text{ 且 } b^* < 0 \\ 0° & a^* = 0 \text{ 且 } b^* = 0 \end{cases} \qquad (2-18)$$

把 L^*、C_{ab}^*、h_{ab}^* 三者确定的三维立体称为 LCh 颜色空间,如图 2-6 所示。

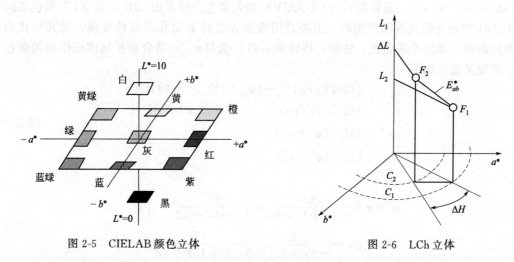

图 2-5　CIELAB 颜色立体　　　　　图 2-6　LCh 立体

(2) 色差及其计算公式

色差就是指用数值的方式表示两种颜色给人的色差感觉上的差别。若两个颜色都按照

$L^*a^*b^*$ 标定,则两者的总色差及单项色差可用下列公式计算:

$$明度差:\Delta L^* = L_1^* - L_2^* \tag{2-19}$$

$$色度差:\Delta a^* = a_1^* - a_2^* \tag{2-20}$$

$$\Delta b^* = b_1^* - b_2^* \tag{2-21}$$

总色差:
$$\Delta E_{ab}^* = \sqrt{(L_1^* - L_2^*)^2 + (a_1^* - a_2^*)^2 + (b_1^* - b_2^*)^2} \tag{2-22}$$

彩度差:
$$\Delta C_{ab}^* = C_{ab,1}^* - C_{ab,2}^* \tag{2-23}$$

色相角差:
$$\Delta h_{ab}^* = h_{ab,1}^* - h_{ab,2}^* \tag{2-24}$$

色相差:
$$\Delta H_{ab}^* = \sqrt{(\Delta E_{ab}^*)^2 - (\Delta L^*)^2 - (\Delta C_{ab}^*)^2} \tag{2-25}$$

在 GB/T 7921—2008《均匀色空间和色差公式》中,把色相角、色相角差、色相差分别称为色调角、色调角差、色调差。

计算色差时,可以把其中的任意一个作为标准色,则另一个就是样品色。当计算结果出现正负值时,其意义如下(假设 1 为样品色,2 为标准色):

$\Delta L^* = L_1^* - L_2^* > 0$,表示样品色比标准色浅,明度高;若 $\Delta L^* < 0$,说明样品色比标准色深,明度低。

$\Delta a^* = a_1^* - a_2^* > 0$,表示样品色比标准色偏红;若 $\Delta a^* < 0$,说明样品色比标准色偏绿。

$\Delta b^* = b_1^* - b_2^* > 0$,表示样品色比标准色偏黄;若 $\Delta b^* < 0$,说明样品色比标准色偏蓝。

$\Delta C_{ab}^* = C_{ab,1}^* - C_{ab,2}^* > 0$,表示样品色比标准色彩度高,含"白光"或"灰分"较少;若 $\Delta C_{ab}^* < 0$,说明样品色比标准色彩度低,含"白光"或"灰分"较多。

$\Delta h_{ab}^* = h_{ab,1}^* - h_{ab,2}^* > 0$,表示样品色位于标准色的逆时针方向上;若 $\Delta h_{ab}^* < 0$,说明样品色位于标准色的顺时针方向上。根据标准色所处的位置,就可以判断样品色是偏绿还是偏黄。

3. CIELUV 均匀颜色空间

$CIE1976 L^*u^*v^*$ (通常简写为 CIELUV)均匀颜色空间是由 CIE 1931 XYZ 颜色空间和 CIE1964 匀色空间改进而产生的,主要是用数学方法对 Y 值作非线性变换,使其与代表视觉等间距的孟塞尔系统靠拢,然后,将转换后的 Y 值与 u、v 结合而扩展成三维均匀颜色空间。其定义公式如下:

$$\begin{cases} L^* = \begin{cases} 116(Y/Y_0)^{1/3} - 16 & Y/Y_0 > (6/29)^3 \\ 903.3(Y/Y_0) & Y/Y_0 \leq (6/29)^3 \end{cases} \\ u^* = 13L^*(u' - u_0') \\ v^* = 13L^*(v' - v_0') \end{cases} \tag{2-26}$$

其中:

$$\left. \begin{aligned} u' &= u = \frac{4x}{-2x + 12y + 3} = \frac{4X}{X + 15Y + 3Z} \\ v' &= 1.5v = \frac{9y}{-2x + 12y + 3} = \frac{9Y}{X + 15Y + 3Z} \end{aligned} \right\} \tag{2-27}$$

式中 L^* ——明度指数;

u^*、v^* ——色度指数;

u'、v'——CIE 1964 系统的色度坐标；

x、y——CIE 1931 系统的色度坐标；

u_0'、v_0'——测色所用光源的色度坐标；

X、Y、Z——样品色的三刺激值。

从上述公式可以看出，u'、v' 是 CIE 1931 XYZ 色度坐标的线性变换，因此，用色度坐标 u'、v' 绘制的色度图（图 2-7）仍然保持了马蹄形的光谱轨迹。$u'v'$ 色度图和 xy 色度图相比，视觉上的均匀性有了很大的改善。

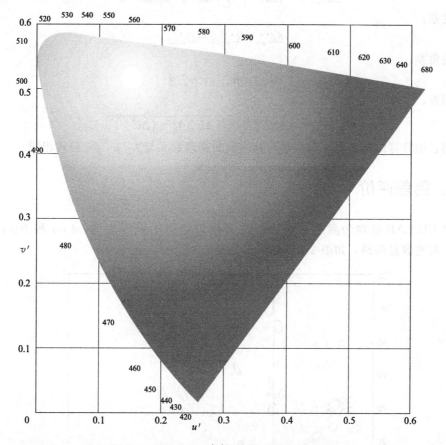

图 2-7　CIE 1976 $u'v'$ 色度图（见文后彩插）

此外，CIE 还定义饱和度、彩度、色相角：

饱和度 S_{uv}：

$$S_{uv}=13[(u'-u_0')^2+(v'-v_0')^2]^{1/2} \tag{2-28}$$

彩度 C_{uv}^*：

$$C_{uv}^*=[(u^*)^2+(v^*)^2]^{1/2}=L^*S_{uv} \tag{2-29}$$

色相角 h_{uv}^*：

$$h_{uv}^*=\arctan(v^*/u^*)(\text{弧度})=\frac{180}{\pi}\arctan(v^*/u^*)(°) \tag{2-30}$$

若两个颜色都按照 $L^*u^*v^*$ 标定颜色，则两者的总色差及单项色差可用下列公式计算：

明度差：
$$\Delta L^* = L_1^* - L_2^* \tag{2-31}$$

色度差：
$$\Delta u^* = u_1^* - u_2^* \tag{2-32}$$
$$\Delta v^* = v_1^* - v_2^* \tag{2-33}$$

总色差：
$$\Delta E_{uv}^* = \sqrt{(\Delta L^*)^2 + (\Delta u^*)^2 + (\Delta v^*)^2} \tag{2-34}$$

彩度差：
$$\Delta C_{uv}^* = C_{uv,1}^* - C_{uv,2}^* \tag{2-35}$$

色相角差：
$$\Delta h_{uv}^* = h_{uv,1}^* - h_{uv,2}^* \tag{2-36}$$

色相差：
$$\Delta H_{uv}^* = \sqrt{(\Delta E_{uv}^*)^2 - (\Delta L^*)^2 - (\Delta C_{uv}^*)^2} \tag{2-37}$$

上面各项计算结果出现正负值时，其内涵的物理意义与 $L^*a^*b^*$ 公式相同。

二、色差评价

虽然 CIELAB 是均匀颜色空间，但是其均匀性仍不是理想的，Luo 和 Rigg 绘制了 CIELAB 的宽容量椭圆，如图 2-8 所示。

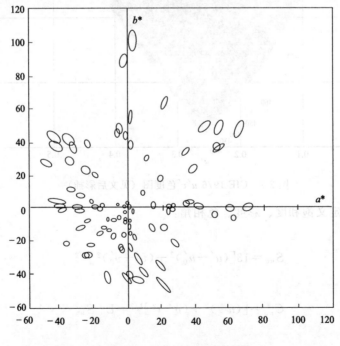

图 2-8　CIELAB 宽容量椭圆

从图 2-8 中可以看出，随着饱和度的增大，宽容量越大，深色区域椭圆很扁，且并不指向圆心，宽容量椭圆越靠近圆心越圆。因此，CIELAB 不是一个理想的均匀颜色空间，因此基于该空间的色差公式也就继承了它的不足。为了在工业应用中更好地进行色差的测量与控制，色彩学研究领域相继研究出了很多色差公式，如 FCM（fine color metric）色差公式、JPC79 色差公式、CMC（l∶c）色差公式、ATDN 色差公式、SVF 色差公式、BFD（l∶c）色差公式、CIE94 色差公式、CMC（l∶c）色差公式的简化式、CIEDE2000 色差公式等。

1. CMC(l∶c)色差公式

1984 年英国染色家协会（SDC）的颜色测量委员会（CMC）推荐了 CMC（l∶c）色差公式，该公式是由 F. J. J. Clarke、R. McDonald 和 B. Rigg 在对 JPC79 公式进行修改的基础上提出的，它克服了 JPC79 色差公式在深色及中性色区域的计算值与目测评价结果偏差较大的缺陷，并进一步引入了明度权重因子 l 和彩度权重因子 c，以适应不同应用的需求。

在 CIELAB 颜色空间中，CMC（l∶c）公式把标准色周围的视觉宽容量定义为椭圆，如图 2-9 所示。椭圆内部的颜色在视觉上和标准色是一样的，而椭圆外部的颜色和标准色就不一样了。在整个 CIELAB 颜色空间中，椭圆的大小和离心率是不一样的。以一个给定的标准色为中心的椭圆的特征，是由相对于标准色在 ΔL^*、ΔC_{ab}^*、ΔH_{ab}^* 方向上的两半轴的长度决定的。用椭圆方程定义的色差公式 $\Delta E_{\mathrm{CMC}(l∶c)}^*$ 如下所示：

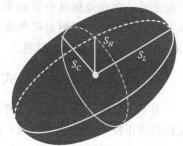

图 2-9　CMC 容差椭圆

$$\Delta E_{\mathrm{CMC}(l∶c)}^* = \sqrt{\left(\frac{\Delta L^*}{lS_L}\right)^2 + \left(\frac{\Delta C_{ab}^*}{cS_C}\right)^2 + \left(\frac{\Delta H_{ab}^*}{S_H}\right)^2} \qquad (2\text{-}38)$$

式中，ΔL^* 为明度差；ΔC_{ab}^* 为彩度差；ΔH_{ab}^* 为色相差。

$$S_L = \begin{cases} 0.040975 L_s^* / 0.01765 L_s^* & L_s^* \geqslant 16 \\ 0.511 & L_s^* < 16 \end{cases} \qquad (2\text{-}39)$$

$$S_C = 0.0638 C_{ab,s}^* / (1 + 0.0131 C_{ab,s}^*) + 0.638 \qquad (2\text{-}40)$$

$$S_H = S_C (FT + 1 - F) \qquad (2\text{-}41)$$

$$F = \sqrt{C_{ab,s}^* / (C_{ab,s}^* + 1900)} \qquad (2\text{-}42)$$

$$T = \begin{cases} 0.36 + |0.4\cos(h_{ab}^* + 35)| & 164° \leqslant h_{ab}^* \leqslant 345° \\ 0.56 + |0.2\cos(h_{ab}^* + 168)| & h_{ab}^* \text{其他} \end{cases} \qquad (2\text{-}43)$$

式中，L_s^*、$C_{ab,s}^*$、$h_{ab,s}^*$ 均为标准色的色度参数，这些值以及上面的 ΔL^*、ΔC_{ab}^*、ΔH_{ab}^* 都是在 CIELAB 空间计算得到，S_L、S_C 和 S_H 是椭圆的半轴；l、c 是因数，通过 l、c 可以改变相对半轴的长度，进而改变 ΔL^*、ΔC_{ab}^*、ΔH_{ab}^* 的相对容忍度。例如，在纺织中，l 通常设为 2，允许在 ΔL^* 上有相对较大的容忍度，这也就是 CMC（2∶1）公式。

很明显，用标准色的 CIELAB 坐标 L_s^*、$C_{ab,s}^*$、$h_{ab,s}^*$ 来对校正值 S_L、S_C 和 S_H 进行计算是极为重要的。这些参数用非线性方程定义，也表明，ΔL^* 的宽容量随着 L_s^* 的增大而增大，ΔC_{ab}^* 的宽容量随着 $C_{ab,s}^*$ 的增大而增大，ΔH_{ab}^* 的宽容量随着 $C_{ab,s}^*$ 的增大而增大并且与 $h_{ab,s}^*$ 的变化同步。

由于 CMC 色差公式比 CIELAB 公式具有更好的视觉一致性，所以对于不同颜色产品的质量控制都可以使用与颜色区域无关的"单一阈值（single number tolerance）"，从而给颜色测量和色差的仪器评价带来了很大的方便。因此，CMC 公式推出以后得到了广泛的应用，许多国家和组织纷纷采用该公式来替代 CIELAB 公式。1988 年，CMC 公式被英国采纳为国家标准 BS6923（小色差的计算方法），1989 年 CMC 公式被美国纺织品染化师协会（American Association of Textile Chemist and Colorist）采纳为 AATCC 检测方法 173—1989，后来经过修改改为 AATCC 检测方法 173—1992，1995 年被并入国际标准 ISO 105《纺织品——颜色的牢度测量》，成为 J03 部分（小色差计算）。在我国，早在国家标准 GB/T 8424.3—2001《纺织品色牢度试验色差计算》和 GB/T 3810.16—1999《陶瓷砖实验方法 第 16 部分：小色差的测定》中就采纳了 CMC 色差公式。在印刷行业中，现行的国际标准和行业标准绝大部分采用的 CIELAB 色差公式，但部分企业在实际生产中发现了该色差公式的不足之处，在企业标准中开始采用 CMC 色差公式。在国家标准 GB/T 19437—2004《印刷技术印刷图像的光谱测量和色度计算》中首次把 CMC 引入了中国的印刷工业，但是对参数 l 和 c 并没有给出明确的说明。

2. CIEDE2000 色差公式

为了进一步改善工业色差评价的视觉一致性，CIE 专门成立了工业色差评价的色相和明度相关修正技术委员会 TC1-47（Hue and Lightness Dependent Correction to Industrial Colour Difference Evaluation），经过该技术委员会对现有色差公式和视觉评价数据的分析与测试，在 2000 年提出了一个新的色彩评价公式，并于 2001 年得到了国际照明委员会的推荐，称为 CIE2000 色差公式，简称 CIEDE2000，色差符号为 ΔE_{00}。CIEDE2000 是到目前为止最新的色差公式，该公式与 CIE94 相比要复杂得多，同时也大大提高了精度。

CIEDE2000 色差公式如下：

$$\Delta E_{00} = \sqrt{\left(\frac{\Delta L'}{K_L S_L}\right)^2 + \left(\frac{\Delta C'}{K_C S_C}\right)^2 + \left(\frac{\Delta H'}{K_H S_H}\right)^2 + R_T \left(\frac{\Delta C'}{K_C S_C}\right)\left(\frac{\Delta H'}{K_H S_H}\right)} \qquad (2-44)$$

其计算过程如下：

首先由式(2-15) 和式(2-16) 计算 L^*、a^*、b^*、C_{ab}^*。

然后：

$$L' = L^* $$
$$a' = (1+G)a^* \qquad (2-45)$$
$$b' = b^* \qquad (2-46)$$
$$C' = \sqrt{a'^2 + b'^2} \qquad (2-47)$$
$$h' = \tan^{-1}(b'/a') \qquad (2-48)$$

这里，$G = 0.5\left[1 - \sqrt{\frac{(\overline{C_{ab}^*})^7}{(\overline{C_{ab}^*})^7 + 25^7}}\right]\overline{C_{ab}^*}$，是一对样品色 C_{ab}^* 的算术平均。

$$\Delta L' = L'_b - L'_s \qquad (2-49)$$
$$\Delta C' = C'_b - C'_s \qquad (2-50)$$
$$\Delta H' = 2\sqrt{C'_b C'_s} \sin\left(\frac{\Delta h'}{2}\right) \qquad (2-51)$$

这里，$\Delta h' = h'_b - h'_s$。其中下标"s"表示颜色对中的标准色，"b"表示样品色。

$$S_H = 1 + 0.015 \overline{C'} T$$

$$T = 1 - 0.17\cos(\overline{h'} - 30°) + 0.24\cos(2\overline{h'}) + 0.32\cos(3\overline{h'} + 6°) - 0.20\cos(4\overline{h'} - 63°)$$

$$(2-52)$$

$$S_L = 1 + \frac{0.015(\overline{L'}-50)^2}{\sqrt{20+(\overline{L'}-50)^2}} \tag{2-53}$$

$$S_C = 1 + 0.045\overline{C'} \tag{2-54}$$

式中，$\overline{L'}$、$\overline{C'}$、$\overline{h'}$ 是一对色样 L'、C'、h' 的算术平均值。

$$R_T = -\sin(2\Delta\theta)R_C \tag{2-55}$$

$$\Delta\theta = 30\exp\left[-\left(\frac{\overline{h'}-275°}{25}\right)^2\right] \tag{2-56}$$

$$R_C = 2\sqrt{\frac{\overline{C'^7}}{\overline{C'^7}+25^7}} \tag{2-57}$$

最后，由式(2-44)计算色差值。

CIEDE2000 色差公式的宽容量椭圆如图 2-10 所示。

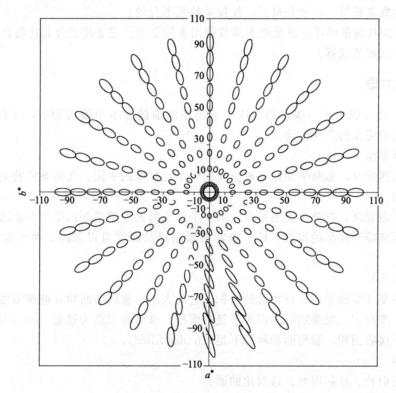

图 2-10　CIEDE2000 宽容量椭圆

第三节　色彩测量

一、色度测量几何条件

在日常生活中，颜色形成的要素——光源、物体、人眼间位置关系是非常复杂的，这种位置关系称为照明和观测几何条件，简称几何条件。几何条件不同，人们对颜色的知觉就会不同。在仪器测量中，人眼被光电探测器所代替。仪器中光源、样品、探测器之间的关系，称为照明和接收几何条件，简称几何条件。为了能使评价结果在不同部门之间具有可比性，几何条件必须标准化。当然，几何条件越详细，越符合实际，可比性也就越好；但是细化程度和使用方便性是矛盾的。测量结果和目视评价的相关程度依赖于仪器测量的几何条件对实际观察时的几何条件的模拟程度。在 2004 年之前，CIE 根据人眼观察物体的主要方式规定了 4 种反射测量的几何条件和 4 种透射测量的几何条件。CIE15：2004 第三版对反射样品推荐了 10 种几何条件；对透射样品推荐了 6 种几何条件，主要是对照明和接收角度作了规定。

从光束结构看，几何条件可分为两类：一类是定向型（45°a：0°，0°：45°a，45°x：0°，0°：45°x），它们不用积分球，是定向照明和定向接收；另一类是漫射型，用积分球，是由所有方向照明或由所有方向接收。从 CIE 推荐的几何条件还可以看出：一个条件的照明方向和接收方向互换就成了另一个条件。在一般实际中选择条件时，可以把互换的一对几何条件当作类似性质来看待。对荧光材料，互换条件是不行的。

CIE 推荐的几何条件可以满足绝大多数使用者的要求。它适用于分光式测色仪器，也适用于光学积分式测色仪器。

1. 相关术语

CIE 15：2004 引入了一些术语，这些术语在以前的版本中没有用过，应用这些术语，能够更精确地说明几何条件的含义。

(1) 参照平面

反射样品测量时，参照平面就是放置样品或参比标准的平面。几何条件就是相对于此平面确定出来的。

透射样品测量时，有两个参照平面，第一个是入射光参照平面；第二个是透射光参照平面。它们的距离等于样品的厚度。CIE 推荐书假定样品厚度可以忽略，两个参照平面合为一个。

(2) 采样孔径

采样孔径是在参照平面上被测量的面积。它的大小由被照明面积和被探测器接收的面积中较小的一个来确定。如果照明面积大于接收面积，被测面积称为过量（over filled）；如果照明面积小于接收面积，被测面积称为不足（under filled）。

(3) 调制

调制是反射比、反射因数、透射比的通称。

(4) 照明几何条件

照明几何条件是指采样孔径中心照明光束的角分布。

(5) 接收几何条件

接收几何条件是指采样孔径中心接收光束的角分布。

(6) 45°方向几何条件（45°x）

测量反射样品颜色时，45°x 表示与样品法线成 45°，且只有一条光束照明样品，符号"x"表示该光束在参照平面上的方位角。方位角的选取应考虑样品的纹理和方向性。

(7) 45°环形几何条件（45°a）

测量反射样品颜色时，45°a 表示与样品法线成 45°，从所有方向同时照明物品，符号"a"表示环形照明。这种条件能使样品的纹理和方向性对测量结果影响较小。这种几何条件可用一个光源和一个椭球面环形反射器或其他非球面光学系统来实现，称作 45°环形照明，记作 45°a。这种几何条件，有时也采用在一个圆环上由多个光源或用一个光源由光纤分成多束，其端部装在一个圆环上来完成。这种离散的环形照明记为 45°c。

(8) 0°方向几何条件（0°）

在反射样品的法线方向照明样品。

(9) 8°方向几何条件（8°）

与反射样品法线成 8°角，且只有一个方向照明样品。在许多实际应用中，该条件可用于代替 0°方向几何条件。在反射样品测量中，这种条件就可以实现包含或排除镜面反射成分两种几何条件的区别。

2. 反射测量的几何条件

CIE 15：2004 推荐的反射样品测量几何条件共有 10 种，如图 2-11 所示。

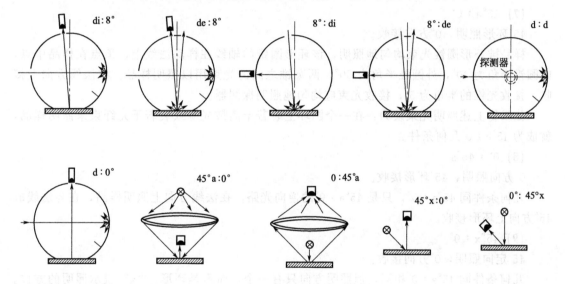

图 2-11　反射测量的几何条件

(1) di：8°

漫射照明，8°方向接收，包括镜面反射成分。

样品被积分球在所有方向上均匀地漫射照明，照明面积应大于被测面积。接收光束的轴线与样品中心的法线之间的夹角为 8°，接收光束的轴线与任一条光线之间的夹角不应超过 5°，探测器表面的响应要求均匀，并且被接收光束均匀地照明。

(2) de：8°

漫射照明，8°方向接收，排除镜面反射成分。

几何条件同 di：8°，只是接收光束中不包括镜面反射成分，也不包括与镜面反射方向成 1°角以内的其他光线。

(3) 8°：di

8°方向照明，漫反射接收，包括镜面反射成分。

几何条件同 di：8°，只是 di：8°的逆向光路，也就是照明光束的轴线与样品中心的法线之间的夹角为 8°，照明光束的轴线与任一条光线之间的夹角不应超过 5°。样品被照明面积应小于被测面积。漫反射光采用积分球从所有的方向上接收。

(4) 8°：de

8°方向照明，漫反射接收，排除镜面反射成分。

几何条件同 de：8°，是 de：8°的逆向光路。样品被照明面积应小于被测面积。

(5) d：d

漫射照明，漫反射接收。

几何条件同 di：8°，只是漫反射光用积分球从所有方向上接收。在这种几何条件下测试，照明面积和接收面积是一致的。

(6) d：0°

漫射照明，0°方向接收，排除镜面反射成分。

d：0°是漫射照明的另一种形式。样品被积分球漫射照明，在样品法线方向上接收。这种几何条件能很好地排除镜面反射成分。

(7) 45°a：0°

45°环形照明，0°方向接收。

样品被环形圆锥光束均匀地照明，该环形圆锥的轴线在样品法线上，顶点在样品中点，内圆锥半角为40°，外圆锥半角为50°，两圆锥之间的光束用以照明样品。在法线方向上接收，接收光锥的半角为5°，接收光束应均匀地照明探测器。

如果将上述照明光束改为：在一个圆环上装若干离散光源或装若干光纤束来照明样品，就成为 45°c：0°几何条件。

(8) 0°：45°a

0°方向照明，45°环形接收。

几何条件同 45°a：0°，只是 45°a：0°的逆向光路。在法线方向上照明样品，在与法线成45°方向上环形接收。

(9) 45°x：0°

45°定向照明，0°方向接收。

几何条件同 45°a：0°相同，但照明方向只有一个，而不是环形。"x"表示照明的方位。在法线方向上接收。

(10) 0°：45°x

0°定向照明，45°方向接收。

几何方向同 45°x：0°，不过是 45°x：0°的逆向光路。在法线方向上照明样品，在一定的方位角上与法线成45°角接收。

上述(1)，(2)，(6)~(10)几何条件下，测到的是反射因数 $R(\lambda)$，其中定向接收的几何条件，当接收的立体角足够小时，给出的反射因数称为辐亮度因数 $\beta(\lambda)$。(3)给出的是光谱反射比。所以，在极限条件下，45°x：0°条件给出辐亮度因数 $\beta_{45°x：0°}(\lambda)$；0°：45°x 条件给出辐亮度因数 $\beta_{0°：45°x}(\lambda)$；di：8°条件给出辐亮度因数 $\beta_{di：8°}(\lambda)$；d：0°条件下给出近似辐亮度因数 $\beta_{di：0°}(\lambda)$；几何条件 8°：di 给出光谱反射比 $\rho(\lambda)$。

当使用积分球时，球内要加白色屏，以阻止样品和光源在球壁的照射点或样品和球壁被测量点之间光线的直接传递。积分球开孔的总面积不应超过积分球内表面的10%。

在进行漫反射比测量时，接收光能应包括样品所有方向上的漫反射光（包括与法线近于90°的散射）。

当用积分球测量发光（荧光或磷光）样品时，照明光的光谱功率分布会被样品的反射光和发射光改变，优先采用定向型的几何条件 45°a：0°，45°x：0°或 0°：45°a，0°：45°x。

3.透射测量的几何条件

CIE 15：2004 推荐的透射样品测量几何条件共有六种，如图 2-12 所示。

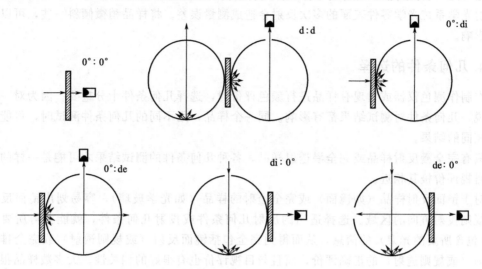

图 2-12　透射测量的几何条件

(1) 0°：0°

0°照明，0°接收。

照明光束和接收光束都是相同的圆锥形，均匀地照明样品或探测器。它们的轴线在样品中心的法线上，半锥角为 5°。探测器表面的响应要求均匀。

(2) di：0°

漫射照明，0°接收，包括规则透射成分。

样品被积分球在所有方向上均匀地照明；接收光束的几何条件同 0°：0°。

(3) de：0°

漫射照明，0°接收，排除规则透射成分。

几何条件同 di：0°，只是当不放样品时，与光轴成 1°以内的光线均不直接进入探测器。

(4) 0°：di

0°方向照明，漫透射接收，包括规则透射成分。

此几何条件是 di：0°的逆向光路。

(5) 0°：de

0°方向照明，漫透射接收，排除规则透射成分。

此几何条件是 de：0°的逆向光路。

(6) d：d

漫射照明，漫透射接收。

样品被积分球在所有方向上均匀地照明，透射光均匀地从所有方向上被积分球接收。

上述条件中，规则透射成分被排除的几何条件，给出的是透射因数，其余条件给出的是透射比。对一些特殊样品的测量，可以制定另外的几何条件，或给予不同的公差。当使用积分球时，球内要加白色屏，以阻止光源和样品（或参比标准）之间光线直接传递（漫射照明情况）；样品（或参比标准）和探测器之间光线直接传递（漫透射接收情况）。积分球开孔的总面积不应超过积分球内表面的10%。0°：0°几何条件的测量仪器，结构设计应使照明光束和接收光束相等，不管是否放置样品。在进行漫透射比测量时，接受光束应包括所有方向上的漫透射光（包括与法线近于90°的散射）。当入射光束垂直于样品表面照射时，样品表面与入射光学系统光学零件表面的多次反射会造成测量误差。将样品稍微倾斜一些，可以消除这种影响。

4. 几何条件的选择

在制作测色仪器或对现有样品进行颜色评价时，选择几何条件十分重要。因为对一般条件来说，几何条件对测试结果都有影响。同一个样品，用不同的几何条件测试时，可能给出很不相同的结果。

只有完全漫反射样品或完全漫透射样品，各种几何条件的测试结果才可能是一样的，而且与目视评价极其相近。

对于镜面反射样品（如镜面）或完全透射的样品（如光学玻璃），容易划出镜面反射方向或规则投射方向的区域。选择适当的反射几何条件或投射几何条件，就能获得所要光束（也只包含所要的光束）的信息，从而得到完全包括镜面反射（或规则透射）或完全排除镜面反射（或规则透射）的正确评价，而且与目视评价也有很好的相关性。大多数样品很少有上述极限情况，但有些透射样品，漫反射足够小，几何条件不影响；而反射样品则很少有漫射大到几何条件没有影响的程度。

几何条件的差异是影响仪器之间测试结果一致性的重要原因。

几何条件如何选择和自己的工作性质有关。下面是反射样品一般应该考虑的内容。

(1) 镜面反射成分的处理

对非金属材料（除非它是白色的），镜面反射光总是要降低颜色的饱和度。含镜面反射成分越多，饱和度降低得越多。一个样品在不同几何条件下测试，镜面反射成分究竟包含多少，除几何条件外，还与样品的表面性质有关。一般来说，定向性的几何条件彻底排除镜面反射成分；de：8°、8°：de不能完全排除镜面成分；而di：8°、8°：di、d：d则不能排除镜面反射成分。

(2) 几何条件对偏振的影响

垂直照明（0°或8°方向照明）或漫射照明（积分球照明）的几何条件可以避免偏振影响，因为照射光束入射角很小时，偏振非常小；而漫反射照明时，偏振结果是所有方向的平均值。但是，45°方向照明的几何条件就可能产生严重影响。有偏振倾向的样品慎用45°照明的几何条件。

(3) 测试结果与目视评价的相关性

人们观察物体时，一般喜欢将样品表面的镜面反射光排除，这样可以获得有关颜色的最多信息。对高光泽和中等光泽样品用排除镜面反射的几何条件，测试结果与目视评价有较好的相关性。有人曾对45°：0°和d：0°两种几何条件做了研究，对同样染料不同表面纹理和光泽的一对样品进行色差测试，45°：0°条件测得的结果有明显色差，与目视感觉一致。而d：0°条件则几乎测不到差别。但45°：0°条件对样品表面结构的方向性比较敏感，会造成测试结果的不确定性。为减少这种影响，可用环形照明或环形接收。

(4) 被测样品的性质

① 含荧光材料的样品。用积分球测量荧光样品时，照明光束的光谱功率分布会被样品

的反射和发射光改变,所以,最好采用定向性几何条件(45°a：0°,0°：45°a,45°x：0°,0°：45°x)。

② 逆反射材料(retro-reflective materials)。逆反射的反射光主要从靠近入射光线的反方向返回,而且当入射光的方向在较大范围内变化时,仍能保持这种性质。所以对逆反射样品的测试应用特殊的几何条件(参看有关书籍)。

③ 金属材料。金属材料测量颜色时,应用包含镜面反射成分的几何条件,不宜排除光泽。

④ 对于暴露在外,受气候、环境污染的样品,如果只是了解其染料、颜色受环境等影响后变化的情况,那么选含镜面反射成分的几何条件,就可避开表面光泽和纹理等的影响。

(5) 行业差别

不同行业有自己的行业标准(国际的和国内的)和习惯,应予遵守。

计算机配色过去习惯用含镜面反射成分的积分球照明或积分球接受的几何条件,用软件扣除镜面反射成分,进行配色。近来也有人对排除镜面反射成分的几何条件做了研究,也用软件校正、测试了数据。

(6) 仪器之间测试结果的一致性

不同厂家制造的仪器,即使都按 CIE 推荐的几何条件制作,测试结果也不能完全一样,就几何条件而言,di：8°和 8°：di 一致性更好些。它不受光吸收阱差异的影响,对样品表面结构也不敏感。

二、测量条件

现在大部分印刷用的纸张甚至油墨都包含有荧光成分,而早期的大多数仪器使用白炽灯为光源,它的光谱功率分布含有不等量的紫外线。在测量具有大量光学增白剂的纸张时,仪器中的紫外线含量的变化可能会容易达到 $5\Delta E_{ab}^*$ 的色差。在使用标准观察箱评价彩色样本时,标准观察箱随着紫外线的含量的变化而变化,实际的结果是,具有几乎相同的色度特性的样本,有时在视觉上不匹配,反之亦然。

ISO 13655：2009 给出了四个颜色测量的条件。测量条件 M0 要求照明光源和光源 A 匹配;这是为了和现有仪器及 ISO 5-3 保持一致性。测量条件 M1 要求光源的色度和 CIE D50 照明体匹配。测量条件 M2 只要求试样照明的光谱功率分布中的波长在 420~700nm 范围内,且在低于 400nm (通常被称为"UVCut")的波长范围内没有辐射能。测定条件 M3 要求样品照明同 M2,在入射和发射光谱的主轴上的正交或"交叉"方向加了偏振滤色片。这些测量条件适用于反射、透射或自发光物体包括平板显示器的测量和色度计算规则。它还为印刷确立了色度参数的计算方法。印刷工艺包括(但不限于)胶版印刷、凸版印刷、柔版印刷、凹版印刷和丝网印刷的原材料准备、量产、生产工艺。

1. 测量条件 M0

从历史上看,在印刷行业中,绝大多数分光光度计使用白炽灯,其光谱接近于国际照明协会(CIE)标准照明光源 A。此外,密度的测量历来用这种光源。M0 主要是和现有的仪器的数据匹配。

测量照明条件 M0 并未定义紫外线的含量。因此,当被测纸张含有荧光,需要仪器之间的测量数据交换时,根据 ISO 13655 的规定,不推荐使用 M0。标准注明,当没有可满足

M1 的仪器，但相对的数据足够满足过程控制或其他的数据交流应用时，类似 M0 的仪器型号可作为备选方案。该条款能确保现有仪器不会立刻产生问题，并继续在工作流中使用。目前，M0 仪器非常普及。

2. 测量条件 M1

测量条件 M1 是为减少因荧光而导致不同仪器之间测量结果的差异而定义的，这些荧光是由纸张的荧光增白剂造成的，或者是成像色料或打样色料中的荧光，测定样本照明光源的光谱功率分布应与 CIE 照明光源 D50 匹配。

有两种方法可以实现测量条件 M1 的一致性。

① 在样品平面的测量光源的光谱功率分布应为 CIED50 照明体。它应符合 ISO 3664 条件 P1 观察条件下 UV 同色异谱指数范围，此方法将特别用于荧光染料和荧光增白剂。

② 定义仅需在调整部件数量（光谱低于 400nm）时使用补偿性方法，相对于 D50 的校准标准，可以通过相对功率在该范围内的活性调整来进行。这种补偿旨在纠正衬底中荧光增白剂的荧光的影响。从 400~700nm 范围内的光谱功率分布应是连续的。

应当注意的是，对含有荧光增白剂的材料应有适当的评价，主要是在 300nm 和 400nm 区域中的功率与在 400~500nm 区域中的功率之间的比率与在 D50 光源下这些相同区域之间的比率非常相似。

3. 测量条件 M2

为了排除由于在承印材料表面的光学增白剂的荧光而导致仪器之间测量结果的变化，在样品平面测量源的光谱功率分布应仅包含波长范围在 400nm 以上大量的辐射功率。这可以通过在源头处进行合适的设计或通过在源和样品之间增加一个过滤器来实现。

在纸上的光学增亮剂的可见荧光通常在紫外线为 300~410nm 范围受激发。为了完全消除光学增白剂的任何荧光激发，UV 成分最佳截止波长将是 420nm。然而，测量反射率的因素期望也在 400~410nm 之间。因此，对于每个仪器类型，最佳的折中，必须找到残留荧光激发的足够抑制以及测量信号合理的信噪比。

对于测量条件 M2，光源未明确指定。然而，应当在波长范围为 420~700nm 连续。辐射功率的每个波长区间中应是足够高，以便能够进行精确的校准，并根据该仪器的规格可重复测量结果。

4. 测量条件 M3

尽管表层反射是到达到眼睛的光学刺激的一个重要组成部分，有时候表层反射会使测量的结果变得紊乱。偏振滤色片的安装去除了大部分多余的反射信号。由于大多数滤色片有相对较高的紫外线吸收，它们通常跟去 UV 滤色片一起使用或者兼饰两角。

仪器配备有一个滤色片，以便抑制色坐标第一表面反射的影响。

三、测量背衬

在进行颜色测量时，印刷用纸并非完全不透明，光线会穿过印刷品，然后从背衬的表面反射回来。此时如果使用有偏色的背衬，就会影响测量的结果，如图 2-13 所示。

ISO 对于测量样本的背衬（垫在要测量的印刷品下面）是有规定的，它要求如下：

① 对于光谱的反射是没有选择性的,也就是说光谱反射率必须均匀,光谱密度不能超过平均密度的 5%;

② 漫反射的衬质;

③ 密度要达到 1.5±0.2,也就是使用黑色背衬。

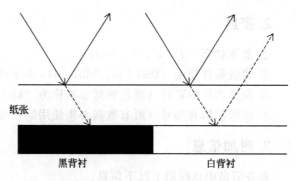

图 2-13 黑白背衬对光线反射示意图

这样做的原因,主要是为了避免光线会穿过印刷品,然后从背衬的表面反射回来现象的发生,ISO 决定使用黑色背衬,它的优点是可以吸收光线,不会产生反射,引起测量的偏差。另外,对于双面印刷品的测量,背面的图文也会影响到颜色的测量,而使用黑色背衬,可以将这一影响降到最小。

在印刷行业,还普遍存在着另外两种测量方式,一种是使用白色背衬;另一种是使用相同的纸张作为背衬测量。这两种方法是从色彩管理的测量习惯中延续下来的,使用白色背衬所参照的标准主要是美国图像技术标准 CGATS.5,但是目前使用白色背衬只作为参考信息附在 ISO 标准中,最终检验还是以黑色背衬作为衡量的依据。

不同的背衬对于结果的影响是很大的。从表 2-9 中可以发现,仅仅是因为背衬,对颜色测量有很大的影响,相同的颜色在黑背衬和白背衬下色差最大达到 4.24。

表 2-9 ISO 12647-2 中 8 种颜色在黑背衬和白背衬测量的色差

项目	CD1	CD2	CD3	CD4	CD5	CD6	CD7	CD8
黑	0.00	0.00	1.00	1.00	1.00	1.00	1.00	2.00
青	1.41	2.45	2.45	2.24	2.24	2.24	2.00	2.00
品	2.24	2.45	2.45	3.74	3.00	2.83	3.74	3.74
黄	2.83	4.24	4.24	4.24	4.24	4.24	4.36	4.24
红	3.00	3.00	3.46	3.00	3.00	3.00	4.12	3.00
绿	2.45	3.00	2.45	3.00	2.45	1.73	2.24	2.45
蓝	1.41	1.73	1.73	1.41	2.00	1.73	1.73	2.24
三色黑	0.00	1.00	1.00	1.00	1.00	1.41	1.00	2.24

四、数据报告

为了便于数据的交流,必须在报告数据时给出数据测量的条件,须包含以下信息:

1. 色度

① 色度数据测量或计算时所用的照明体(D50、D65、A、C、…);

② 所使用的观察者(2°或 10°);

③ 测量条件使用(ISO 13655M0,M1,M2 或 M3);

④ 反射试样的背衬(黑色背衬也被称为"bb",白色背衬也被称为"wb");

⑤ 仪器品牌和型号(所有数据必须使用同一台仪器测量)。

2. 密度

① 密度状态（T、E、V、…）；
② 测量条件使用（ISO 13655M0，M1，M2 或 M3）；
③ 反射试样的背衬（黑色背衬也被称为"bb"，白色背衬也被称为"wb"）；
④ 仪器品牌和型号（所有数据必须使用同一台仪器测量）。

3. 附加信息

必备信息中也应附上以下信息：
① 数据的初始来源；
② 数据的创建日期；
③ 对报告中数据的用途或内容作出描述；
④ 对仪器的操作作出说明，包括但不仅限于采样孔径的信息；
⑤ 用于计算的波长间隔；
⑥ 对于透明的印刷承印物，必须给出在黑背衬和白背衬下未印刷时的 CIE XYZ 数据。

复习思考题

(1) 密度测定为什么要在规定的几何条件下进行？
(2) 反射密度测量的原理是什么？
(3) 色彩测量条件 M0、M1、M2、M3 有何不同？
(4) 窄带测量和宽带测量有什么区别？在印刷生产中如何选择？
(5) 在什么情况下采用视觉密度测量？
(6) 在色差的评判中，为什么建议采用 CMC 或 CIEDE2000 色差公式？
(7) 用光电色度计和分光光度计测色有什么本质上的不同？
(8) 与密度测量方法比较，色度测量有什么优缺点？
(9) 在色彩数据进行传递时，需要给定哪些参数？

第三章

印刷品的主观评价

色彩和密度测量是印刷中对复制质量进行控制的常用方法。但是对于一幅图像来说这些相关的测试方法并不能代替人眼对色彩质量复制效果的最终评价。印刷复制中，我们主要是将复制图像与各种图形原稿进行比较，判断色彩复制的还原程度。

第一节 印刷品比较和单独观察时的评价条件

在印刷过程中对印品复制进行控制的最佳观察条件应该与印品最终的观察环境相符。如果十分清楚最终的观察环境，印刷工作人员就可以在相同的条件下进行印刷品的品质监控了。但是这种情况一般不太可能，尤其重要的是，最终的观察条件不允许我们对原稿、照片或合同样张、最终印刷品件进行直接的对比。因为在光源和相关观察条件下，每一种材料的显色方式直接影响最终的图像效果。为了避免对色彩复制效果的误解，在产品复制过程中使用稳定的观察条件是十分必要的。观察环境的周围物体或存在的物体表面，其颜色和亮度也在很大程度上影响着观察者对观察对象的节点色彩感觉。有时，人们使用标准观察箱进行观察。但是一般的观察台建在房子的某一部分，所以，对观察环境的控制十分重要。

为确保在所有的复制环节中使用统一的观察条件，推荐统一的观察标准势在必行。对于彩色印刷品和照片的观察条件，推荐的标准是 ISO 3664。

ISO 3664 规定了用于反射和透射媒体图像的观察条件，如印刷品和透明胶片，在彩色显示器上独立显示的图像。特别应用于：

① 透明片、反射摄影照片或照相制版印刷品，或其他物体和图像的关键性比较；

② 在照度和实际应用相似的情况下，印刷品和透明片阶调复制和颜色的评估，包括例行检查；

③ 投影观测的透明片和印刷品、物体、或其他复制品的关键性比较；

④ 不和其他硬拷贝比较的彩色显示器上的图像的评估。

不适合于未印刷的纸张。

ISO 3664：2009 给出了4种观察条件：比较观察条件、印刷品实际评估条件、通过投影观察小胶片条件、显示器上图像评估条件，具体要求如表 3-1 所示。

表 3-1 ISO 3664：2009 观察条件

观察条件	参考照明体[①]		亮度/照度		符合 CIE 13.3—1995 的显色性指数		符合 ISO/CIE 23603 的同色异谱指数		照明均匀性（最小：最大）		环境照明的反射率
	照明体	色度容差	照度/lx	亮度/(cd/m²)	一般显色性指数	样本1~8的特殊显色性指数	视觉	UV	平面 ≤1m×1m	平面 >1m×1m	
印品的鉴定比较条件（P1）	CIE 照明体 D50	0.005	2000±500 (2000±250)[②]	—	≥90	≥80	C 或更好 (B 或更好)[②]	<1.5 (<1)[②]	≥0.75	≥0.6	<60% （中性灰、无光泽）

续表

观察条件	参考照明体[①]		亮度/照度		符合 CIE 13.3—1995 的显色性指数		符合 ISO/CIE 23603 的同色异谱指数		照明均匀性（最小：最大）		环境照明的反射率
	照明体	色度容差	照度/lx	亮度/(cd/m²)	一般显色性指数	样本1～8的特殊显色性指数	视觉	UV	平面≤1m×1m	平面>1m×1m	
透射直接观察(T1)	CIE照明体D50	0.005	—	1270±320 (1270±160)[③]	≥90	≥80	C或更好(B或更好)[②]	—	—	≥0.75	5%～10%的亮度水平(中性灰,并向外延伸50mm)
印品的实际评价(P2)	CIE照明体D50	0.005	500±125	—	≥90	≥80	C或更好(B或更好)[②]	<1.5 (<1)[②]	—	≥0.75	<60% (中性灰、无光泽)
透射片的投影观察(T2)	CIE照明体D50	0.005	—	1270±320	≥90	≥80	C或更好(B或更好)[②]	—	—	≥0.75	亮度水平为5%～10%(中性灰并在各方向延伸50mm)
彩色显示器	CIE照明体D65	0.025	—	>80 (>160)[②]	不适用		不适用		不适用		中性灰、暗灰或黑[④]

① 规定了参考光源的相对光谱功率分布，不包含显示器，在这种情况下规定了显示器的白点的色度。参考光源允许的色度容差在观察平面上，符合 CIE1976 u'_{10}、v'_{10} 系统。

② 推荐括号中的值。

③ 推荐括号中的值。当比较胶片和印刷品时，观察平面上胶片照明的亮度和印刷品相当的照度的比值必须为 (2.0±0.2)∶1。

④ 推荐显示器的环境照明≤32lx，必须≤64lx。

印刷品和胶片的参考照明体的相对光谱功率分布必须是 D50 照明体。D50 在 CIE 色度图中的色度坐标为 $x_{10}=0.3478$ 和 $y_{10}=0.3595$，在 CIE 1976UCS 中为 $u'_{10}=0.2102$、$v'_{10}=0.4889$。色度容差用下式计算：

$$\Delta C = \sqrt{(u'_{10,s} - u'_{10,t})^2 + (v'_{10,s} - v'_{10,t})^2} \tag{3-1}$$

式中 $u'_{10,s}$、$v'_{10,s}$——D50 在 CIE1976UCS 中的色度坐标，$u'_{10,s}=0.2102$、$v'_{10,s}=0.4889$；

$u'_{10,t}$、$v'_{10,t}$——所用照明体在 CIE1976UCS 中的色度坐标。

一、P1 条件

P1 条件是图像的两个拷贝间比较的观察条件。比较通常是在原稿和复制品之间或者两个复制品之间进行，如一次印刷的样张，或者多个影印。比较的图像可以在相同的媒体上（反射的或透射的），或在不同的媒体上（包括摄影作品、印刷品、印刷机打样稿或非印刷机打样稿），或者甚至在透射和反射媒体间进行，如胶片和它的打样稿比较。高的照度水平可以允许在高密度区域对颜色和阶调等级进行更关键性评判，在通常的实际应用观察条件下可能感觉不到。

观察平面的照明必须近似于 CIE D50。它的色度坐标 u'_{10}、v'_{10} 用式 (3-1) 计算的 $\Delta C \leqslant 0.005$。显色指数按照 CIE 13.3—1995 测量，观察表面的 CIE 一般显色指数必须在 90 或以上，样本 1~8 的各个特殊显色指数必须在 80 以上。

如果用 ISO/CIE 23603 的方法评估，观察平面照明可见光谱同色异谱指数必须小于 1.0，最好小于 0.5。对于条件 P1，如果用 ISO/CIE 23603 的方法评估，紫外（UV）区域的同色异谱指数要小于 1.5，最好小于 1.0。

观察区域中心的照度为 (2000±500)lx，最好为 (2000±250)lx，从中心到边缘的照度要尽量均匀。对于达到 $1m^2$ 的观察区域，照明区域任意一点的照度不能小于中心的 75%。对于更大的观察区域，最低下限为 60%。要通过测量至少 9 个观察平面上均匀分布的点来评估均匀性。

周围场和背衬应当是中性灰的和无光泽的。周围场的光反射系数（入射光通量和反射光通量的比值）在 10%~60% 之间。对于观察炫光的关键性评估，推荐用 20% 的灰。值的确切选择是基于可用的设备和不同工业阶段的正常应用情况。然而，无论选择什么值，重要的是，在多个地方评估图像时，各自的周围场要一致。各周围场的反射比要在 (1.0±0.2)∶1 范围内。

观察环境一定要设计得尽可能减小对观察任务的影响。重要的是，要消除外部影响对印刷品或胶片视觉评估的条件，观察者要避免进到新的照明环境中立即进行判定，这是因为视觉适应要花几分钟时间。不管是来自光源还是物体和表面反射的外部光线必须要挡住，以免影响观察和照射在印刷品、胶片或者其他评估的图像上。另外，有强烈颜色的表面（如衣服）也不要进入评估环境。在视场范围内的墙、天花板、地面和表面要挡住，或者涂成反射率 60% 或者更低的中性灰。需要注意的是用一个观察箱就很容易把这些问题减至最小，而不是在房间设计一个开放的环境。这样的设备也很容易满足周围场的要求，避免过度的观察炫光，否则会导致透射照明体的问题。然而，即使用这些装置，也要注意适应和避免外部光。

二、P2 条件

P2 条件的观测表面中心的照度为 (500±125)lx，其他和 P1 条件完全相同，P2 条件适用于单个图像的阶调评估、摄影图像检查和印刷品判定。不适用于媒体的同时比较，因为那样颜色匹配是最重要的，例如打样样张和印刷品比较、胶片和样张（或印刷品）比较，或不同工艺的印刷品和胶片比较。唯一的例外是由于显示器的低亮度水平而进行的印刷品和显示器的比较，但是这种比较超出了本标准的范围，ISO 3664 只处理与硬拷贝分离的显示器图像的评估。

需要注意的是，P2 的相对光谱功率分布特征和 P1 的完全相同。因此，在 P1 下匹配的图像在 P2 下也会匹配，但是反过来就不一定对，特别是有明显的暗调范围时。

经验表明，P1 的高照度水平会在图像的阶调复制和颜色方面给人错误的感觉，而这些图像最终要在低照度水平的情况下被消费者应用。在很高的照度下能够让人非常乐于接受的图像在常规的照度水平时不见得让人满意。为了避免这个问题，检查印刷品的照度水平可以任意设置，印刷用户常常把样张拿到未知条件的低照度水平下核实阶调复制是否可接受。因为照度水平和照明特征都是不可控制的，这就给工艺带来了不确定性，不便于有效交流。本观察条件试图把这些问题降至最低。规定的观察条件用于在办公室、图书馆或相对明亮的住宅照明条件下阶调复制评估、摄影图像检查或印刷品判定。通过这些条件下的图像评估，基本可以保证满意的阶调复制。这种判定不可能在 P1 规定的高照度条件下准确地做出。

在印刷工业中，主要的观察应用包括比较，这要用 P1 条件。但是阶调复制要在低照度水平下评定时，建议用 P2 或实际照明条件补充 P1。P1 和 P2 具有相同的 D50 的相关色温。

第二节 彩色软打样系统要求

现在印刷行业中越来越多地用彩色显示器显示图像进行颜色评价和颜色的可接受性评估（即软打样），这就需要显示器及其相应的观测环境能够模拟在标准的印刷观察条件下看到最终印刷品的外貌。要完成这样的功能就要创建软打样系统，该系统通常由显示器、色彩管理设备、驱动软件（用于校准、特性化显示器显示数据）和观察箱组成。所有的设计及校正要考虑并控制好环境光的影响。

随着软打样应用的增多，对软打样系统客观中立的评价的需求也稳步提升，软打样通常会遇到三种典型的场景，第一种仅用显示器显示，无观察箱，第二种是观察箱和显示器，第三种是显示器内置在观察箱中。从测试显示的图像能够多大程度地模拟原稿的编码色度数据角度讲，这三种场景并不需要区分。然而，评价软打样和参考印刷品的模拟程度，观察箱或房间的可控光源还是必需的。

软打样系统的客观评价分为三个步骤：第一步，显示器和观察箱要进行测试，以保证它们能够达到进行高质量软打样的要求；第二步，要测试显示器和显示驱动软件配套后的能力；第三步，测试输出条件的模拟，通常是特性印刷条件。

获得一个参考的软打样模拟不是一件简单的事情，为了非常精确，就要精心控制工艺过程的很多方面。

一、软打样的数据要求

软打样系统应接受 ISO 15930 中定义的 PDF/X 数据文件交付的数字数据，或应接受 ISO 12639 中定义的 TIFF/IT 文件所提供的数字数据。在使用 TIFF/IT 文件时，应按照 ISO 12639 中定义的要求，将颜色信息包含在标签 34675 或 34029 中。

二、软打样的显示器要求

所有的显示器测试都应当把显示器校正到亮度 $160cd/m^2$，色度匹配到 2°视场下的 D50（$x=0.3457$，$y=0.3585$），伽玛 2.2。显示器必须显示包含各个红、绿、蓝通道最大值（8 位时为 255）的"白色"图像。

测试显示器时必须在稳定的条件下进行，为了确定各显示器的稳定时间，每一个测试的显示器必须在温度可控的房间内在校正模式下运行 12h。房间温度变化不能超过 ±0.5℃，范围在 18~28℃。

亮度变化不超过 2%（和 12h 的最后 9h 的测量平均值相比），白点变化不超过校正条件 CIE Δx、Δy 的 ± 0.005，这样就得到了稳定时间（预热时间）。如果显示器达不到稳定条件，就不能用。

显示器的预热必须用亮度和 CIE Δx、Δy 的测量值和 12h 的最后 9h 的平均值的图形表示出来，以百分比表示。

在参考白的最大驱动下，测量屏幕 5×5 均匀网格的中心，计算 CIELAB 值。注意，这种方法会导致 CIE L^* 大于 100。在三种驱动水平下，即最大驱动水平（白）（8 位显示器 $R=G=B=255$）、半驱动水平（灰）（8 位显示器 $R=G=B=127$）、1/4 驱动水平（深灰）（8 位显示器 $R=G=B=63$），计算周围 24 个网格和中心网格的 CIEDE2000 色差。对于白和灰驱动水平，ΔE_{00} 要 $\leqslant 4$。

测量灰（最大驱动水平的一半，8 位显示器 $R=G=B=127$）和白（最大驱动水平，8 位显示器 $R=G=B=255$）的亮度（cd/m^2），计算 25 个区域的灰/白比。对于非中心区域的比例 T_i（$i=1,\cdots,24$）由各非中心区域的灰/白比 R_i（$i=1,\cdots,24$）除以中心区域的灰/白比 R_c，再减去 1，并取绝对值。色调均匀性的偏差应小于 10%，即 T_i（$i=1,\cdots,24$）的最大值应小于 10%。

$$T_i = \text{abs}(R_i/R_c - 1) \tag{3-2}$$

色调均匀性取决于 $\max(T_i)$，（$i=1,\cdots,24$），应小于 10%。

显示器关闭状态下的表面反射特性必须在黑屋子里用点光源进行视觉评判。点光源从屏幕的反射应该显示模糊，并且随着偏离镜面反射方向逐渐平滑地下降。

印刷工业软打样显示器在任何驱动水平下在可视观察锥内都应该具有很小的颜色偏差，通过计算每个方位角的所有观察角直到最大 θ 的 ΔE_{00} 色差来评价可视观察锥的颜色稳定性，在最大驱动水平的白（8 位显示器 $R=G=B=255$）和半驱动水平的灰（8 位显示器 $R=G=B=127$）的 ΔE_{00} 必须小于 10，对于 1/4 驱动水平的深灰（8 位显示器 $R=G=B=63$）以及达到 1% 亮度（$1.6cd/m^2$）的驱动水平也应该小于 10。

三、显示要求

视觉环境的设计应尽量减少对观察任务的干扰，重要的是要消除外部条件对显示器上图像和观察箱中印刷品观察评价的影响。软打样设置时有多种可能的潜在变化。

显示器有两种不同的设置方式。第一种是显示器位于专用观察箱旁边（不是内部）。这里，环境应该能够控制，这样杂散光不会对显示的图像或它的周围产生显著的影响。在这种情况下，观察箱内的照度水平可以使用远程光谱辐射计进行调整，使得从纸张上反射的亮度（可能包含对将要使用纸张的模拟）可以与显示对纸张的模拟相匹配。如果需要的照度级别不同于 P1 或 P2，则应在 ISO 3664 评估测试中使用此级别（除了定义的级别 P1 或 P2 之外）。

第二种显示器上方的照明不可避免。这种情况下，例如，显示器放置在印刷机旁边的观察箱里面。在这里，通过使用显示罩，尽可能减少照明对显示屏幕的影响。对于这样的系统，当补偿以达到印刷品和显示之间亮度水平和一致性匹配时，观察箱的照度也可能不在 ISO 3664 中规定的范围内。

当制造商没有在暗室对专用的观察箱进行测试时，ISO 3664 中定义的所有标准都要应用（对于要进行软打样的对象）。

当仅用显示器进行图像评价时，应遵循下列准则：

① 位于显示器的面板（在任何反射罩后面）上的完全反射漫射器的亮度不应大于显示白点亮度的 1/4（8 位显示器的 $R=G=B=255$）。

② 显示框、显示器的周围、书桌、墙壁和视野中的所有东西都应接近中性，以确保没有饱和的彩色元素影响观察者的色彩适应。对于显示器框架，灰色是最好的颜色，但黑色或白色也可以使用。由于眩光，银或铝显示器架不适合。对于墙壁和书桌，中性灰色最好，但白色也可以使用。

③ 应使用显示器罩尽量减少周围照明在显示器表面反射所造成影响。遮光罩应覆盖从顶部和两侧的显示面。

④ 桌面和键盘应该是中性色，并且反射率低。从显示面到前缘，顶部罩应该相当深，但不可压迫。

用与 ISO 12647-7 测控条兼容的色块测量的特征化印刷条件和显示之间的颜色偏差值应在表 3-2 规定的公差内。

表 3-2　色度精确性：参考印刷和软打样复制间的 ΔE_{00} 容差

平均值	最大值	最大值（原色）	组合灰色块
$\Delta E_{00} \leqslant 4$	$\Delta E_{00} \leqslant 6.5$	$\Delta E_{00} \leqslant 5$	$\Delta E_{00} \leqslant 3$

四、显示驱动和模拟要求

对于要测试的每个特征化印刷条件，除了所要求的专色色块外，只需要印刷中所列的色块。这些色块印刷的最小尺寸应为 10cm×10cm。这些印刷品在目标观察平面内进行连续的演示和测量，以检验模拟的准确性。专色要复制时，应用统一的印刷样品加以定义。它们被呈现和测量的方式与以前的印品相同。

印刷样本的公差应比 ISO 12647-7 中的规定更严格，即模拟特征化印刷条件的色块相对于参考特征数据，其平均色差 ΔE_{00} 值必须 $\leqslant 2$，最大色差 ΔE_{00} 值必须 $\leqslant 3$，并且每个专色色块色差 ΔE_{00} 值应 $\leqslant 1.5$。显示驱动和模拟要求的测试色块如表 3-3 所示。

表 3-3　显示驱动和模拟要求的测试色块

编号	C	M	Y	K	编号	C	M	Y	K
1	100	0	0	0	10	0	10	0	0
2	70	0	0	0	11	0	0	100	0
3	40	0	0	0	12	0	0	70	0
4	20	0	0	0	13	0	0	40	0
5	10	0	0	0	14	0	0	20	0
6	0	100	0	0	15	0	0	10	0
7	0	70	0	0	16	0	0	0	10
8	0	40	0	0	17	0	0	0	20
9	0	20	0	0	18	0	0	0	40

续表

编号	C	M	Y	K	编号	C	M	Y	K
19	0	0	0	60	46	100	0	0	100
20	0	0	0	80	47	20	100	70	60
21	0	0	0	100	48	70	0	70	80
22	0	100	0	100	49	100	100	100	0
23	0	70	70	60	50	70	70	70	0
24	0	0	70	80	51	40	40	40	0
25	100	100	0	0	52	20	20	20	0
26	70	70	0	0	53	10	10	10	0
27	40	40	0	0	54	20	70	70	0
28	20	20	0	0	55	40	70	70	20
29	10	10	0	0	56	40	100	100	20
30	0	100	100	0	57	40	100	40	20
31	0	70	70	0	58	40	40	100	20
32	0	40	40	0	59	100	40	100	20
33	0	20	20	0	60	100	40	40	20
34	0	10	10	0	61	100	100	40	20
35	100	0	100	0	62	10	40	40	0
36	70	0	70	0	63	0	40	100	0
37	40	0	40	0	64	0	40	0	0
38	20	0	20	0	65	40	100	0	0
39	10	0	10	0	66	40	0	100	0
40	10	6	6	0	67	100	0	40	0
41	20	12	12	0	68	100	40	0	0
42	40	27	27	0	69	0	0	0	0
43	60	45	45	0	70	0	0	100	100
44	80	65	65	0	71	0	70	0	60
45	100	85	85	0	72	70	0	0	80

第三节 印刷品的主观评价方法

对印刷图像的分析评价往往带有主观性。譬如对造纸生产者来说，喜欢按照承印材料的质量评价印刷品质量；印刷工人对印刷产品的印刷质量参数更为敏感；广告人员则从信息媒介传递的角度评价印刷品质量；一般读者没有这些专业性倾向，但会根据个人的兴趣、爱好、修养等对报纸上、旅游手册上、课本上的图像质量进行评价。

印刷图像的主观评价是一种根据经验评价图像质量优劣的方法。

一、主观评价观测条件

主观评价是以复制品的原稿为基础，对照样张，根据评价者的心理感受做出评价，其评价的结果，随着评价者的身份、性别、爱好的不同而有很大的差别。因此，主观评价方法常受评价者心理状态的支配，评价结果可能对印刷品某一部分质量达到统一，而对综合性的全面质量却很难求得统一的意见。此外，影响主观评价的因素还有照明条件、观察条件和环境、背影色等。例如，同一件印刷品，在不同的背景色下观察，会给人以不同的感觉，若加上颜色的因素就更复杂了。因此，应在以下推荐的条件下观察印刷品，使主观评价能得出较好的结果。进行主观评价时需符合上述两节的评价条件。观察印刷品时，光源与印刷品表面垂直，观察角与印刷品表面法线成45°夹角，（0°：45°照明观察条件），如图3-1所示。作为替代观察条件，也可以用与印刷品表面法线成角45°的光源照明，垂直印刷品表面观察（45°：0°照明观察条件）。

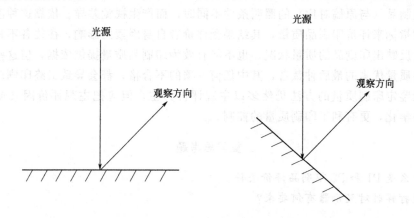

图 3-1 印刷品的观察条件

主观评价印刷质量主要靠目测，采用的工具主要是放大镜（放大倍率10～25倍），通过放大镜，可以观测印刷图文的套印情况和网点再现情况。

二、印刷品表观质量的评价

印刷画面的表观质量是印刷品主观评价所依据的指标，这些指标虽然不是主要的印刷复制再现质量指标，但却直接影响着印刷品的外观，决定着印刷品质量的合格与否，主要包括以下内容。

① 印张外观整洁，无褶皱、油迹、脏痕和指印等。
② 印张背面清洁、无脏痕。
③ 文字清晰、完整，不缺笔断划。
④ 套印准确。
⑤ 网点光洁、清晰、无毛刺。
⑥ 色调层次清晰，暗调部分不并级，亮调部分不损失。
⑦ 墨色鲜艳，还原色彩不偏色。

⑧ 裁切尺寸符合规格要求。

三、主观评价方法介绍

主观评价法常用的有目视评价法和定性指标评价法。

目视评价法是指在相同的评价环境条件下（如光源、照度一致）由多个评价者来观察原稿和印刷品，再以各人的经验、情绪及爱好为依据，对各个印刷品按优、良、中、差分等级，并统计各分级的频度，获得一致好评者为优、良，反之为差。具体评价步骤为：首先根据样张的相似性对印刷样张进行分组，并给各组标明一个唯一的数字，该数字可以代表该组的质量优劣等级，即该组在所有组中质量好坏的排列顺序；然后在各组中再对样张进行比较分析；最后得出质量最好的样张。

定性指标评价法是指按一定的定性指标，列出每个指标对质量影响的重要因素，由多个评定人评分，总分高者质量为优，低者为差。

印刷品的主观评价因人而异，不容易得出统一的结论，常因地点、周围环境的不同，特别是观察复制品（与原稿对比）的照明条件不同时，而产生视觉差异。依靠这种没有数据为依据的定性指标来评价印刷品质量，其结果受评价者自身因素的影响，往往各不相同，不能准确客观地反映出印刷品的质量状况，也不能有效为印刷品质量提供依据，但这些评价指标却是印刷品质量优劣的最后仲裁者，其中任何一项的不合格，都会导致最终印刷产品的不合格。现阶段鉴定印刷质量的方法仍然多以主观评价为主，但应把主观评价因素加以客观解释，使其科学化，更有利于印刷质量的控制。

复习思考题

(1) 什么是 P1 和 P2 印刷品评价条件？
(2) 软打样时对显示器有何要求？

第四章

印刷品评价与控制的主要参数

印刷品的生产是一个复杂的系统工程，影响印刷品质量的因素有很多，如原稿的质量；分色、扫描、制版的因素；印刷设备的精度，印刷规矩，印刷压力及水墨平衡关系的因素；纸张的因素；油墨的因素；印刷环境的因素，主要指气温、湿度的变化因素；印刷操作人员的技术素质因素；后加工工序的因素，主要包括裁切、装订、覆膜、成型等工序环节等。为了保证印刷品的质量，印刷工作人员必须要检测印刷品的主要参数。印刷过程中，除过纸张和油墨的颜色以外，墨层厚度、半色调值、色彩平衡、叠印率和印刷色序都是重要的检测参数。

第一节 实地密度

印刷品的密度与转移到纸张上的墨层厚度有着密切的关系。墨层厚度不仅仅与印刷品的密度，而且也与网点增大、套印、实地印刷故障以及其他各种印刷上的问题有密切的关系。从物理角度来看，油墨是透明的，当光穿透油墨的时候，油墨中的颜料颗粒会吸收一定波长的光。吸收光量的多少，取决于油墨中颜料颗粒的浓度和油墨层的厚度。因此，印在纸张上的墨层越厚，吸收的光量越多，墨色越深；墨层厚薄一致，墨色深浅也相同。因此，控制墨层厚度的变化，也就控制了墨色深浅和墨色的均匀性。但是测定纸张上的墨层厚度是比较困难的，一般用印刷品的实地密度来表征墨层的厚度。

实地密度是指承印物上均匀且无空白地印刷出来的表面颜色密度，即100％网点的密度。实地密度是印刷品质量检测与控制的最重要的参数，实地密度的大小可以反映出印刷复制的阶调范围、墨量的大小等，进而实现对印刷过程的调节与控制。图4-1为印刷品的密度检测示意图。

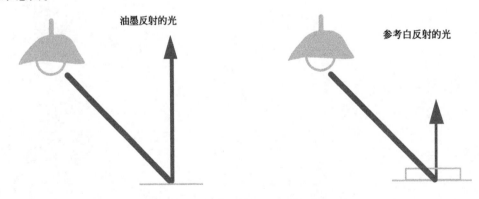

图 4-1 印刷品密度的测量示意图

一、墨层厚度对实地密度的影响

通常将参考白（硫酸钡、氧化镁等标准反射表面）的反射率看作为100％，从油墨上反射的光量为参考白上的50％时，反射率为50％，则油墨的密度为0.3。

如图4-2所示，承印物上的油墨厚度不同时，对光的反射量也不相同。因此，考察墨量的厚度，只需要测量实地区域的密度。图4-3是胶印中墨层厚度和各色实地密度的关系图，从中可以看出，实地密度随着墨层厚度的增加而增大，但是墨层厚度增加到一定程度时，实地密度不再增加，曲线变平。

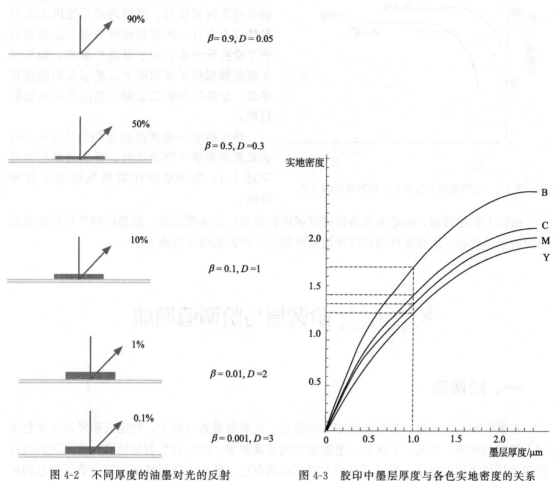

图4-2　不同厚度的油墨对光的反射　　　　图4-3　胶印中墨层厚度与各色实地密度的关系

二、实地覆盖率对实地密度的影响

图4-4表达了纸上油墨量与实地覆盖率的关系。在印刷中，即使增加纸上的油墨量，油墨也不会将纸面100%覆盖，通过显微镜观察可以验证这一点。实地覆盖率随着纸上油墨量的增加而增加，但当达到某实地覆盖率时，则不再继续增加，所以将此时的实地覆盖率称为饱和实地覆盖率。由图4-4可知，铜版纸的饱和实地覆盖率最高，非木浆纸最低，木浆纸处于中间状态。实地覆盖率在墨量较小时就达到了饱和，这说明：在纸上油墨量小的范围内，实地密度的增加主要是由实地覆盖率增加造成的；当实地覆盖率达到饱和时，实地密度还继续上升，则是由于墨层的平均厚度增加造成的；随着墨量的增加，实地密度也达到饱和，这是因为平均墨层厚度的增加也是有限制的。实地覆盖率达到饱和时的油墨量，按由小到大排列的顺序是铜版纸、胶版纸、新闻纸，这与纸张平滑度的顺序相同，纸张表面越粗糙，遮盖纸面所需要的油墨就越多。新闻纸的饱和实地覆盖率比胶版纸的饱和实地覆盖率大，这是由纸的吸墨性等原因造成的。

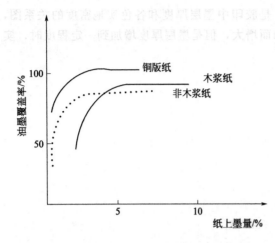

图 4-4 不同纸张上墨量和油墨覆盖率的关系

油墨层表面状态对实地密度的影响：粗糙的墨层表面，入射光在表面引起漫反射，使密度降低；如果表面是平滑的，表面反射的光成为镜面反射，反射的光不能进入人的眼睛或密度计，因而使密度变高。油墨表面的平滑度受纸张表面平滑度的影响，如果印在铜版纸那样平滑的纸上，墨层表面就比较平滑，如果印在粗糙表面，墨层表面就比较粗糙。

墨层的第一表面反射量约为 3%～4%，如果墨层表面产生漫反射，那么最高密度超不过 1.4，粗面纸张印刷的墨层就是这种情况。

由以上叙述可知，决定实地部位密度值的因素是：实地覆盖率、油墨层的平均厚度和油墨层的表面状态。用密度计测得的实地密度是这三种因素的综合效果。

第二节 阶调值与阶调值增加

一、阶调值

在复制颜色的时候，需要不同浓淡的颜色，阶调值是指图像上，特定面积区域被半色调网点覆盖的比率，它是一个比值，也被称为网点面积率。颜色被复制的越浅，被半色调网点覆盖的区域的比值越小。为了复制出不同深浅的颜色，印刷中使用特定加网线数的半色调网点来复制颜色，颜色的深浅依赖于网点的大小。调频加网中，半色调网点的大小相同，但它们之间的距离不同。阶调值通常被定义为一个百分比。

二、阶调值的确定方法

1. 印刷品和胶片上阶调值的确定方法

印刷品的阶调值常用 Murray-Davis（MD）公式计算，如下式所示：

$$A = \frac{1-10^{-D_t}}{1-10^{-D_s}} \tag{4-1}$$

式中，D_t 为网点半色调网点处的密度值；D_s 为实地密度值。

MD 公式由于误差较大，因此引入了修正系数 n，即为 Yule-Nielson（YN）公式：

$$A = \frac{1-10^{-D_t/n}}{1-10^{-D_s/n}} \tag{4-2}$$

修正系数 n 在取值上有很大的不确定性，因此，YN 公式在业界通常不被采用。在 GB/

T 17934.1—1999、GB/T 18722—2002 以及 ISO 12647-1：2013(E) 中给出了相对密度下的 MD 公式，如下

$$A = \frac{1 - 10^{-(D_t - D_0)}}{1 - 10^{-(D_s - D_0)}} \tag{4-3}$$

式中，D_0 为纸张空白处的密度值。

印刷品上的网点面积率也可以采用色度值来计算。色度值的测量必须采用 D50 照明，CIE1931 2°观察者，0：45°或者 45：0°的几何条件测量得到的 XYZ 值。

青色的阶调值：

$$A = 100\% \times \frac{X_0 - X_t}{X_0 - X_s} \tag{4-4}$$

品红和黑色的阶调值：

$$A = 100\% \times \frac{Y_0 - Y_t}{Y_0 - Y_s} \tag{4-5}$$

黄色的阶调值：

$$A = 100\% \times \frac{Z_0 - Z_t}{Z_0 - Z_s} \tag{4-6}$$

式中，X_0, Y_0, Z_0 为空白承印物的三刺激值；X_t, Y_t, Z_t 为半色调网点处的三刺激值；X_s, Y_s, Z_s 为实地部位的三刺激值。

对于青色阶调值计算误差较大，在 ISO 10128：2009 中给出了校正方法，用 $X - 0.55Z$ 代替 X，则式(4-4)修正为：

$$A = 100\% \times \frac{(X_0 - 0.55Z_0) - (X_t - 0.55Z_t)}{(X_0 - 0.55Z_0) - (X_s - 0.55Z_s)} \tag{4-7}$$

印刷品上的阶调值也可以采用图像分析的方法得到，但这个阶调值只包含几何的网点扩大，不包含光学的网点扩大。

2. 胶片上阶调值的确定方法

胶片上的阶段值可以用式(4-1)计算，但由于胶片的实地密度通常不低于 3.5，达到 4 以上，因此，分母趋向于 1，式(4-1)可以简化为下式：

$$A = 1 - 10^{-D_t} \tag{4-8}$$

3. 数据文件中阶调值的确定

大多数的数据文件中阶调值可以用下面的公式来计算：

$$A = \left(\frac{v_p - v_0}{v_{100} - v_0}\right) \times 100\% \tag{4-9}$$

式中，v_0 为整数值，对应 0% 阶调值；v_p 为整数像素值；v_{100} 为整数值，对应 100% 阶调值。

例如，对于 8 位存储的颜色其范围为 0~255，若某颜色为 123，则其阶调值为：

$$A = \frac{123 - 255}{0 - 255} \times 100\% = 51.8\%$$

4. 印版上阶调值确定的方法

印版属于小反差表面，通过密度计算的方法得到的阶调值误差太大，不适合于印版上阶

调值的确定，因此，印版上的半色调网点阶调值的计算都采用图像分析的方法得到。

三、阶调值增加

1. 半色调网点变化过程

在胶印印刷工程中，网点从胶片通过印版和橡皮布，被转移到承印物上，如表 4-1 所示。因为各种因素的影响，网点的几何尺寸会发生变化，从而导致阶调发生改变，这被称为阶调值增加，也称为网点增大。阶调增加值指的是印刷品上网点阶调值和胶片上网点阶调值的差值，对于 CTP 直接制版或者数字印刷，指的是印刷品上的网点阶调值和数据文件中的阶调值的差值。

表 4-1 网点在印刷过程中的转移过程

网点的转移过程	影响因素	网点的外观
胶片拼版胶片曝光	胶片边缘、胶带	 胶片上的网点（放大 150 倍）
显影	化学试剂显影时间	
印版	印版材料、印刷过程中的磨损	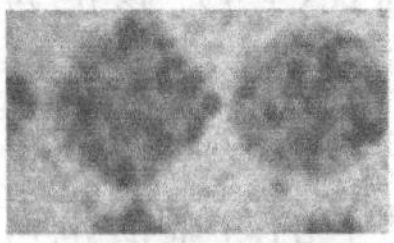 印版上的网点
制版	曝光时间、抽真空	
润版	润版液的量、pH 值、表面张力、水的硬度温度	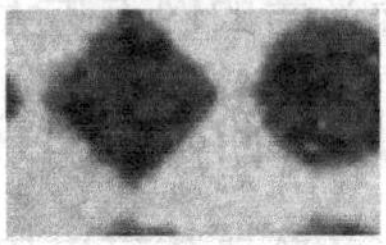 着墨后的网点
着墨	墨层厚度、着墨均匀性、温度	
橡皮布	材料、状态、表面	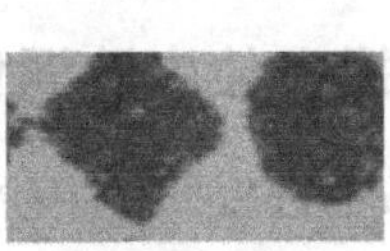 橡皮布上的网点
印刷过程中	滚压	
承印物	承印物、纸张等级	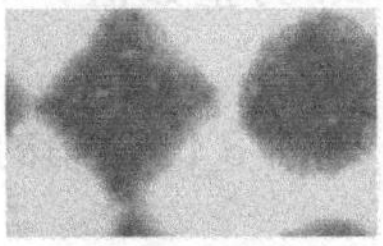 承印物上的网点
走纸	套准	
收纸	蹭脏	

要预测印刷中的一些问题是否会改变网点的阶调值是很困难的，因此，要注意印刷过程中网点发生的一些变形情况，如图 4-5 所示。

| 网点扩大 | 网点缩小 | 网点变形 | 重影 | 蹭脏 |

图 4-5　网点转移过程中的变形

网点缩小：印刷品上的阶调值与胶片或者数字图像上相比较变小。

网点变形：印刷过程中，当印版滚筒相对于橡皮滚筒或者橡皮滚筒相对于印张发生位移时，通常会发生网点形状的改变，比如圆形的网点变成了椭圆形。印刷品上的网点形状有两种情况：一种是印刷方向上的变形，也称为周向变形；另一种为垂直印刷方向上的变形，称为轴向变形，当两个方向上都发生变形时，变形就出现在对角线方向上。

重影：印迹出现双重轮廓，通常因为油墨转到下一个橡皮布上套印不准导致的。

2. 网点增大的分类

网点增大分为两种：几何增大和光学增大。几何增大是在力的作用下网点尺寸产生扩张的现象。在制作分色片中、在晒版中都会产生网点增大，在印刷中，如果油墨、纸张的特性及其他印刷条件发生变化也会引起网点增大。在印刷中，几何网点增大在网点的周边上发生。由于印刷故障造成的网点增大也可能是不规则的，如重影和滑版造成的网点增大就是这样。

如果入射到空白部位和网点部位的光被反射后，仍分别从各自的入射面出射，这并不引起光学增大。只有当一些光线由网点之间的空白区域射入，在纸张中发生散射，从纸张中反射到油墨层，被油墨吸收，使得印刷表面看起来比实际物理上暗一些，目视或者测量的网点尺寸比实际的几何尺寸大一些，就是所谓的光学增大现象，也被称为"光陷"。由图 4-6 可以得知，

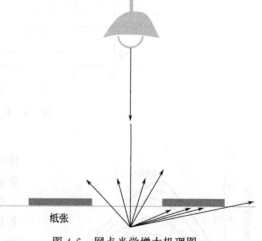

图 4-6　网点光学增大机理图

造成光学增大的原因主要是纸面入射的光线被油墨层吸收，光学网点扩大发生在靠近网点和纸面交界线的地方。

网点增大值为印刷品上的网点面积率与胶片或者数字图像上网点面积率的差值（称为数据）。不同阶调处的网点增大值是不同的，因此，当我们谈到网点增大时，应说明是哪个阶调处的网点增大。图 4-7 中表示了不同阶调处的网点增大值，例如，40％的阶调处印刷品上的网点面积率为 55％，其网点增大为 15％。算出每个阶调处的网点增大值后即可以绘制出网点增大曲线，如图 4-8 所示，横坐标为胶片（数据）值，纵坐标为印品阶调值减去胶片（数据）上的值。

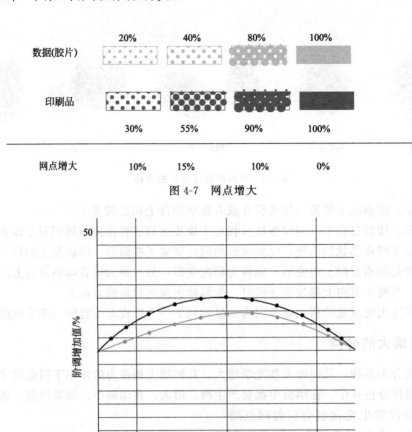

图 4-7 网点增大

图 4-8 网点增大曲线

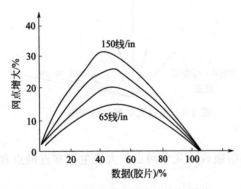

图 4-9 加网线数对网点增大的影响

网点增大受许多因素的影响，比如印刷压力、印刷墨量以及加网线数。加网线数对网点增大的影响如图 4-9 所示。当网屏线数由每英寸（1in＝2.54cm）65 线增加到每英寸 150 线时，网点增大量逐渐增加，65 线时网点增大仅 2%，120 线时增大量为 15%，150 线时达 28%。这说明随着网屏线数的增加，网点增大量随之增加。

3. 印刷特征曲线

根据印刷品上的网点面积率和数据中的网点阶调值的偏差可以绘制出一条曲线，这条曲线通常被称为印刷特征曲线，这条曲线可直接用于优化复制的质量。这条曲线只对特定的纸张、油墨、印刷机的组合有效，如果印刷条件改变，则曲线也会改变。如图 4-10 所示，特征曲线 1 为一条理想的 45°直线，表示印刷品上测量的阶调值和文件中的数据值完全一致。特征曲线 2 表示印刷品上测量的真实阶调值。特征曲线 2 和特性曲线 1 之间的区域表示网点增大。从特征曲线上可以看出，中间调处的网点扩大最明显，因此一般使用中间调处的网点扩大值表示印刷的网点扩大。CTP 或者照排机中通常使用特征曲线 2 对系统进行设置，从而对印刷过程进行校正，使得印刷品获得标准的网点扩大。

输出时，首先要对制版机进行线性化，线性化的目的是使得印版上的阶调值和发送给印版的数据值完全一致，也就是说数据文件中的阶调值为 50% 的话，印版上的网点阶调值也必须为 50%。第二步做过程校正，目的是对数据值进行调整使得印刷出来的值和标准的印张上的阶调值一致。在基础的 RIP 中，有的系统中线性化和过程校正被合成了一条曲线。这意味着线性化和过程校正互相影响。

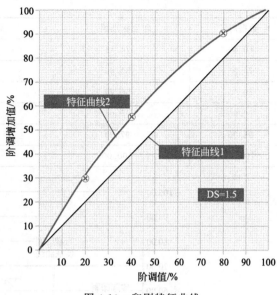

图 4-10 印刷特征曲线

过程校正的方法及原理如图 4-11 所示。首先用当前 CTP 制版机输出灰梯尺，并印刷得到印品，测量梯尺上每个色块的网点百分比，记为当前设备印品百分比，得到实际的印刷特征曲线。

下面以梯尺 50% 网点处为例，介绍一下校正曲线的生成原理：
① 从横坐标上 50% 阶调值处出发作垂线，与标准特征曲线相交于 A 点；
② 从 A 点作水平线，与实际印刷特征曲线相交于 B 点；
③ 从 B 点作垂线与 45°理想复制曲线相交于 C 点；
④ 从 C 点作水平线，与 A 点和 x 轴 50%处连线相交于 D 点，则 D 点即为在梯尺网点 50%处要得到期望值曲线上 A 点所需的校正值。

同理，可得一系列校正点，将所有校正点全部连起来，构成的曲线叫过程校正曲线。

校正的原理就是在 50%处我们期望的印刷品上的网点面积率为 A，要想在自己的设备上获得 A，则输出印版对应的数据网点面积率为 B 点对应的横坐标值。所以校正值就是将 50%处的网点面积率修正为 B 点对应的横坐标值。图 4-11 中校正过程的所用数据列在表 4-2 中。

表 4-2 印刷过程校正所需数据

数据/%	印刷标准值/%	实际测量值/%	校正值/%
0.00	0.00	0.00	0.00
5.00	6.72	9.83	3.40
10.00	13.37	19.35	6.79
20.00	26.69	34.25	14.74
30.00	40.01	47.44	24.23
40.00	53.00	59.39	34.58
50.00	64.30	71.35	44.03

续表

数据/%	印刷标准值/%	实际测量值/%	校正值/%
60.00	74.19	91.31	52.62
70.00	83.40	88.15	62.67
80.00	90.70	93.48	74.51
90.00	95.68	97.05	84.54
95.00	97.90	99.38	89.62
100.00	100.00	100.00	100.00

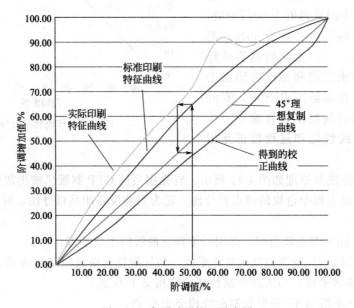

图 4-11　印刷过程校正示意图

第三节　灰平衡

在色度图中，人眼在中性灰区域附近对颜色变化的宽容度明显要小于彩度较高区域的宽容度。也就是说，相对而言，人眼对灰色的变化比较敏感。因此，印刷中只要控制好由黄、品红、青油墨叠印的中性灰，那么整个印刷的色彩控制也就没有问题了。

一、中性灰的确定

对灰的定义，曾有过争论，在印刷界，传统的中性灰用下列条件之一定义：
① $a^* = 0$ 且 $b^* = 0$；
② $D_r = D_g = D_b$；
③ 和承印材料具有相同 a^* 和 b^* CIELAB 色度值的颜色；

④ 和用黑墨印刷的具有近似 L^* 值的颜色具有相同的 a^* 和 b^* CIELAB 色度值的颜色。第三种定义适用于亮调区域，第四种定义适用于中间阶调和暗调。

因此，ISO 12647-2：2013 中给出了中性灰的新的定义公式：

$$\begin{cases} a^* = a^*_{paper}[1-0.85(L^*_{paper}-L^*)/(L^*_{paper}-L^*_{CMY})] \\ b^* = b^*_{paper}[1-0.85(L^*_{paper}-L^*)/(L^*_{paper}-L^*_{CMY})] \end{cases} \tag{4-10}$$

式中，L^*_{paper} 为纸张的亮度值；L^*_{CMY} 为三色实地叠印色块的亮度值。假设纸张的 $a^*_{paper}=1$，$b^*_{paper}=-4$，对于位于纸张的亮度值和最暗的三色叠印的亮度值之间的任意亮度值，可计算其中性灰色度值，计算结果如图 4-12 所示。

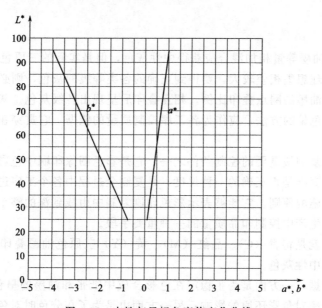

图 4-12 中性灰目标色度值变化曲线

G7 中对中性灰采用了不同的定义方式，中性灰的颜色是纸张颜色的加权函数，随着颜色的加深，灰梯尺 a^* 和 b^* 的逐渐减小为 0，如图 4-13 所示。

为了方便，CMY 灰梯尺每一级的 a^* 和 b^* 值用纸张的 a^*_{paper} 和 b^*_{paper} 值乘以同级青墨（C）的百分比的反比（$1-C$），大概表示了灰梯尺的灰度。

$$\begin{cases} a^* = a^*_{paper}(1-C) \\ b^* = b^*_{paper}(1-C) \end{cases} \tag{4-11}$$

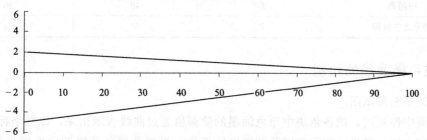

图 4-13 G7 中性灰目标色度值变化曲线

例如，当纸张的颜色为 $a^*=2.0$、$b^*=-6.0$ 时，25%、50% 和 75% CMY 灰梯尺处的 a^* 和 b^* 值如表 4-3 所示。

表 4-3 25%、50%和75%时的目标 a^* 和 b^* 值

灰梯尺 C/%	(1−C)/%	目标 a^*	目标 b^*
25%	0.75	+1.5	−4.5
50%	0.5	+1.0	−3.0
75%	0.25	+0.5	−1.5

二、灰平衡及灰平衡曲线的绘制

1. 灰平衡

理想的 CMY 油墨等量相加混合应获得中性灰色，但是实际的三原色墨由于密度不够和存在不应有密度与理想墨相差较大，要得到正确的各类等级的灰色，则必须根据油墨的实际特性，改变三原色油墨的网点叠印比例，相互叠印后呈现出各级灰色。灰平衡是用以判断印刷色彩是否平衡或色偏的方法，应作为各工序控制质量的依据，它贯穿在印刷复制的全过程之中。

灰平衡是图像复制最重要的控制条件之一。它是彩色图像印刷中色彩再现的标尺，是衡量分色制版和颜色套准是否正确的一种尺度，是复制全过程中各个工序进行数据化、规范化生产共同遵守和实施的原则。它能够表示彩色印刷复制中由浅到深的整个画面色彩还原程度的好坏，也是印刷生产中控制印品质量的一种重要手段。

所谓灰平衡，就是将青（C）、品红（M）、黄（Y）三原色油墨叠印，或以一定比例的网点面积套印获得中性灰色。

研究灰平衡数据，一方面是为了稳定在色彩合成中纸张和油墨的呈色性能、墨层密度、网点扩大与叠印效率对色彩还原的影响；另一方面也是为了在分色时对色彩数据进行全面调整和补偿，保证灰平衡的再现，使印刷品避免出现色偏的现象。ISO 12647-2：2004 中的标准条件下的灰平衡数据见表 4-4。

表 4-4 ISO 12647-2：2004 中的标准条件下的灰平衡数据

阶调值	颜色		
	青	品红	黄
四分之一阶调	25	19	19
中间调	50	40	40
四分之三阶调	75	64	64

2. 灰平衡曲线的绘制

(1) 灰平衡测试图

当达到中性灰时，把各色块中原色油墨的阶调值通过曲线表示出来，以纵坐标表示目标阶调值或密度值，横坐标表示各原色的密度阶调值，再将各原色的阶调值连成平滑的曲线，即为灰平衡曲线。

通常情况，构成灰平衡的三原色中，青油墨要比品红和黄的比例多，亮调部分会高出3%左右，在中间调部分高出10%左右。

要绘制灰平衡曲线,首先就得做出印刷测试图,GATF 在其数字页面测试版 4.1 中的灰平衡测试图如图 4-14 所示,也可以根据需要自行设计。

青		黄					C-30	Y-28	Y-26	Y-24	Y-22	Y-20	Y-18	Y-16
	C-7	Y-6	Y-5	Y-4	Y-3	Y-2	Y-1	M-28						
品红	M-6							M-26						
	M-5							M-24						
	M-4							M-22						
	M-3							M-20						
	M-2							M-18						
	M-1							M-16						
C-80	Y-78	Y-76	Y-74	Y-72	Y-70	Y-68	Y-66	C-60	Y-58	Y-56	Y-54	Y-52	Y-50	Y-48	Y-46
M-78								M-58						
M-76								M-56						
M-74								M-54						
M-72								M-52						
M-70								M-50						
M-68								M-48						
M-66								M-46						

图 4-14　GATF 灰平衡测试图 (见文后彩插)

GATF 灰平衡图,是由 C、M、Y 三色以不同网点百分比叠加后形成的一系列色块组成。其色块分布规律为:沿垂直方向为品红油墨的网点百分比(按照从小到大的顺序)渐变规律;沿水平方向为黄油墨的网点百分比渐变规律的大坐标系,再按照 C 墨量的变化将这些色块分成四个矩阵,每一个矩阵中对应一确定面积率的 C 墨量。在 GATF 灰平衡测试图中,四个矩阵中 C 的含量分别为:7%,30%,60%,80%。比如在第二个矩阵中,C 的量为 30%时,而其对应的 M、Y 的数值为 28%,…,16%,按 2%递减的顺序排列。通常,当色块达到灰平衡时,C 墨的量比 M、Y 大,所以 M、Y 墨量比 C 墨量少 2%,也能找到中性灰平衡块,不需要将 M、Y 的网点百分比取得比 C 高,可减少测控条中的色块总数。

(2) 印刷灰平衡测试图

灰平衡是有条件的,条件发生改变时,灰平衡就可能发生改变,因此在绘制灰平衡曲线时,要在当前的印刷条件下印刷灰平衡测试图。

(3) 找中性灰色块

首先确定中性灰的查找原则,如果以 G7 中的中性灰定义为标准,以 GAFT 灰平衡测试图为例,分别用式(4-11)计算 7%,30%,60%,80%阶调处中性灰的 a^*、b^* 值,然后逐一测量每一个区域中的每一个色块的色度值,确定出符合该区域阶调 a^*、b^* 值的色块,找到该色块的对应的 C、M、Y 的阶调值,记录在表 4-5 中。

表 4-5 灰平衡数据记录表

目标阶调值	达到灰平衡时原色的阶调值	颜色		
		C	M	Y
	7%			
	30%			
	60%			
	80%			

(4) 绘制曲线

当表 4-5 完成后，就可以绘制灰平衡曲线了，纵坐标为目标阶调值，和 C 的阶调值相同，横坐标为各原色的阶调值，将表 4-5 中的各点描在图中，再把相同原色的各阶调值的点连接起来，即为灰平衡曲线，如图 4-15 所示。

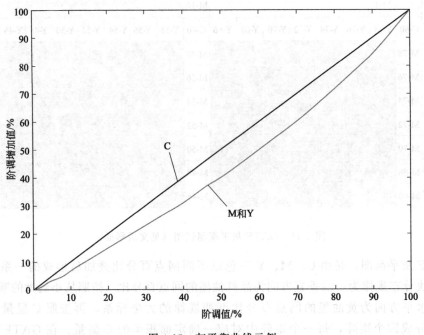

图 4-15 灰平衡曲线示例

三、影响灰平衡的因素

1. 油墨特性

不同厂家生产的油墨有不同的灰平衡关系，制版前需要对油墨的基本特性（例如色相、饱和度和明度等）、油墨的理化特性（例如油墨的干燥速度和光泽度等）进行测量，获得正确的灰平衡关系，在制版时对这些因素作统一考虑。此外，油墨的印刷适性也将影响灰平衡，例如油墨的黏度、流变特性和墨层厚度等因素的改变均会影响原稿的色彩再现，导致灰平衡遭到破坏。

2. 纸张特性

不同类型的纸张对相同油墨的显色能力有较大的差别，平版胶印中常用的铜版纸和胶版纸对三原色油墨的灰平衡参数是不一样的。纸张影响灰平衡的第二个主要指标是它的白度，其余还有平滑度、吸收特性、光泽度、不透明度和酸碱度等，因上述因素的变化都会影响灰平衡的正确实现。

3. 晒版条件

印版版材的品种、感光液的成分与特性、砂目的粗细、光源特性以及曝光和显影的条件等均对最终的灰平衡产生影响。

4. 印刷条件

印刷条件对灰平衡的影响主要表现在三个方面。

(1) 印刷机

可以列入与印刷机有关而影响灰平衡的因素有橡皮布类型和厚度、包衬种类、印刷压力、印刷速度、印刷机种类和精度等。

(2) 润版液

类影响因素有润版液的配方、用水量、润版液的表面张力和 pH 值、水温、润版液与油墨的乳化程度等。

(3) 印刷色序

不同的色序安排，对中性灰平衡也会有较大影响，这是由纸张的吸墨性能与油墨的透明度来决定的。在彩色印刷中，先印的油墨影响后印油墨附着量，这就影响了后印的油墨。当印完第一色后，在油墨未干的情况下再印第二色，就会出现叠印的墨层量要偏少，达不到所要求的油墨量，致使该油墨的呈色性能下降，不能实现预期的灰平衡效果。

第四节　相对反差

对于彩色图像复制来说，通过确定实地密度控制图像暗调、确定最小网点来齐控制图像亮调、确定网点增大值控制图像的中间调之后，就应该控制了整条复制曲线。随着科学技术的发展，20 世纪 70 年代有人提出要控制相对反差值这个指标。

一、相对反差值的概念

在印刷技术术语中，相对反差值被定为："实地与网目调的积分密度之差同实地密度的比值，称 K 值"。它是用来确定打样和印刷的标准给墨量的。详细说就是图像的实地密度与图像中调至暗调的某点网点积分密度的差值同实地密度的比值，简称 K 值，也叫印刷对比度。这个值表面上是控制图像中调至暗调的指标，实际上它不仅能控制打样或印刷的给墨量，而且能间接地控制整条复制曲线。用 D_V 代表实地密度，D_R 代表中调至暗调某一点网点的积分密度，则：

$$K = \frac{D_V - D_R}{D_V} \tag{4-12}$$

二、确定相对反差值的意义

最高的相对反差值,代表着最好的着墨状态,它是印刷标准化选择其他参数的起点。从最高的反差值,我们找到最佳的实地密度、网点增大、叠印率。

彩色复制过程,基本上是按对数曲线演变的,严格地讲,它的起点是从白纸开始,但是纸的白度一般是作为常数对待,因此,实际是从无网点向有网点处开始的,曲线的终点是100%网点处,即实地。从有网点开始到实地网点面积的变化是线性的,网点面积换算成密度则是一条对数曲线。在打样或印刷过程中,由于印刷适性、网点形状、网点线数不同等原因,网点的演变不一定是标准的对数曲线。在原版色调正确的前提下,D_V 正确,D_R 值偏高,两值之差缩小,这时画面的色调就会深、闷、暗、灰、中暗调缺乏层次变化,可能是晒版晒深、给墨量大、印刷压力大、机器精度差、操作不合理,也可能是几者的综合症,结果网点增大严重,K 值缩小;如果 D_V 值正确,D_R 值偏小,画面色调就会淡、薄、平、灰,同样缺乏色调变化,可能是晒版晒浅、给墨量不够、压力小、操作不适合等,表现为网点不实,网点没有合理增大甚至收缩,K 值增大超标。从此意义上讲,控制了 K 值,就等于控制了曲线的形状,也就控制了画面的色调。从大量试验中得知,可先确定实地密度、最小网点来齐和网点增大值,然后确定 K 值。这四个指标是相辅相成的、统一的,是同一条曲线上的四个部位,因此也可反过来先确定 K 值。一般讲,K 值定得正确、合理,实地密度、最小网点来齐和网点增大值也是正确、合理的。在所取部位(指 D_R 点)一定的条件下,K 值越小,画面肯定越深、闷、暗、灰,此时浅中调的网点可能好些;K 值过大,图像中至暗调的层次可能拉开些,但一般网点不饱满,小点不易来齐,画面感到淡薄,因此 K 值必须控制在允许的范围内。

三、影响相对反差值的因素

① 在印刷适性和网点线数一定的情况下,实地密度应该是个确定值。当 D_V 值不够时,K 值偏低;当 D_V 值上升时,K 值上升;当 D_V 值达到标准时,K 值达到理想值,但 D_V 值继续上升时,K 值不但不会增大,而且会有不变或下降的趋势。因此,K 值要同 D_V 值同时确定,K 值理想时,D_V 值也是最佳的。

② 网点面积的增大与网点边缘长度的总和成正比。因此,在同样的条件下,用粗网线打样或印刷时,网点增大值相对小,D_V 值可以相对高,K 值也就相对大;用细网线打样或印刷时,由于网点容易增大,D_V 值受到限制,K 值就相对小。另一方面,由于网点形状不同,相同的网点面积,其网点总边缘长度不同。在 50% 网点面积处,方网点:圆网点:椭圆网点为 2.828:2.503:2.4,其他部位的比值也不同。网点面积的增大与网点边缘总长度成正比,而 K 值又与网点面积的增大成反比,因此不同网点形状的印版 K 值是不同的。中至暗调不存在方网点,圆网点在 78% 处搭连,产生跳跃,K 值偏小;椭圆网点存在两次搭连,变化平稳,K 值偏大。

③ 印刷适性不同也影响 K 值的大小。总的来说,印刷适性条件越好,K 值越大,条件越差,K 值越小。如相同的工艺条件,涂料纸比胶版纸的 K 值要大;气垫橡皮布比普通橡皮布 K 值要大;PS 版比平凹版 K 值要大;流动性适合的油墨比加稀剂流动性大的油墨 K 值要大等。

④ 所取部位不同 K 值不同。计算 K 值所取部位没有严格规定，大部分是取 60%～80%网点面积，是由所用测控条上的相应部位决定。有的主张用 75%的部位（CCS 系统），有的主张用 75%的部位（布鲁那尔系统），也有的主张用 70%或 80%的部位。在相同条件下，所取部位的网点面积越小，积分密度就越低，D_V 值与 D_R 值差越大，K 值越大；所取部位网点面积越大，D_R 值越大，D_V 值与 D_R 值差越小，K 值越小。因此，理想部位是75%网点面积。

⑤ 不同的色版 K 值也不同。因为不同颜色的最佳 D_V 值不同，一般说来 D_V 值越大的颜色 K 值越大，否则就小，从实验结果看，在满足图像密度反差和印刷灰平衡的前提下，黄色 K 值最小，品红和青色 K 值适中，黑色 K 值最大。

⑥ 印刷机型不同 K 值也有差别。一般单色机慢速度印刷时，油墨处于干压干状态，墨层可以印得厚些，K 值也相对大些；多色高速机印刷时油墨处于湿压湿状态，要想满足 D_V 的要求，网点增大相对多，因此 K 值就相对小。

⑦ 相同的条件（如相同的纸、油墨、版材、测控条）下，如果操作正确，从北京地区 20 个印刷厂提供的打样和印刷样张测试结果看，绝大多数打样的 K 值比印刷的 K 值要大。

四、D_R 值部位的选择

一般选 60%～80%网点面积均可，但是选择 75%网点面积与选择 80%网点面积最多，也最理想。各国选用布鲁那尔测控条为多，布鲁那尔提供的是 75%网点面积，1967 年德国规定用 75%的网点部位。其理由是：

① 原版上 75%网点的积分密度去掉片基为 0.6，正好是 50%网点积分密度去掉片基 0.3 的两倍，二者成比例，计算方便。如果取 60%网点处，K 值偏大；如果取 80%网点处，K 值偏小；两者都不成比例，且计算麻烦，准确度下降，意义减小。再往下取 50%网点是否可行呢？一般说来也可以，但计算方法要改变，因为 50%网点处印刷品密度只有 0.3～0.4，还用 K 值方式计算误差太大，需要用中值公式计算。即：

$$K = \frac{D_V - D_M}{D_V - D_H} \tag{4-13}$$

式中　D_M——50%网点面积的积分密度；

　　　D_H——最亮处的密度，即纸张密度。

② 网点面积换算成密度时，亮调网点面积变化大，而密度变化小。以实地密度 1.2 为例，从 5%变到 10%网点，密度从 0.021 变到 0.042，增长 0.021；而接近实地处，网点面积变化小，密度变化大，从 95%变到实地，密度则从 0.959 变到 1.2，增长 0.241，亮调和暗调网点面积同样变了 5%，而密度则相差 11.5 倍。在 75%网点处，面积变化和密度变化都比较明显，各色版的密度均在 0.6～1.0 之间，人们的视觉容易辨别，计算值也较准确。

③ 画面从亮到暗是连续的，网点面积从小到大（0%～100%）是渐变的，但存在网点与网点的搭连部位，方网点在 50%处；椭圆网点搭连有两处，一处在 35%左右，另一处在 65%左右；圆网点在 78%处。复制过程有这样的规律，网点不搭连色调易浅；搭连时网点面积存在跳动，搭连后色调易深。不管采用什么样的网点，取 75%网点处，印刷品上的网点肯定搭连，不会再发生阶跃，因此控制好这个部位整个画面的色调就不会再有大的变化。

④ 75%网点处于画面的中至暗调，色调复杂，以混合色为主，此处阶调不仅有三个原色版的不同面积的网点，而且黑版也肯定介入，增加了不同面积的黑色，便得此处能较准确

地反映出产品整体色调是否符合要求,这是在 75% 网点处控制 K 值的主要理由。

五、最佳实地密度与相对反差

在印刷中总希望印刷色彩饱和鲜明,这就必须印足墨量,但是墨量不允许无限制地增加。当油墨量达到 $10\mu m$ 厚度时,油墨即达到饱和实地密度,再增加墨量,油墨的实地密度增加缓慢或几乎不再增加,而导致网点不断增大。网点的积分密度提高,使图像的视觉反差降低,这样的物理过程可以用上面计算 K 值的公式量化描述。式(4-13) 反映了实地密度和网点密度之间在实地密度变化过程中所产生的反差效果。在墨层较薄时,随着实地密度的增加 K 值渐增,图像的相对反差逐渐增大,当实地密度达到某一数值后,K 值就开始从某一峰值向下跌落,图像开始变得浓重、层次减少、反差降低。所以,实地密度的标准,应以印刷图像反差良好,网点增大适宜力度,从数据规律看,应以相对反差(K 值)最大时的实地密度值作为最佳实地密度。图 4-16 可以体现实地密度和相对反差组合所体现的印刷品质量。

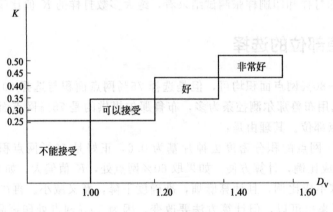

图 4-16 印刷反差参考值

相对反差的概念和计算公式都很简单,但在质量检测和数据化管理中却是一个重要的参数,这是因为:

① 当 K 值最大时,说明此时具有最佳实地密度,阶调转移也处于最佳状态。

在印刷过程中,不同的实地密度就有其对应的 K 值。当墨量过大时,实地密度不适当地增大,网点会增大过量,K 值下降,这时,油墨本身的饱和度较好,但层次和清晰度受到损害。如果墨量过小,实地密度不饱和,K 值同样下降,这时,网点的增大率虽小,清晰度也不错,但油墨墨色欠饱和,整个图像显得没有精神,影响质量。在生产中,应首先测定 K 值,然后制定车间应控制的实地密度值,这才是具体印刷条件下符合数据化生产需要的实地密度值。

② 最高 K 值时的实地密度值才可以作为分色时建立灰平衡和阶调分配时定标的依据。

印刷时的最高 K 值及有关色偏、带灰和色效率的测定数据反馈给分色工序作为制定中性灰平衡及三原色版网点分配时的信息依据。但最高 K 值时的三原色油墨实地密度值,可能并不是该三原色油墨最高效率(即最佳显色性)时的实地密度,前者是油墨在网点转移下的动态适性,后者是油墨自身的静态色度特性。对于这种矛盾的情况,如果照顾最大的实地色效率而舍弃印刷最高 K 值下的实地密度值,将会造成一些不良后果:其一,印刷的色密度反差和色相纯度的还原范围不够合理;其二,依照该实地密度制定的三原色版的中性项平衡会在印刷网点转移中遭到破坏；其三，由于网点增大率不是处于最合理的状态，因而导致以网点组成的边缘层次清晰度的下降；其四，三原色版网点转移时的 K 值下降会导致暗调层次的损失。因此，在最高 K 值下的实地密度值，不仅反映了网点最合理的增大率和最佳转移，同时亦反映了该油墨在具体印刷转移条件下的最合理的显色效率。

③ 经测定确定的 K 值和实地密度值是数据化管理和质量控制的主要数据标准。在一定的印刷转移条件下，经测定制定出合理的 K 值和实地密度数据作为控制印刷图像质量的依据。一旦出现印样达到实地密度而 K 值降低时，那可能是由原墨稀释过量、印刷压力过大、印版晒的过深等原因造成的；而如果在打样或印刷时的实地密度和 K 值正确，色调还原却发生问题，那就可能需要修改原版的分色调节。

第五节 印刷色序和叠印率

一、印刷色序

印刷品的色彩是由具有不同色相的油墨叠印而成，叠印油墨的次序称为印刷色序。根据排列组合原理，四色（黄、品红、青、黑）印刷可以有 24 种不同的印刷色序，但只有选择其中符合叠印规律的印刷色序，才能使印刷品的色彩更接近于原稿，才能使图像层次清楚、网点清晰，实现正确的灰平衡。但由于相互叠印、油墨本身的缺陷以及纸张质量等方面的因素，不同的印刷色序将直接影响印刷品质量以及所呈现的颜色。所以，科学合理地安排印刷色序，才能获得正确、柔和、层次丰富以及色调正确的优质印刷品，满足客户的需求。

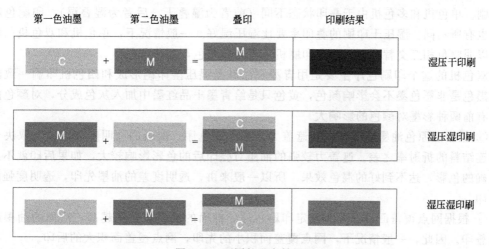

图 4-17 不同的叠印结果图

在彩色印刷工艺中，后一色油墨附着在前一色油墨的膜层上的能力，称为油墨的叠印率，也可称为油墨的承载转移。叠印率是影响颜色复制的一个很重要的因素。平版胶印的彩色印刷品，一般是通过面积大小不同的黄、品红、青、黑油墨印刷的网点重叠或并列而呈现颜色的。因此，印刷品色彩再现效果与油墨的印刷色序及叠印的墨量有着密切的关系。如图 4-17 所示，最上面为第一色油墨，干燥后第二色油墨叠印上去，这时候第二色油墨能 100%

地叠印上去，称为干叠印，或者湿压干印刷；中间图为湿压湿叠印，第一色油墨印刷上去以后，油墨未干燥就印第二色，称为湿叠印，或者湿压湿印刷。单色机印刷为干叠印，多色机印刷大多为湿叠印。湿叠印时第二色油墨不能全部叠印到第一色油墨上去，叠印的颜色就会产生偏色。图4-17中，青墨叠印到品红墨上时，颜色偏红；品红油墨叠印到青色墨上时，颜色偏青色。叠印率作为度量油墨叠印程度的物理量，其数值越高，叠印效果越好。

二、确定印刷色序的一般原则

① 遵循行业标准。比如 ISO 12647-2—2004 中规定了平版胶印的印刷色序为 KCMY 或者 CMYK。

② 根据油墨的黏度确定印刷色序。单色机是在第一色干燥后再叠印第二色，而多色机是湿压湿套印，因此应当控制好油墨的黏度和下墨量，黏度大的油墨先印，黏度小的油墨后印，否则容易产生逆套印现象。

③ 根据纸张的性质排列印刷色序。各种纸张的平滑度、白度、纤维松散度、表面强度和吸墨性不同，对于吸墨性好的纸张，先印暗色，后印亮色；对于吸墨性差的纸张，先印亮色，后印暗色，因为像黄墨这样的亮色油墨可以遮盖掉毛、掉粉等纸张缺陷。在炎热的夏天，当用白纸板印单色时，如果遇到纸张含水量不均匀、皱褶不平整、纸张表面强度差而引起纸张掉毛和掉粉等情况，可采用先印一道水的措施。报纸印刷常用的色序为 YCMK，第一色印刷黄墨可以遮盖新闻纸，为青墨叠印提供更光滑的表面，最后一色印刷黑墨时，前三种墨已经遮盖了纸张的缺陷，黑色就可以得到最大的黑度及对比度。

④ 根据机型排列印刷色序。印刷机因为机型不同，先印的单元和后印的单元存在一个时间差，这个时间影响了前色油墨的干燥状况，另外，印刷单元之间是否有干燥单元（红外干燥，紫外干燥）也会影响前色油墨的干燥，从而决定了后印的油墨是湿压干印刷还是湿压湿印刷。单色机和多色机由于叠印状态不同（前者为湿叠干，后者为湿叠湿），印刷色序的安排也有所不同。湿压干印刷的叠印率要比湿压湿好。一般情况下，单色机和双色机的印刷色序以明暗色相互交替为宜，四色印刷机一般先印暗色，后印亮色。

双色机的这个印刷色序主要是用青墨和品红墨湿压湿印刷形成和四色机印刷一致的颜色，黑色是非彩色墨不会影响颜色，黄色只是给青墨＋品红墨中加入灰色成分，对颜色的影响没有前两种彩墨对颜色的影响大。

⑤ 根据三原色油墨的透明度和遮盖力排列印刷色序。油墨的透明度和遮盖力取决于颜料和连结料的折射率之差。遮盖力较强的油墨对叠印后的色彩影响较大，如果后印就不易显出正确的色彩，达不到好的混色效果。所以一般来讲，透明度差的油墨先印，透明度强的油墨后印。

⑥ 根据网点覆盖面积的大小确定印刷色序。前面的油墨覆盖率越高，后面的油墨越不容易叠印。因此，一般情况下，网点覆盖面积小的先印，网点覆盖面积大的后印。

⑦ 分色技术影响印刷色序。胶印传统印刷色序为 KCMY，这是因为在使用目前的图像应用以前，人们在扫描过程中使用扫描仪自带的软件自动将 RGB 图像转换为 CMYK 图像，其中使用的分色方法就是底色去除（UCR），底色去除的特点就是分色形成的单色灰度图像中，黑版成分是最少的，黄版成分量较大。因此，第一色印刷黑版意味着印刷青墨时有大面积未印刷的、干燥的纸张，青墨可以得到更好的叠印效果。黄墨油墨覆盖率大，而且是透明的，最后印可以使印品获取类似上光的效果。现在图像处理软件中大多使用灰元替代

(GCR) 的分色方式,这种分色方式中为了降低昂贵的彩墨的使用,加大了黑墨的用量。报纸印刷采用 YCMK 印刷色序的话,会降低黄墨的用量,使得黄墨对纸张的遮盖效果变差,从而使得最终的色域变小。

⑧ 使用的印刷方式。凹版印刷和柔版印刷的油墨不同,干燥方式不同,因此使用的印刷色序也会不同。

⑨ 如果印刷颜色多于四色,而印刷的专色和原色没有叠印的话,专色通常最后一次印刷。如果印刷颜色多于四色,而专色和原色叠印的话,专色如果是非透明的,专色要最先印刷。如果印刷颜色多于四色印刷,而印刷的专色和原色叠印的话,专色如果是透明的,印刷色序的安排上专色和与它叠印的原色距离安排得要尽量远,以保证先印的油墨充分地干燥,尽可能为干叠印,也会减少印刷中的墨斑。

⑩ 金属油墨一般放在最后印刷,除非专门设计为第一色印刷。许多金属油墨后面都需要上光,许多印刷厂将上光放在印刷的最后一个单元,这样即使金属油墨不和其他色叠印,也要放在第一色印刷。

⑪ 大多数的印刷厂四色以上的印刷机通常第一色空着,印刷四色一般使用最后的四个印刷单元,因此高保真印刷一般采用其他色加印刷四色。

⑫ 干叠印获得的色域一般大于湿叠印,印刷色序的改变会影响二次色的呈色,因此改变色序可以用来增强某种二次色。四色印刷中叠印效果差的话,颜色复制会出现色域变小、色偏、饱和度变低以及二次色上出现墨斑。

三、叠印率的测定

叠印率的测量方法有多种,主要区分为重量法和表观法,在印刷过程控制中通常采用表观法。目前为止,表观方法都是采用密度测量方法计算油墨的叠印率,而目前色度测量在印刷过程控制中使用越来越多,这里只介绍油墨叠印率的密度测量方法,如图 4-18 所示。

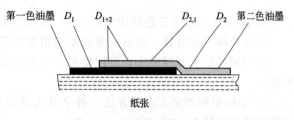

图 4-18 叠印率计算示意图

如果将在两个相互连接的印刷过程 1 和 2(例如第一色和第二色,但也有第一色和第四色印刷过程等)中叠印的色密度用 D_{1+2} 表示,而第一个印刷过程第一色产生的色密度用 D_1 表示,随后的印刷过程第二色产生的色密度用 D_2 表示,那么,叠印率 $f_{1,2}$ 为:

$$f_{1,2}=\frac{D_{1+2}-D_1}{D_2}\times 100\% \tag{4-14}$$

这个百分比说明随后印刷的油墨印在先印的油墨上比其印在空白的承印物上被接受的情况是否同样好($f\approx 100\%$)或差一些($f<100\%$)。三个色密度值 D_1、D_2 和 D_{1+2} 都用同样的测量滤色片进行测定,而且必须选择后印刷的油墨颜色的补色滤色片。承印物(纸张)作为测量的基准白度。

为了按照式(4-14)计算油墨叠印率,就要测定 D_1、D_2 和 D_{1+2} 的值。为了实用上的需求,叠印率公式中所用的所有密度,通常选用与第二色呈补色的滤色片。例如,在黄墨上叠印品红墨,呈现红色。因此应该测定 D_Y、D_M 和 D_{Y+M} 的值,就要使用品红墨的补色,即绿滤色片。品红油墨反射的品红光是由红光和蓝光混合而成的，能全部被绿滤色片吸收，黄墨反射的黄光由红光和绿光混合而成，其中的红光被绿滤色片吸收，所以密度计测得的 D_{Y+M} 也包含了黄墨中被滤色片吸收的红光密度，这个密度值的大小就等于用绿滤色片测得的直接印在纸张上的黄墨的密度 D_Y，$D_{Y+M}-D_Y$ 即是消除了黄墨的干扰，是附着在黄墨层上的品红墨的密度，即式(4-14)中的 D_{1+2}。同理，可以用红、绿、蓝滤色片分别测得下列叠印率公式中的各个密度。

使用红滤色片可以测得：

$$f_{M,C}=\frac{D_{M+C}-D_M}{D_C}\times 100\% \tag{4-15}$$

$$f_{Y,C}=\frac{D_{Y+C}-D_Y}{D_C}\times 100\% \tag{4-16}$$

使用绿滤色片可以测得：

$$f_{Y,M}=\frac{D_{Y+M}-D_Y}{D_M}\times 100\% \tag{4-17}$$

$$f_{C,M}=\frac{D_{C+M}-D_C}{D_M}\times 100\% \tag{4-18}$$

使用蓝滤色片可以测得：

$$f_{M,Y}=\frac{D_{M+Y}-D_M}{D_Y}\times 100\% \tag{4-19}$$

$$f_{C,Y}=\frac{D_{C+Y}-C_C}{D_Y}\times 100\% \tag{4-20}$$

三色叠印：

$$f_{1,2,3}=\frac{D_{1+2+3}-D_{1+2}}{D_3}\times 100\% \tag{4-21}$$

式中，D_{1+2+3} 为三色叠印密度；D_3 为第三色密度密度。

三色叠印率的计算，所有的密度要选用与第三色呈补色的滤色片。

在印刷质量控制过程中，密度检测法可用来相对评价叠印色的效果，但应注意以下几个方面：

① 叠印率的测量有多种方法，各个方法其实都是有争议的。因此，计算的结果并不需要看得特别重要。

② 叠印率对印刷过程中质量的检测，特别是同一批次的质量检测很重要，叠印率越高，叠印性能就越好。

第六节 光泽度

一、基本概念

1. 光泽的物理意义

光泽作为物体的表面特性，取决于表面对光的镜面反射能力。所谓镜面反射是指反射角与入射角相等的反射现象。若物体表面为光学平滑面，即表面凹陷间隙小于 1/16 入射波长，当入射光为平行光束时，则镜面反射光也为平行光束，且完全不受物体本身颜色的影响，入射光为白光，镜面反射光仍为白光。在理论上，光泽被定义为物体表面镜面反射能力与完全镜面反射能力的接近程度。对于镜面，入射光几乎全部沿镜面方向反射。对于"无光泽"表面，入射光在任何角度反射都一样，出现所谓漫反射现象。大多数印刷品既非完全镜面，也非完全无光泽表面，而是介于两者之间，如图 4-19 所示。

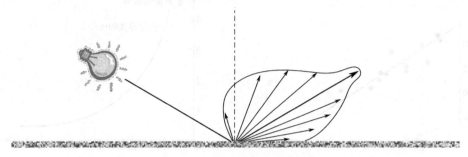

图 4-19　物体表面反射特性

2. 光泽与表面平滑度的关系

光泽和平滑度都是物体的表面特性，二者均取决于物体表面的微观结构。早在 1919 年，物理学家 Chinmayanandam 就曾研究物体表面镜面反射光量与表面粗糙度之间的关系。而后，又有许多学者相继在这方面开展更为广泛的研究。他们得到一个相同的结论：当波长为 λ 的光以入射角 θ 照射物体表面时，若纸面用轮廓峰谷高度分布标准差表示的物体粗糙度（又称为均方根粗糙度）为 σ，入射光强度为 I，则物体表面镜面反射光的强度 I' 可由下式得到：

$$I' = I e^{-4\pi\sigma\cos(\sigma/\lambda)} \tag{4-22}$$

Cate 等人具体研究了纸张的光泽与均方根粗糙度之间的关系，并且指出：用外观轮廓法和光学法所测平均粗糙度的平方 σ^2 与 TAPPI 光泽之间存在着良好的相关性（相关系数为 0.91），如图 4-20 所示，从中可以看出，σ^2 值越大（即表面粗糙度越大），TAPPI 光泽越小。其他方法测量平滑度时，由于都是在一定压力下进行测量，因而测得的数值与光泽之间的相关性很差。表 4-6 为三菱制纸株式会社所做相关性研究结果。表中数值为 75°角测光泽值与几种平滑度测定方法所测值之间的相关系数。从表中可见，它们之间的相关性很差。这反映光泽仅与物体表面的表观平滑度相关，而与一般在压力状态下测得的平滑度之间没有多大相关。

表 4-6　75°角测光泽值与几种平滑度测定方法的相关系数

平滑度指数	Bekk 平滑度	印刷平滑度	表面粗糙度
0.05	0.14	−0.53	−0.35

3. 光泽与颜色的关系

光泽与颜色二者之间是否存在某种形式的联系，这是印刷者所关心的问题。从现有资料看，光泽对色相没什么影响，而对明度却有直接的影响。明度作为颜色三要素之一，是用物体表面对光的扩散反射率来评价的，因而，扩散反射率可间接量度物体颜色的明度。

Fetsko 等人通过在不同纸张上印以相同的黑墨，发现颜色的明度与光泽之间存在递减关系，如图 4-21 所示。图中的数据是用同种黑墨印在 30 种不同纸板和涂料纸上测得的。从图 4-21 可以看出，印刷品的扩散反射率越高，即明度越高，其光泽越低。他们还进一步以不同墨膜厚度的彩色油墨在这些纸上印刷，也得到相同的情况，只是因为油墨不同，曲线的形状也不相同。

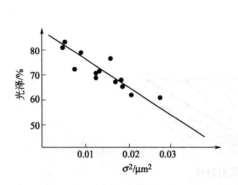

图 4-20　TAPPI 光泽与 σ^2 的关系

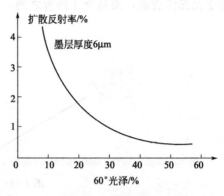

图 4-21　同种黑墨印在不同纸张上所得印刷品光泽与扩散反射率的关系曲线

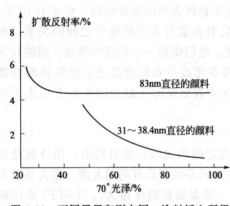

图 4-22　不同黑墨印在同一涂料纸上所得印刷品光泽与扩散反射率的关系曲线

Hammel 等人用多种黑墨在同一种纸上印刷，发现一些与上述不同的情况。图 4-22 是用 28 种黑墨在同一种涂料纸上印刷所测数据绘制的曲线。28 种油墨是采用 4 种类型的颜料，其中一种为直径约 83nm 的大颗粒颜料，其余三种直径则在 31～38.4nm 之间。由图 4-20 可知，明度与光泽之间的相关性取决于油墨颜料颗粒直径的大小。颗粒大的颜料，光泽几乎不会影响明度。这就是说在明度相同的情况下，印刷品光泽可能是高的，也可能是低的。因此，在这种情况下，明度与光泽之间的相关性极小。颗粒小的颜料，光泽随扩散反射率的增加而降低。由于 31～38.4nm 直径的颜料颗粒是实际印刷油墨所采用的，因而其趋势反映印刷的实际情况。

综上所述，光泽与明度之间存在一定关系，这种关系会给印刷品质量带来麻烦，即颜色匹配将导致印刷品光泽变化，要同时使两者达到满意程度，对印刷者讲是极为困难的。

二、光泽度的测量

1. 光泽的表示方法

虽然光泽与物体表面的镜面反射有关，但也与观察者的生理和心理状态相互作用，因而还不能单纯以对镜面反射的物理测量来表征。Hunter 提出 6 种表示方法，其中镜面光泽与反射光泽两种适用于印刷业和造纸业，已被广泛采用。

镜面光泽（G_s）是物体表面镜面反射光量（S）与入射光量（I）之比，如图 4-23(a) 所示。

$$G_s = S/I \tag{4-23}$$

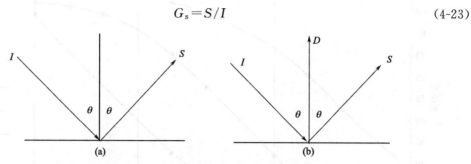

图 4-23 镜面光泽与反射光泽

当入射角采用 85°角时，测量结果称为光泽，一般用于描述低光泽表面。

反差光泽（G_c）又称为对比光泽，是物体镜面反射光量（S）与总反射光量（D）之比值。

$$G_c = S/D \tag{4-24}$$

图 4-23(b) 为反差光泽，描述物体表面偏离无光泽的程度，特别适合描述低光泽表面。

目前使用的光泽度仪对镜面光泽的测量，并不是用镜面反射光量和入射光量的比值，而是使用一个抛光的黑色玻璃为标准板进行测量的，玻璃在波长为 589.3nm 的光照射时，其折射率为 1.567，规定这种玻璃的光泽度为 100。样本的光泽度为样品在镜面反射方向的反射光光通量与玻璃标样在该镜面反射方向的反射光光通量之比。

$$G_t(\theta) = G_s(\theta) \frac{\rho_{v,t}(\theta)}{\rho_{v,s}(\theta)} \tag{4-25}$$

式中　$G_t(\theta)$——测量样本的光泽度值；

　　　$G_s(\theta)$——测量标准板的光泽度值；

　　　$\rho_{v,t}(\theta)$——测量样本上的光反射率；

　　　$\rho_{v,s}(\theta)$——标准板上的光反射率。

光泽度表示用 GU。

2. 光泽的测量角度

测量光泽使用光泽仪，大多数光泽仪是测量物体表面反射率，即镜面光泽。测量时所选入射角角度不同，结果也不同。

入射角越大，镜面反射率越大，光泽越高；反之亦然。由此可见，光泽高低不仅取决于物体的表面特性，而且取决于测量角度。一般对高光泽表面采取小角度进行测量，对于低光泽表面则采取较大角度进行测量。

不同的测量角度，测量得到的光泽度是不同的。但每种角度都有测量的线性段，可以良好地展示区分所测量的表面光泽程度。如图 4-24 所示，85°对低光泽表面的测量结果显示为线性，因此通常用 85°测量低光泽表面，60°对中等光泽度测量结果显示为线性，20°对高光泽表面显示为线性结果。因此，大多数的光泽度仪的测量角度都包含这几个角度，如图 4-25 所示。表 4-7 中列出了常用的光泽度测量角度的适用测量介质。

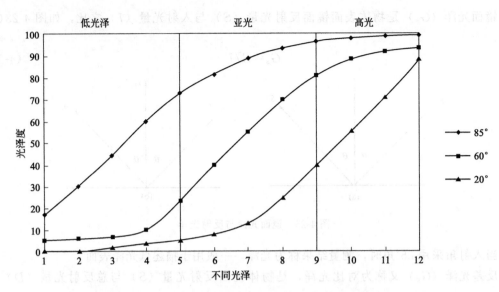

图 4-24 使用不同角度对不同光泽的表面光泽度测量结果

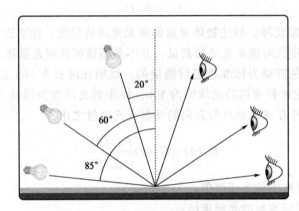

图 4-25 常见的光泽度仪的测量角度

表 4-7 常用的光泽度测量角度

测量角度	适用情况
20°	高光塑料膜、家电和汽车表面装饰
30°	高光图像反射表面
45°	陶瓷瓷釉和塑料
60°	油漆和塑料
75°	纸张
85°	哑光油漆和低光泽的涂料

总而言之，测量光泽的最佳角度，因使用的纸张油墨不同而不同。所以，测量时应根据不同情况选择相应的角度。

三、影响印刷品光泽的因素

在印刷过程中，墨膜转移到纸张表面，并填充了纸面的凹凸不平，使印刷品表面相当平滑。印刷品墨膜表面对光的镜面反射决定着印刷品光泽的大小。而墨膜表面又同印刷条件、纸张性质、油墨性质以及后两者的配合有关。

1. 印刷条件

① 墨膜厚度。墨膜厚度是影响印刷品光泽的主要因素。在纸张最大限度吸收油墨的连结料以后，剩余的连结料仍保留在墨膜中，它可以有效地提高印刷品的光泽。墨膜越厚，剩余的连结料越多，越有利于提高印刷品的光泽。研究发现，光泽随墨膜厚度提高的趋势，因不同的纸张和不同的油墨而有所不同。

图 4-26 为相同油墨在四种不同纸张上印刷所得印刷品光泽与墨膜厚度的关系曲线。从图上可见，尽管油墨相同，但不同纸张所形成的印刷品光泽随墨膜变化的趋势是不同的。高光泽涂料纸在墨膜较薄时，其印刷品光泽随墨膜厚度的增加而降低，这是由于墨膜掩盖了纸张本身原有的较高的光泽，而墨膜本身形成的光泽又由于纸张吸收而较低。随着墨膜厚度的增加，纸张本身原有的较高的光泽就越难透过墨膜反映出来。当墨膜厚度达到 1.5μm 时，纸张对连结料的吸收基本饱和。之后，

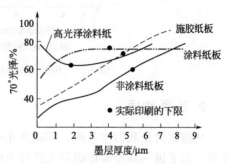

图 4-26 相同油墨不同纸张墨膜厚度对印刷品光泽的影响

随着墨膜厚度的继续增加，保留的连结料越多，光泽也就不断提高。涂料纸板印刷品的光泽随墨膜厚度的增加很快提高，在墨膜厚度增加到 3.8μm 以后，光泽便不再随墨膜厚度的增加而提高。但是无论何种纸张，光泽随墨膜厚度增加而提高的量都有一定的限度。

图 4-27 为一组黑墨在同一种涂料纸上印刷所得印刷品的光泽与墨膜厚度之间的关系曲线。该组油墨采用两种颜料，一种颗粒直径为 31μm 左右，另一种为 83nm 左右。分别用它们配制含量为 20%、15%、10%、5% 油墨。从图 4-27(a) 中可以发现，使用颜料含量高的油墨时，印刷品光泽随墨膜厚度增加而提高的幅度不如使用颜料含量低的油墨。从图中还可以看出，颜料颗粒直径小的油墨，在墨膜厚度为 3.5μm 时，用颜料含量不同的油墨印刷所形成的印刷品光泽有很大差别；而在墨膜厚度为 6.0μm 时，用不同颜料含量的油墨印刷所形成的印刷品的光泽几乎相等；颜料颗粒直径大的油墨则与之相反，在墨膜厚度为 3.5μm 时，用不同颜料含量的油墨印刷所形成的印刷品光泽几乎相等，而在墨膜厚度加厚时，用不同颜料含量的油墨印刷所形成的印刷品光泽出现很大差别。显然这种差别是油墨颜料直径不同所致。

从上面讨论可见，用不同纸张和油墨印刷所形成的印刷品光泽随墨膜厚度变化的趋势是不相同的，只进行单一试验并不能得到它们变化的通用关系。要准确得到印刷品光泽随墨膜厚度变化的趋势，必须比较不同墨膜厚度下所形成的光泽度的大小。

② 其他印刷条件。其他印刷条件对印刷品光泽的影响，缺乏系统的研究。印刷压力对吸收能力小的涂料纸张印刷所形成的印刷品光泽影响较小；对于非涂料纸，增加印刷压力则会降低印刷品光泽；当印刷速度变化未导致印刷墨膜厚度变化时，其对印刷品光泽的影响并不十分显著。有关资料指出，印刷车间的作业条件也是相关因素。车间相对湿度提高，将使印刷品光泽降低。美国造纸化学学院（IPC）对此进行研究并作出解释，这是由于相对湿度的提高导致纸张孔隙增加的结果。此外，车间温度的提高将导致油墨黏度下降，也会降低印刷品光泽。

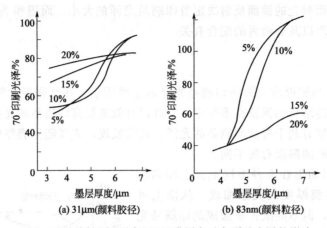

图 4-27　相同纸张不同油墨墨膜厚度对印刷品光泽的影响

2. 油墨性质

从前面讨论我们注意到，印刷品光泽不仅取决于印刷条件，而且还取决于油墨和纸张的性质。为了进一步弄清印刷品光泽形成的机理，有必要专门讨论油墨性质对印刷品光泽的影响，弄清两者之间的联系。印刷品光泽取决于墨膜的平滑度，而在墨膜中的连结料保留有利于平滑度的提高。因而油墨应含有分散均匀的细微颜料，并具有足够的黏度和较快的干燥速度，以避免连结料过多地渗入纸张孔隙。此外，油墨还应具有良好的流动性，以便使印刷后的油墨流平，形成平滑的墨膜。油墨的组分决定着油墨的性质，而油墨各种性质之间是相互影响的，孤立地研究某一性质，很难弄清楚它对印刷品光泽的影响，需要综合进行研究。

① 连结料的黏度与颜料的含量。根据界面化学原理，毛细管渗透速度随液体黏度的增加而降低。因而一般都认为，印刷品光泽将随油墨及连结料的黏度增大而提高。然而，实际研究却得出与之相反的结论。图 4-28 表示一组具有不同黏度的连结料和不同颜料含量的油墨在同一种作涂料纸上印刷的实验结果。颜料为同一种炭黑颜料。从图上可见，尽管油墨 C 的连结料含量不高，连结料的黏度也低，印刷品光泽却很高。而连结料含量高，黏度也高的油墨 B 印刷所形成的印刷品光泽却较低。这是由于油墨 C 的颜料含量高，使墨膜内形成更多的小毛细管，与颜料含量低的油墨相比，油墨 C 更能使墨膜保留更多的连结料。相反，颜料含量低的油墨（如油墨 B），虽然连结料的黏度高、含量高，压印瞬间渗透较小，但离开压印区后毛细管渗透缓慢，终因颜料含量少，墨膜形成的毛细管大，使渗透到纸张孔隙的连结料增加。从这里可以看到，油墨颜料颗粒间形成的毛细管网络结构是决定印刷品光泽的一个重要方面。在压印瞬间，油墨被整体地压入纸张较大的孔隙内；在压印后，连结料开始从油墨分离，渗入纸张较小的孔隙内。油墨膜毛细管的大小决定着连结料分离的量。毛细管保留连结料的作用比印刷压力把连结料压入纸张孔隙的作用要大得多。

在实际印刷时，常常采用上亮光油的方法来增加印刷品的光泽，这种方法完全不同于增加油墨的颜料含量。这两种增加印刷品光泽的方法在应用时，要根据油墨的组分和印刷墨膜厚度而选择。由于彩色印刷颜色还原的需要，使增加颜料含量的方法受到限制。从图 4-28 可以看出，小颗粒颜料配制的油墨，当颜料含量减少时印刷品光泽随之降低，只有当墨膜相当厚时才能产生较高的光泽。因而对于这种情况可采用增加颜料含量的方法来提高印刷品光泽。但是，颜料量只能增加到一定限度，否则会由于颜料颗粒不能被连结料完全覆盖，使墨膜表面光散射现象加剧反而导致印刷品光泽降低。用较大颜料颗粒配制的油墨情况有所不同，当颜料含量从 20%降到 15%时，虽然颜色强度有所减少，但印刷品光泽并未受多大影响；当颜料含量减少到 10%、5%时，除墨膜厚度较低外，光泽则明显提高，这是由于覆盖大的颜料颗粒需要较大量连结料的缘故。

② 颜料颗粒的大小及其分散程度。如前所述，墨股毛细管作用是形成印刷品光泽的一个重要因素。油墨颗粒小能形成更多的小毛细管，因而有利于提高印刷品光

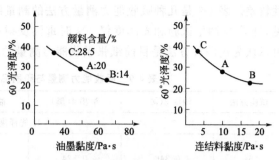

图 4-28　油墨和连结料黏度对印刷品光泽的影响（在非涂料纸上）

泽。可是，分散状态下颜料颗粒的表现大小更重要，它直接决定墨膜毛细管的状态。因而颜料颗粒在油墨中分散良好，减少絮聚现象，有利于提高印刷品光泽。此外，颜料颗粒小，分散良好，又有利于形成平滑的墨膜，对于提高光泽也是非常有利的，Hammel 等人的研究证实这些作用是存在的，指出颜料颗粒的 pH 值和油墨中挥发物质的含量直接影响着颜料颗粒的分散程度。颜料的 pH 值低，油墨中挥发性物质含量高，有利于颜料颗粒的分散。这种影响在涂料纸上非常明显，在非涂料纸上几乎没什么影响。这说明纸张对印刷品光泽的形成也是非常重要的。在吸收能力强的非涂料纸上，墨膜中连结料的保留量随颜料含量的增加而增加，只有在颜料颗粒本身大小差异很大时才可能出现不同的趋势。在吸收能力弱的涂料纸上，印刷品的光泽对颜料状况相当敏感，这时可从两个方面影响印刷品光泽：一是增加颜料含量以保留墨膜中的连结料，二是提高颗粒的分散程度和采用小颗粒来保留更多的连结料以形成平滑的墨膜。

③ 干燥时间。油墨干燥时对印刷品光泽的影响非常明显。墨膜在纸面迅速干燥可以减少连结料渗入纸张孔隙的量，从而提高印刷品的光泽。从表 4-8 可以看出，无论对何种纸张，燥油加入可胶化墨膜中的连结料，减少连结料在纸张孔隙中的渗透。可见，在印刷品光泽的形成过程中，连结料的固化也很重要。

表 4-8　油墨加入燥油后印刷品 70°角光泽（%）的变化

纸种	不加燥油	加入 2%的燥油
涂料纸板	80	90
施胶纸板	50	80
非涂料纸板	30	50

综上所述，要在不影响其他性质的条件下调节油墨的某一性质，是一件相当复杂的事情，需要对油墨组分及其印刷后可能发生的变化进行全面分析，才能调节好。

3. 纸张性质

① 由于纤维交织而形成毛细管网络结构，使纸张具有大量孔隙，成为它吸收油墨的基础。纸张毛细管网络对油墨连结料的吸收时间和连结料固着时间之间的平衡决定着印刷品光泽形成时连结料渗透的程度。一般印刷品光泽均随纸张吸收能力的增强而降低。Tollenaar 在这方面进行过多年的研究。他指出，对印刷品光泽影响最大的并不是纸张孔隙的平均大小，而是孔隙的大小分布和数量。

但是，从目前纸张质量控制方法看，孔隙数量或吸收能力测量与印刷品光泽之间的相关

性较差。表 4-9 是几种吸收能力测量方法的测量结果与印刷品光泽之间的相关系数。由表可见，K&N 油墨试验和光泽度仪 20s 时重油反射率法的测量值与印刷品光泽的相关性最好，可以认为这两种方法是目前纸张吸收能力测量的最好方法。

表 4-9　吸收能力测量与印刷品光泽之间的相关系数（r）

试验方法	油墨 3(黑)	油墨 4(黑)	油墨 5(蓝)	油墨 6(红)	平均
1. 光泽度仪					
轻油					
5s	0.846	0.824	0.838	0.899	0.852
20s	0.678	0.726	0.569	0.667	0.660
2s	0.452	0.657	0.486	0.518	0.531
重油					
5s	0.722	0.636	0.829	0.771	0.740
20s	0.942	0.925	0.822	0.905	0.899
1s	0.878	0.889	0.870	0.870	0.858
蓝墨					
2min	0.615	0.483	0.766	0.672	0.634
10min	0.772	0.451	0.742	0.836	0.701
2. 油墨脏污试验					
Hull 黑墨	0.890	0.880	0.880	0.921	0.893
Hull 红墨	0.875	0.880	0.892	0.912	0.890
K&N 油墨	0.860	0.835	0.920	0.962	0.894
3. 滴油试验	0.690	0.690	0.625	0.664	0.686
4. 孔隙量	-0.597	-0.573	-0.684	-0.661	-0.629

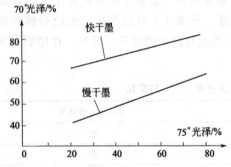

图 4-29　纸张本身光泽对印刷品光泽的影响

② 平滑度和光泽。纸张平滑度及本身光泽也影响印刷品光泽。平滑度高有利于形成均匀平滑的墨膜，从而提高印刷品光泽。这在许多研究者的研究中已得到证实。纸张本身的光泽好则能提高墨膜的反射率，尤其对于透明油墨更是如此。图 4-29 是两种油墨印刷在 4 种光泽不同的涂料纸上的结果。从图可见，两种油墨的印刷品光泽均随纸张本身光泽的提高而提高。Borchers 的研究也发现：印刷品光泽与纸张本身光泽之间存在着极好的相关性，比印刷品光泽与纸张吸收能力之间的相关性还好。

从上面的讨论中可以发现，纸张平滑度、光泽和吸收能力之间也存在着相关性。从造纸过程很容易解释这一点。例如，压光处理能改进纸张的平滑度和光泽，同时也减少纸张的孔隙量，从而降低纸张的吸收能力。此外，纸张表面 pH 值也是印刷品光泽形成的一个不可忽视的因素。pH 值高，有利于油墨干燥，因而有利于提高印刷品的光泽。

4. 纸张和油墨的相互关系

越来越多的研究发现，纸张和油墨的相互关系对印刷品光泽影响最大。下面列举 Feskp 等人的同组研究结果来说明这个问题。图 4-30 是将 5 种青墨分别印刷在 4 种具有不同吸收能力的纸板上得到的相互关系图，4 种纸板的吸收能力是采用光泽度仪测量的：将一滴重油滚展在纸板表面 20s 时测定其镜面反射率。从图上可见，一种纸板用不同油墨印刷，所得印刷品光泽各不相同，4 种纸板分别用 5 种油墨印刷形成的印刷品光泽的高低顺序也各不相同。纸板 A 用 5 种油墨印刷形成的印刷品光泽高低顺序是：1、2、3、4、5。纸板 D 用 5 种油墨印刷形成的印刷品光泽高低顺序是：4、2、1、5、3。可见，用某种油墨（如油墨 2、4、5）印刷而形成的印刷品光泽受纸板品种的影响非常明显。纸板的吸收能力越小（即光泽度仪器的读数越大），印刷品的光泽越高；而另外某种油墨（如油墨 1、3）印刷则几乎不受纸板品种的影响。这说明，只用一种纸是不能对油墨印刷所形成印刷品光泽的影响进行预测的。

图 4-31 为另一组试验结果。该组试验是不同油墨对不同纸张印刷品光泽的影响，把两种不同颜色的油墨（品红黑和青墨）分别印刷在 4 种纸板上，以 60°角测量印刷品的光泽。从图中可见，用红墨印刷 4 种纸板形成印刷品光泽的高低顺序为：B、C、A、D，纸板 B 的印刷品光泽比另外三种高得多；用青墨印刷形成的印刷品光泽的高低顺序是：A、D、C、B。纸板 B 用品红墨印刷时，所形成的印刷品光泽最高，采用青墨印刷时形成的印刷品光泽最低。这说明，只用一种油墨也是不能对纸张印刷所形成的印刷品光泽的影响进行准确预测的。

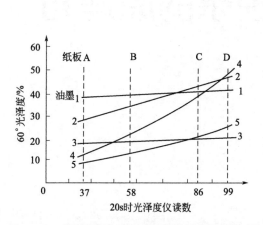

图 4-30　不同纸张对不同油墨印刷品光泽的影响

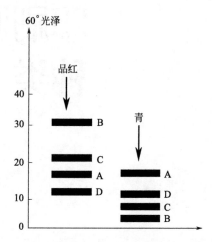

图 4-31　不同油墨对不同纸张印刷品光泽的影响

复习思考题

(1) 实地密度在印刷质量检测中起什么作用？印刷中如何确定最佳的实地密度？

(2) 印刷过程中，影响阶调增加值的因素有哪些？

(3) 中性灰如何确定？如何根据灰平衡关系控制印刷质量？

(4) 印刷色序的确定的基本原则有哪些？

(5) 什么是叠印率，如何测量？

(6) 如何绘制灰平衡曲线？

(7) 光泽度对印刷品质量有哪些影响？测量色度值时是否要考虑印后上光对光泽度的改变？

(8) 若某颜色的实地密度 $D_S = 1.50$，网点密度 $D_V = 0.74$，承印物的密度是 0.13，用 MD、YN ($n=1.3$) 以及相对密度法得到的网点面积率分别是多少？试分析其不同的原因。

第五章

印刷测控条的原理和种类

在印刷中，彩色图像一般由不同大小的细小网点来形成明暗层次，为了保证对色彩的控制及色彩的一致性，必须检测这些小点子的尺寸和色彩强度。但印品是由四色网点叠印而成，很难把各个影响复制质量的因素分离开来。

为了解决这个问题，就设计出了一系列的测试块，放置于要印刷的图文旁边和图文一起印刷。每个测试块都是设计来强调、检测印刷过程中某方面的特性。一些测试块用于目视检查，另外一些则可以用于测量仪器检测。这些测试块往往排成一行或者两行，放置在印张的边缘，因而称为测控条或者色标。许多商家提供四色印刷的测控条或者六色的测控条（有专色的情况下）。

为了控制和提高印刷品的复制质量，20世纪50年代推出了测控条，它是由已知特定面积、不同几何形状的图形组成的平面条状图标，以胶片形式存在，用以判断、检验和控制拷贝、晒版、打样和印刷时的图文转移情况，进而达到检验印刷复制品质量的目的。最早见到的是美国PDI（印刷研究所的信号条）、GATF（美国印刷技术基金会）的星标、字码信号条、网点增大尺、质量控制条等。使用过程中规定这些测控条在正常状态的要求，当生产中由于种种原因出现异常时，图形就会发生变化，给出"信号"。如果异常的程度超出了允许的范围，就需要进行相应的调整。这类测控条只反映出偏差，给出的"信号"只能用作视觉的定性判断，因此当时又称为信号条。

随着印刷设备的发展以及功能的增多，要求测试的内容也相应地增加。20世纪70年代国际上又陆续研发出一些新型的测控条，如瑞士的布鲁那尔（BRUNNER）测控条、瑞士的格雷达（GRETAG）测控条、美国的GATF测控条、德国的弗格拉（FOGRA）测控条等等。这些测控条在使用过程中规定了标准状态及允许状态，当超出允许状态时便发出"信号"，同时可以借助测试仪器进行测量比较、计算得出数量偏差。这个阶段的测控条都以胶片形式存在，晒版时和胶片贴在一块，控制晒版、打样和印刷。

2000年前后，随着数字直接制版设备、数字印刷、数字打样设备的发展和在市场上的广泛应用，由瑞士印刷科学研究促进会UGRA和德国印刷研究协会FOGRA开发出了一系列数字形式的控制条，用于数字直接制版、数字印刷、数字打样，其他一些数字化设备的供应商也开发了自己的测控条，随设备一同提供给用户使用。

第一节　基本概念与原理

一、测控条的检测原理

测控条的种类很多，但是其原理基本相同，主要有以下几点。

1. 网点面积的增大与网点边缘的总长度成正比

不同的线数网点，对应边缘长度不同。网线数目越少，单位面积上的网点数越少，单个网点的面积越大，总的网点的边缘长度越短，所以网点增大值越小。相反，网线线数越多，网点增大值越大。所以，方网点的网点增大值比圆网点大。对于方网点，当网点面积在10%～50%时，网点增大出现在点子的边缘；60%以上网点则是在黑圈内增大，即白点缩小，由此可知 50％方形网点增大后覆盖面积最大。所以，BRUNNER 采用 50％的细网、50％的粗网来测网点增大值，如图 5-1 所示。

2. 利用几何图形的面积相等、阴阳相反来测控网点的转移变化

阴图形控制暗调、阳图形控制亮调。制版控制条中大量

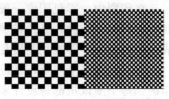

图 5-1 BRUNNER 制版测控条中的粗细网点对比区

采用了阴阳线。利用阴阳相反来控制暗调和亮调以检测晒版深浅以及打样、印刷网点变化规律，如图 5-2 所示。

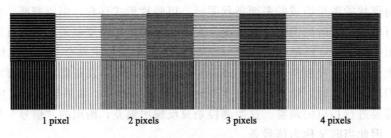

图 5-2 细线测控条

3. 图形变化时，夹角处比弧长处变化明显

图形变化时夹角处比弧长处变化明显，起放大作用，圆心处比圆弧处变化敏感更容易看出变化。比如许多制版、印刷测控条中用到的星标。星标由黑白相等的楔形线组成，中心为很小的白点。通过目测星标中心的白点和楔形线的变化便可判断印刷过程中网点增大、网点变形、重影的状况。西门子星标检测分辨率的原理也是如此。

4. 利用等宽或不等宽的折线控制水平和垂直方位的变化

印刷时，常常由于微量走纸、滚筒速度不同或滚筒左右窜动而引起网点不同方位的变形。这时，测控条中等宽折线的横线或竖线就会变粗形成不等宽折线。例如 GATF 数码信号条中用粗细相等的水平线和垂直线组成的 "SLUR" 字母块、布鲁那尔测控条 50％精细控制块的四角等宽折线就是利用此原理控制印品水平和垂直方位的变化。

5. 利用等距同心圆测控任意方位的变化

测控条上的同心圆在正常条件下线距相等，如果只是压力或墨量的变化，则只有线条的变粗或变细。如方位上发生变化，线条就沿方位变化的方向变粗甚至搭连起来，如 GRETAG 的圆形标和 GATF 的星标就起此作用。

二、测控条的分类

测控条以存在的形式可分为模拟测控条和数字测控条。模拟测控条主要用于传统的制版和印刷，以软片的形式存在，使用时需要和胶片一块晒版，然后再印刷。随着计算机制版技术及数字印刷技术的发展，印刷省略了出胶片的环节，因此胶片形式的测控条由数字测控条取而代之。数字测控条一般由 PostScript 语言开发制作，也可以使用一些图形处理软件如

CorelDRAW、Illustrator 等来制作，但精度不能与 PostScript 语言制作的相提并论。

测控条按照使用的用途可分为：印刷测控条、数字印刷测控条、数字制版控制条、打样控制条等。

第二节 制版测控条

制版控制条是高精度的图形，对制版过程中的图文复制进行故障诊断、校正，并对成像过程进行监控。制版控制条按照用途可分为多种，有用于照排机出片使用的，有用于计算机直接制版设备的，还有传统晒版控制条，另外还有配合晒版控制条使用的晒版精度控制条。

制版控制条主要检测输出成像设备的分辨率（不同方向）、阶调的网点表现、曝光等级以及印版冲洗情况。因而各种各样的制版控制条的各个元素的设计也是从几个参数的检查来进行设计。

随着印刷技术的发展，印刷行业基本都使用数字化直接制版技术，因而都采用数字测控条，主要有 GATF 数字制版控制条、UGRA/FOGRA 数字制版控制条、柯达数字印版控制条、海德堡数字印版控制条等。其中使用最广泛、最主要的是 UGRA/FOGRA 数字制版控制条、KODARK 数字制版控制条和 GATF 数字制版控制条。

一、AGFA 数字制版控制条

此测控条共分为七部分：西门子星标、曝光控制区、细微线区、与 RIP 无关的阶调区、经 RIP 流程的阶调区、加网相关信息、信息区，如图 5-3 所示。

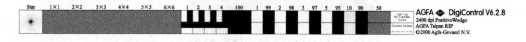

图 5-3　AGFA 数字制版控制条

星标：由 180 条射线组成，每 2°一条。可以在视觉上控制成像的质量。中间的三个圆，直径分别为 1.5mm、3.0mm、4.5mm，可以反映激光聚焦的质量，第一个圆内出现实心时表示聚焦质量是好的，当实心达到第三个圆形区域时就需要调整激光聚焦。

细线区：如图 5-4 所示，细线区由水平和垂直方向分布的阴阳细线组成，线宽分别为 1、2、3、4 个像素，用

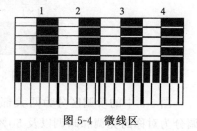

图 5-4　微线区

于检查成像质量及分辨力。另外，阴阳线对比可以检查曝光是否正确，图 5-5 为不同曝光情况下的细线测控块的表现。

棋盘格图案：六个圆内分别采用 1×1、2×2、3×3、4×4、5×5、6×6 像素的棋盘格。背景的棋盘格为 8×8 像素。由于网点百分比均是 50%，所以正常看起来应该像平网一样，不会感觉有圆圈嵌在里面。对于曝光机构变化产生的敏感性以 1×1 为最敏感，6×6 较不敏感，背景的 8×8 更不敏感。越细的棋盘格对曝光和冲洗处理越敏感，图 5-6 为棋盘格区的

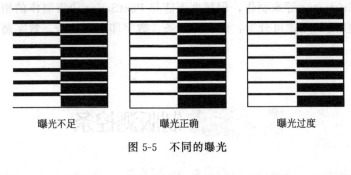

图 5-5　不同的曝光

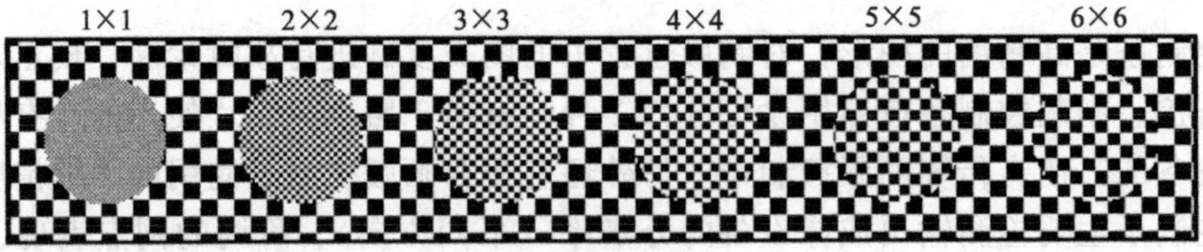

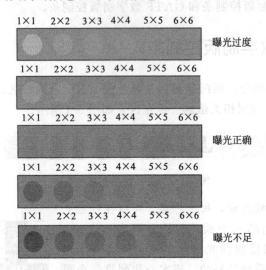

图 5-6　棋盘格区

放大图。

图 5-7 中中间那条测控条显示的是最佳的曝光、显影条件，1×1 的圆圈内的颜色和背景颜色一致。当然，实际生产中，要根据具体的要求来确定，没必要都达到这么高的精度，一般第三个（3×3）的圆圈内的颜色和背景的颜色一致时，曝光正确。

图 5-7　不同曝光状态下的棋盘格区

图 5-8 中的阶调区分为两大部分，上半部分与 RIP 无关，下部分与 RIP 有关。网点阶调分为对称的亮调和暗调以及 50% 的中间调。在正常的作业时，1% 和 99% 是互补的，因此很容易从此中看出信号被复制的情形。

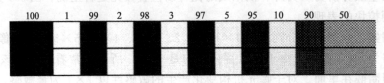

图 5-8　阶调区

所谓与 RIP 有关是表示将图像信息经由 RIP 处理，并包含了加网时的转移特性曲线，然后再曝光至版材上，反之则称为与 RIP 无关。如果要用此阶调值来调整转移曲线是不够的，因为在中间调的部分仅有 50% 的阶调。还可以采用厂商所提供的调整软件来辅助对网目调阶调进行调整，将其调整到线性化的理想复制状况。

二、GATF Merritt 印版测控条

GATF Merritt 印版测控条如图 5-9 所示，其测试原理如下：

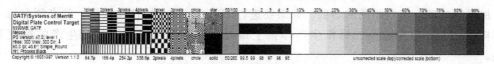

图 5-9　GATF Merritt 印版测控条

① 信息区。将查询的 RIP 及其信息报告显示在标版左侧，包括成像设备的识别，解释器的 PostSript 级别，垂直分辨率和水平分辨率、成像的方向、加网线数、加网角度。

② 细微线区。基于像素测试图案来测量系统的分辨力，其中包括垂直或水平的缩微细线图案的阴图和阳图。

③ 棋盘格区。基于单位像素的测试标记是一组检测版图案，这些图案由规则的正方形与大小相同的空白交替组成。

④ 阴阳线圆圈区。阴图和阳图中微弧线图案，含有最小分辨力尺寸的曲线元素，这对成像系统提出了挑战。

⑤ 星标区。由一系列光楔形状的 5°单元采用黑白交替组成。光楔形状的最小单元在星标的中心汇聚，成像系统的分辨率越高，则光楔单元就越精确地汇聚于星标的中心，有清晰中心和精细聚合点的星标反映的分辨率较高。

⑥ 加网信息区。每个色块的网点百分比是 50%，其中一个加网线数是 150lpi，另一个是 200lpi。这些色块用于评判成像系统中采用更高频率的加网线数，而引起的色调值增加。通过反射密度计，可以客观测量出这种差异。

⑦ 与 RIP 无关的阶调区、经 RIP 流程的阶调区。由两组匹配好的色调梯尺组合而成（包括高光部分和暗调部分）。两组色调梯尺的不同之处在于上部是应用了 RIP 补偿技术的色调梯尺。而下部是未应用 RIP 补偿技术的色调梯尺。两组色调梯尺对比显示出补偿校正的效果，如果两组色调梯尺完全相同，则在栅格化的过程中没有应用 RIP 补偿技术。在使用色调梯尺时，通过放大镜协助，首先用视觉选择成像系统的高光和暗调的极限。然后用反射密度测量每一级色调梯尺的网点面积率（10%～90%），并且绘制出网点扩大曲线。

从上面几种制版测控条可以看出，这些测控条的设计大同小异。目的主要是为了检测：版材的分辨力、版材记录的方向效应、曝光情况、印刷复制特征、最大网点和最小网点。

第三节　数码打样测控条

打样的目的是对特定的印刷条件进行模拟，这些印刷条件使用了一系列特征数据进行定

义。打样承印物应该与印刷承印物相同，如果不同的话，它的光泽度与 LAB 值也应当在图表中所规定的容差范围内。

一、ISO 12647-7 测控条

ISO 12647-7 测控条有两个版本 2009 版和 2013 版，2013 版是对 2009 版的彻底改进，其英文全称为"IDEAlliance ISO 12647-7 3-Row Control Wedge 2013"。其主要是用于印前打样的控制，但也可以用于控制印刷生产。测控条必须和处理的图像一样进行 RIP、色彩管理、加网等处理，使用相同的参数。如果要进行 IDEAlliance 的打样认证，就必须在每一张打样样张上带有该测控条。每张生产印张上最好也有该测控条，以保证生产的精度和稳定性。

ISO 12647-7（2013）有 3 行 84 个色块，有 2 种排列格式，分别适用于 i1 Pro/Pro2 和 iSis，如图 5-10 所示，其中图 5-10(a) 适用于 i1，图 5-10(b) 适用于 iSis。

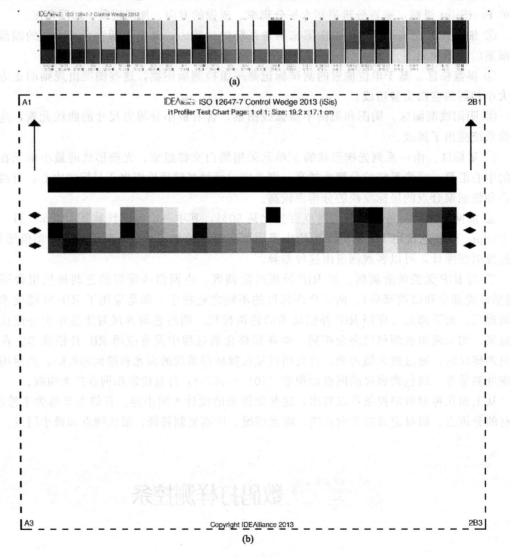

图 5-10 ISO 12647-7（2013）测控条（见文后彩插）

ISO 12647-7（2013）中规定打样测控条至少要包含以下测试块，如果条件允许，则要包含尽可能多的色块。

① 印刷原色和二次色的实地色块 C、M、Y、R、G 和 B（6 个色块）。
② 印刷原色和二次色的中间调色块 C、M、Y、R、G 和 B（12 个色块）。
③ 黑色的色调梯尺，包括实地色块至少有 6 个色调。
④ CMY 叠印色调梯尺，级数和黑色色调的相同。在平均状态下，CIELAB 值和对应的黑色梯尺的每个色块的值近似。
⑤ 重要的三次色例如：肤色、紫红色、紫色等（15 个色块）。
⑥ 对印刷承印物在印刷条件下颜色的模拟（1 个色块）。

测控条还可以添加附加的测量块，检测打样系统的分辨率。打样测控条为 CMYK 模式，输出意图为要模拟的印刷条件。

对打样的结果评价，见表 5-1，对打样用纸的要求，见表 5-2。

表 5-1 色块的评价标准

测控块的描述	容差
对印刷承印物颜色的模拟	$\Delta E_{ab}^* \leqslant 3$
测控条中所有色块	最大 $\Delta E_{ab}^* \leqslant 6$ 平均 $\Delta E_{ab}^* \leqslant 3$
测控条上 CMY 三色叠印的中性灰网点梯尺和对应的 K 色梯尺	平均 $\Delta H \leqslant 3$
色域边界色	平均 $\Delta E_{ab}^* \leqslant 4$
ISO 12642-2 中定义的所有色块	平均 $\Delta E_{ab}^* \leqslant 4$ 95% 的颜色 $\Delta E_{ab}^* \leqslant 6$

表 5-2 打样纸的类型及颜色和光泽度参数值

打样纸类型	L^*	a^*	b^*	光泽度/%
高光白	≥95	0±2	0±2	61±15
哑光白	≥95	0±2	0±2	35±10
粗面白	≥95	0±2	0±2	<25

二、BRUNNER 打样控制条

有不同的版本，控制参数类似。

(1) BRUNNER 打样控制条

BRUNNER 打样控制条由印刷四色的实地色块、3 个二次叠印色块、纸张白、三色叠印灰平衡块，印刷四色的 75%、50%、25%、网点块，以及四色的亮调（2%、3%、5% 和 8%）和暗调（98%、97%、95% 和 92%）块组成，如图 5-11 所示。

(2) UGRA/FOGRA Media Wedge CMYK2.2

图 5-12 的打样测控条由 46 个色块组成，其中包含 34 个彩色色块、6 个黑色灰阶以及 6 个三色灰阶。色块的 CMYK 值基于 ISO 12642，目标测量值 CIELAB 依赖于 ISO 12647-2～12647-5 中描述的印刷条件。测控条主要用于评估检测打样颜色的准确性，还可以检验印刷样张与打样样张之间颜色转换的精确性，可以作为一个有效的工具，评估印刷品与打样样张

的视觉一致性。建议制作传统或数码打样时能将这 46 个色块置于纸边以利操作人员能迅速地判断打样质量是否合乎 ISO 的要求。

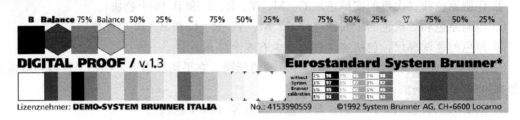

图 5-11　BRUNNER 打样控制条（见文后彩插）

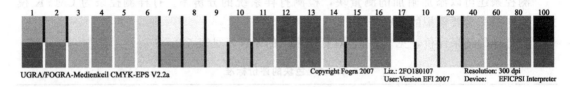

图 5-12　UGRA/FOGRA Media Wedge CMYK2.2（见文后彩插）

第四节　印刷测控条

在色彩复制中，为了得到可预测的结果，需要控制许多参数。对于给定的承印物，最重要的参数为印刷原色的实地密度、叠印色、变形、重影和阶调值，对于中性灰复制，灰平衡块是非常有用的。如果要做印刷设置和过程校正，那么还要一些与过程相关的控制块，例如变形、套印以及检测印刷阶调范围的最大值和最小值的半色调色块（原色的 1％、2％、3％和 97％、98％、99％的阶调）。

ISO 12647-1 中规定的印刷测控条上必须包含的基本测试块为：

① CMYK 印刷原色的实地块以及它们的叠印色块 MY、CY、CM、CMY；

② CMYK 的彩色和非彩色的亮调、中间调和暗色调色块；

③ 不同阶调范围的三色叠印灰平衡块；

④ 承印物颜色色块；

⑤ 重影、变形检测块，包含单色、叠印色，也就是说 K、C、M、Y、C＋M、C＋Y、M＋Y 和 C＋M＋Y；

⑥ 如果有专色的话，必须包含专色的实地块和半色调色块。

这些色块的大小不能小于 3mm×3mm。

现在市面上的印刷测控条很多，但基本上都包含这些检测块。

印刷测控条种类也有很多，有用于四色印刷的、五色（四色＋一个专色）印刷的、六色（四色＋两个专色）印刷的，形式上有单排的、双排的，方便用户根据需求选用。但基本检测参数包括：实地密度、叠印率、网点扩大、反差。下面以 UGRA/FOGRA 印刷控制条为例，介绍印刷测控条的组成。

一、UGRA/FOGRA 印刷控制条

1. 主要组成

(1) 模块 1

模块 1（图 5-13）包含以下 8 个实地色块：青、品红、黄和黑色实地色块各 1 个，"青＋品红""青＋黄""品红＋黄"实地色块 3 个，"青＋品红＋黄"实地色块 1 个以及未印刷的纸张白块。这些控制色块用于控制数字印刷油墨的可接受性能以及三种减色主色的叠加印刷效果。最前面还有一个信息指示块（IND），如果信息块一半显示水平线，另一半显示垂直线，就说明所用的输出设备与 BVD/FOGRA 标准（加网线数 60/cm，圆形网点）兼容。如果此块没有线条，说明与标准不兼容。这个模块涵盖了 ISO 12647-1 中对测控条要求的 1）～5）。

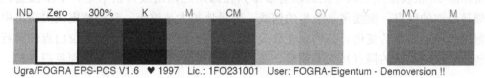

图 5-13　模块 1

(2) 模块 2

该部分为颜色平衡控制色块，该色块为规定的灰色调数值，与软片输出有关。它实际上包含两个色块（图 5-14），其中左面色块为 80％黑色，用于控制网目调加网效果；右面色块由 75％青、62％品红和 60％黄组成，目的是为了与 80％黑色色块比较。印刷时若灰平衡控制不好，则该色块将呈现出彩色成分。

(3) 模块 3

D 控制块：D 为 direction，因此 D 控制乃是指方向控制之意，即检验采用特定的复制技术、复制设备和承印材料组合在不同方向加网的敏感程度。

D 控制块分为四组，青、品红、黄和黑色各一组，每一组中均包含 3 个部分（图 5-15），其总尺寸为 6mm×4mm。在组成数字印刷测控条时，通常按黑、青、品红、黄的次序排列，位置在实地色块后。3 个色块均采用线形网点加网，加网角度从左到右依次为 90°、0°和 45°，每个色块采用的加网线数取决于输出设备的设定，这种设计方便识别加网工艺的方向敏感性。

图 5-14　灰平衡块

图 5-15　D 控制块

理论上，当采用相同的加网线数和网点形状时，则这 3 个色块应该有相同的密度值。如果实际测量出来的 3 个密度值有较大差异，则说明用户使用的复制技术、复制设备和承印材料组合在某个加网方向上太敏感。

(4) 模块 4

网目调控制块一般由 40％和 80％网目调块组成。

该控制块同样有青、品红、黄和黑 4 组，每一组控制块由 40% 和 80% 两个色块组成（图 5-16），采用 150LPI 加网。这一数字与大多数商业印刷品采用的记录精度是吻合的。两个网目调控制色块与中间调网点百分比呈不对称分布，代表了比中间调略淡（接近中间调）和接近实地的网点百分比。不同的数字印刷工艺采用不同的加网复制技术，会得到不同的输出效果。因此，这两个控制块可用来评估特定数字印刷加网技术的表现能力与行为特性，衡量加网技术能否获得需要的记录效果。在形成测控条组合时，按黑、青、品红和黄的次序排列，位置在 D 控制块后。

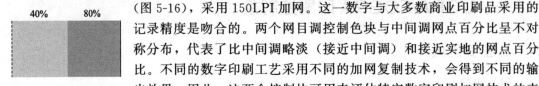

图 5-16 网目调控制块

(5) 星标

GATF 星标也称星文圆标信号条。它在印张上能较明显地显示出质量问题，其主要功能是：检查印刷中网点扩大、糊版、花版、重影、网点呈椭圆等的变化，帮助印刷工作者快速、有效地做出判断，采取措施即时纠正。

星标由 36 根楔形线条以等距成辐射形排列在圆周之内组成，正中是一个小圆点。楔线的尖端是最细的网点，楔线尾是最粗的网线，等量地扩大或缩小，都会使楔线尖端集中。星标控制白点在印刷中的变化，是建立在放大基础上的。正常的星标中心部位白点和楔行线都印得清楚，反映印张的网点扩大不明显，基本保持正常状态。星标质量鉴别见图 5-17。

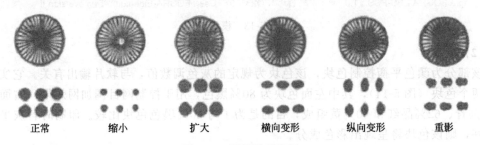

正常　缩小　扩大　横向变形　纵向变形　重影

图 5-17 星标质量鉴别

质量鉴别方法：
① 当网点没有变形、重影，版面给墨量适中时，星标中间会发白。
② 印张上的星标中心出现大黑圈，表明版面受墨量过多。黑圈大小与墨量成正比关系。
③ 星标中心的空白圈扩大，网点缩小，表明墨量不够。
④ 星标中心的黑圈向纵向扩展成鸭蛋形状，表明网点横向变形。
⑤ 星标中心的黑圈向横向扩展成鸭蛋形状，表明网点纵向变形。
⑥ 星标的中央部分消失掉，残缺的轮廓像"8"字形，剩下的轮廓呈 GATF 星标，表明网点出现重影。重影朝纵向产生，"8"字形时会横向扩大；重影朝横向出现，则"8"字形纵向扩展。

尽管星标判断印刷品精度很高，但是无法控制网点的扩大范围；不能正确检验样张的网点阶调。

二、ECI/BVDM 中性灰测控条

印刷车间过程控制的目的是快速达到理想色彩效果。当更重要的印刷参数如标准化印版制作，网点扩大，纸张和油墨确定后，不需要很长时间就能达到水墨平衡，并获取最佳颜色。

灰平衡块允许快速、便捷的视觉控制，是精确着墨的好帮手。这就是为什么"ECI/bvdm 灰测控条"依赖于这一个简单的规则："彩色灰色（CMY）和真灰色（K）看起来一致"。灰平衡控制的目标是通过彩色灰和真正灰看起来一致来控制墨量。

人眼非常适合于比较相邻的颜色，特别是在灰色区域内对颜色的差异非常敏感。通过视觉控制灰平衡块，可以识别墨量的变化，并及时校正，使得变化来不及出现在印刷图像上。目视控制灰平衡绝不能替代在整个阶调范围内对颜色的客观评价和阶调增加值。

ECI/BVDM 中性灰测控条上中性灰各颜色成分的确定如下。

如图 5-18 所示，这个测控条的中性灰色块的三原色比例是按照对应的特征数据来确定的，也就是纯黑印刷的 70% 的颜色和彩色黑有相同的 LAB 值。表 5-3 为胶印条件下高档涂布纸上的中性灰和纯灰的 LAB 值以及对应的 CMYK 值。这些特征数据来自于特定条件下印刷的 ECI2002 印刷色靶，这些特征条件与 ISO 12647-2 中规定的条件一致，对应的 ICC 特征文件也是基于这些特征数据。

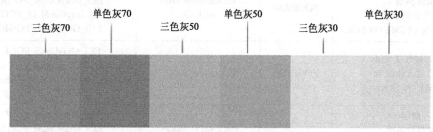

图 5-18　ECI 中性灰测控条

表 5-3　胶印条件下高档涂布纸中性灰和纯灰的颜色值及 CMYK 值

项目	CMY 70	K 70	CMY 50	K 50	CMY30	K30
L^*	46.75	46.75	62.72	62.72	76.38	76.38
a^*	0.02	0.02	0.31	0.31	0.70	0.70
b^*	−3.25	−3.25	−4.44	−4.44	−5.30	−5.30
C	64		43		25	
M	53		33		18	
Y	52		32		17	
K		70		50		30

表 5-4　不同印刷条件对应的特征数据及测控条

印刷条件	特征数据	特征文件名	中性灰测控条
胶印 纸张类型 1 高档涂布纸网点增大曲线 A	FOGRA51	PSOcoated_v3.icc	ECI_GrayConS_FOGRA51 ECI_GrayConM_FOGRA51 ECI_GrayConM_i1_FOGRA51 ECI_GrayConL_FOGRA51
胶印 纸张类型 5 白色非涂布纸网点增大曲线 C	FOGRA52	PSOuncoated_v3_FOGRA52.icc	ECI_GrayConS_FOGRA52 ECI_GrayConM_FOGRA52 ECI_GrayConM_i1_FOGRA52 ECI_GrayConL_FOGRA52

续表

印刷条件	特征数据	特征文件名	中性灰测控条
胶印 纸张类型1和2 光泽涂布纸和哑粉纸 网点增大曲线A(CMY)和B(K)	FOGRA39	ISOcoated_v2_eci.icc ISOcoated_v2_300_eci.icc	ECI_GrayConS_FOGRA39 ECI_GrayConM_FOGRA39 ECI_GrayConM_i1_FOGRA39 ECI_GrayConL_FOGRA39
胶印 纸张类型3 改进的轻涂纸 网点增大曲线B(CMY)和C(K)	FOGRA45	PSO_LWC_Improved_eci.icc	ECI_GrayConS_FOGRA45 ECI_GrayConM_FOGRA45 ECI_GrayConM_i1_FOGRA45 ECI_GrayConL_FOGRA45
胶印 纸张类型4 白色非涂布纸 网点增大曲线C(CMY)和D(K)	FOGRA47	PSO_Uncoated_ISO12647_eci.icc	ECI_GrayConS_FOGRA47 ECI_GrayConM_FOGRA47 ECI_GrayConM_i1_FOGRA47 ECI_GrayConL_FOGRA47
胶印 纸张类型5 黄色非涂布纸 网点增大曲线C(CMY)和D(K)	FOGRA30	ISOuncoatedyellowish.icc	ECI_GrayConS_FOGRA30 ECI_GrayConM_FOGRA30 ECI_GrayConM_i1_FOGRA30 ECI_GrayConL_FOGRA30
胶印,超级压光纸 网点增大曲线B(CMY)和C(K)	FOGRA40	SC_paper_eci.icc	ECI_GrayConS_FOGRA40 ECI_GrayConM_FOGRA40 ECI_GrayConM_i1_FOGRA40 ECI_GrayConL_FOGRA40
胶印 机械涂布纸 网点增大曲线B(CMY)和C(K)	FOGRA41	PSO_MFC_Paper_eci.icc	ECI_GrayConS_FOGRA41 ECI_GrayConM_FOGRA41 ECI_GrayConM_i1_FOGRA41 ECI_GrayConL_FOGRA41
胶印 标准新闻纸 网点增大曲线C(CMY)和D(K)	FOGRA42	PSO_SNP_Paper_eci.icc	ECI_GrayConS_FOGRA42 ECI_GrayConM_FOGRA42 ECI_GrayConM_i1_FOGRA42 ECI_GrayConL_FOGRA42
胶印 纸张类型1和2 光泽涂布纸和哑粉纸 调频网点最小网点20μm 网点增大曲线F(CMYK)	FOGRA43	PSO_Coated_NPscreen_ISO12647_eci.icc	ECI_GrayConS_FOGRA43 ECI_GrayConM_FOGRA43 ECI_GrayConM_i1_FOGRA43 ECI_GrayConL_FOGRA43
胶印 纸张类型4 白色非涂布纸 调频网点最小网点30μm 网点增大曲线F(CMYK)	FOGRA44	PSO_Uncoated_NPscreen_ISO12647_eci.icc	ECI_GrayConS_FOGRA44 ECI_GrayConM_FOGRA44 ECI_GrayConM_i1_FOGRA44 ECI_GrayConL_FOGRA44
胶印 改进的新闻纸 网点增大曲线C(CMY)和D(K)	FOGRA48	PSO_INP_Paper_eci.icc	ECI_GrayConS_FOGRA8 ECI_GrayConM_FOGRA48 ECI_GrayConM_i1_FOGRA48 ECI_GrayConL_FOGRA48
冷固型胶印 新闻纸 50%处网点增大为26%	IFRA26	ISOnewspaper26v4.icc	ECI_GrayConS_IFRA26 ECI_GrayConM_IFRA26 ECI_GrayConM_i1_IFRA26 ECI_GrayConL_IFRA26

从表5-4中可以看出,每种印刷条件都有对应的特征数据及据此生成的特征文件和印刷测控条,每种测控条都分不同大小的几个版本。

(1) 最小的版式尺寸（S 版本）

最小版式尺寸命名前缀为 ECI_GrayConS，只包含几个灰块，做基本的灰平衡控制。

图 5-19 所示的这个版本的大小为 36mm×8mm，其中每个测控块的大小为 6mm×6mm。测控条最下面为其身份信息，注明了版式大小，特征数据代表的特征文件，测控条的版本。

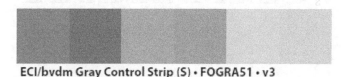

图 5-19　ECI 灰平衡控制条 S 版

(2) 最大的版式尺寸（L 版本）

图 5-20 这个版本是建立在最基本的 S 版本上的，除过灰平衡检测块以外，还可以检测其他参数。其尺寸为 291mm×10mm，每个测控块的大小为 5.5mm×6mm，测控块上面标注了每个块的信息，下面是测控条的版本信息。在使用的时候，如果纸张尺寸有限，可以将其高度裁切到 6mm。测控条上的 51 个测控块可以分为以下几类：

起始和终止块：用于手持扫描式测量仪器的定位；

纸张白块：获取密度计的参考值以及测量纸张白的颜色；

实地叠印块包括二次色（C+M，M+Y，C+Y）色块及三次色（C+M+Y）色块：用于对叠印色块的目视和仪器检测，以便于发现叠印问题；

半色调梯尺：四色的半色调梯尺包含从 10%～100% 的阶调值，梯尺的增量为 10%，实地块用于检测墨量，梯尺数据用来建立印刷特征曲线。

图 5-20　ECI 灰平衡控制条 L 版（见文后彩插）

(3) 中等大小版式尺寸（M 版本和 MI 版本）

M 版是 L 版的一个简化版本，大小为 197.5mm×10mm，每个测控块的大小为 6mm×6mm，适用于纸张大小放不下 L 版本的情况下。M 版本和 L 版本不同的是梯尺块的多少，梯尺的范围为 20%～100%，增量大小为 20%。

MI 版本主要用于扫描式测量，起始块和终止块之间的色块用于颜色值和阶调值的快速检测。灰平衡块位于最末端。

(4) ECI/bvdm TVI10 版本

除过前面几种针对每种印刷条件的测控条之外，TVI10 版本适合于所有的印刷条件。这个版本的目的是根据标准 ISO 12647-2 中定义的参数对印刷品进行评价。它包含实地色块和叠印色块以及阶调梯尺块，梯尺的增量间隔为 10%。

三、测控条的使用方法

测控条文件格式目前有两种，PDF 或者 EPS，可以根据印刷条件、所使用的印刷流程选择合适的测控条文件以及格式。

测控条在排版软件中放置的时候，要合理安排放置的位置。S 版本的放置位置要和印刷的方向垂直,并重复放置,以便于检测每个墨区的墨量。L 版本、M 版本和 TVI 版本的放置位置和咬口边垂直,放在样张中间。如果放置在和咬口边平行的方向,因为不同墨区的着墨量的偏差,会影响网点扩大的计算。在某些情况下纸边的墨量状况和其他位置着墨相差较大也会影响对测控条的分析,因此,图 5-21 中标记叉的位置都是不合适的放置位置。

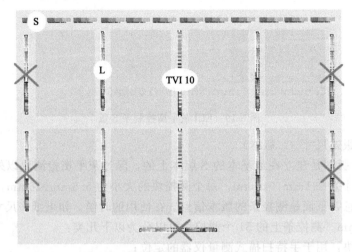

图 5-21　灰平衡控制条在版面上的位置

在印刷过程中,当彩色灰和真正灰不匹配时,需要调整一种或几种原色墨的水墨量直到两者达到良好的匹配。例如:①当彩色灰和真正灰相比偏红色时,减少品红和黄色的墨量或者增加青色墨量。②彩色灰和真正灰相比偏亮时,增加 CMY 三种原色的墨量或者减少真正灰的墨量。

需要指出的一点是,灰平衡块只是指出了偏差,需不需要对原色墨量进行调整还要根据其他控制块进行更进一步的确定,比如检测 L 版本或者 M 版本的半色调梯尺部位。比如 50% 的色块是可以接受的,30% 处出现了偏差,印刷特征曲线在整个色调区域不平衡,首先要做的是排除印刷故障(比如变形、重影等),然后就可以确定是特征曲线在某个色调处增加了,需要 CTP 系统进行曲线校正。

对灰平衡调整的传统方法就是调整墨量,当通过这种方法不能达到灰平衡时,就表明其他的印刷参数需要调整,比如:换另外一种油墨、调整 CTP 曲线。为了发现问题并解决问题,需要检查网点增大与各个色阶的颜色以及对附加的其他区域进行评价,比如变形、重影区域,这些都是典型的设备控制区域。因此,中性灰测控条不是对印刷测控条的取代品,而是它的补充。

复习思考题

(1) 测控条的设计主要要考虑哪些印刷质量参数?
(2) 测控条位置的放置要从哪些方面考虑?
(3) 请分别说明制版、印刷、打样测试版需要测试的功能有哪些,分别通过什么测控块实现?

第六章

印刷测试版

测试版是一个包含各种数据测试色块和视觉评判图像的版面，是综合性的诊断和测量工具，主要用来测试机器的稳定性和状态、印刷材料的综合性能、优化工艺等。

数字测试版不仅可以用于各种输出设备，如胶片输出机、数字校样机、印版输出机或数字印刷机系统的测试校准，还可用于不同的输入、输出、显示设备的色彩管理。

印刷过程分析包括了视觉观察和仪器测试两种类型，所有色彩评估都应该在标准照明条件下进行。其中视觉分析包括：上脏、重影、阶调、墨杠、图像匹配、高光、暗调等。许多印刷缺陷，如机械印记、色彩缺损、断线、糊版、页面起皱、水印等，都可通过视觉观察来检测。仪器测试辅助分析包括油墨密度、网点扩大值、印刷对比度、油墨套印、色调、灰平衡等。

因此，测试版的版面包含两大部分：数据测试部分和视觉测试部分。数据测试部分主要是各种色块以及规矩线等，如实地块、四色梯尺、灰平衡块等，由于测试版版面较大，四色梯尺等色块网点面积率间隔较小，用以获取更详尽的数据。视觉测试部分除了可以包含测控条中的信号条，还包括了各种标准图像，用于评测图像复制的整体视觉效果。

现在的测试版多为数字测试版，数字测试版的页面是由压缩的 EPS 格式和嵌套的 TIFF 图像及专用的 PS 元素组成。

各种印刷方式根据各自的特点都有不同的印刷测试版，如：柔印测试版、丝网印刷测试版、凹版印刷测试版、胶印刷测试版，胶印刷测试版又分报纸印刷测试版、商业单张纸印刷版等。根据需要，测控版有不同的幅面大小，如全开、对开、四开等，适用于不同幅面的印刷系统。

许多印刷协会（组织）提供了标准的测试版，印刷厂也可以设计自己的测试版。GATF 测试版是常用的测试版。

第一节　GATF测试版

GATF 推出了许多不同版本的印刷测试版，适合于不同的印刷机幅面、不同的印刷色数。如图 6-1 和图 6-2 所示，分别为 11in×17in 的四色和 25in×38in 的六色的测试版。这些测试版上面的基本元素的数目不同，但检测的功能相同，检测的基本单元也基本相同。

一、GATF 测试版的诊断功能

(1) 基本参数检测

分辨率：版上各种阴阳线的微线条及像素块来检测输出设备的分辨率。

方向效应：垂直方向、水平方向的分辨率以及星标会显示系统不同方向的成像能力。

渐变块的条杠：每种颜色的渐变梯尺用来观察是否存在条杠现象。

蠕变/重影：印刷机的问题，比如蠕变、重影，都可以通过测试版上的数字梯块来检测。

套准：采用传递网格的复制来观察各个印刷单元是否套印不准。

(2) 过程控制参数检测

电子处理数据：RIP 名字、Postscript 等级、水平、垂直分辨率、成像角度、加网线数、

图 6-1　GATF 11in×17in 四色测试版（见文后彩插）

网点形状、加网角度等。

曝光：制版参数或者出片情况的检测，使用 GATF 制版控制条。

色彩打样校正：使用 GCA/GATF 数字打样比较仪，当测试版被用来诊断和检测印刷机系统后，用打样比较仪来检测后续打样样张的曝光情况和样张的前后一性性。

(3) 校正功能

对比度和阶调复制：20 级色调梯尺用于测定线性化，检测印刷系统的网点扩大，建立网点扩大曲线；另外标准图像可以提供对阶调和对比度的视觉检测。

高光/暗调：测量系统可复制的最大、最小的网点。

灰平衡：检查系统的灰平衡特征。

色彩管理：使用 IT8.7/3 可以方便对不同输入设备、显示器和输出设备色域匹配的校正。

(4) 整体复制质量检测

通过版面上的标准图像，可判断印刷复制的整体质量。

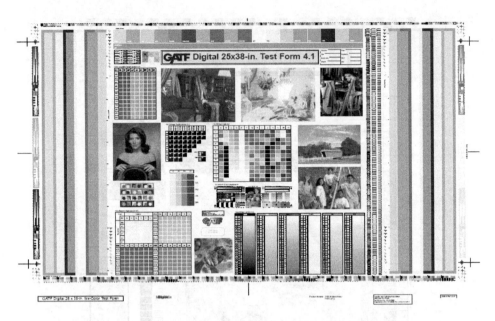

图 6-2 GATF 六色测试版（见文后彩插）

二、版面上的构成要素

(1) 数字梯尺

数字梯尺对一系列印刷问题特别敏感，包括蠕变、重影、水印以及纸张移位。每个梯尺分成两个或者三个垂直的条带，它们的面积率为 50%，网线数为 150lpi，为直线加网方式。这些条带具有相同的色调，但是直线的方向不同（90°、0°、90°）。

通常可以采用目视评价，然而，有时也可以使用密度计来量化目视检查的差异。理想的情况是，在正常观察距离下，三个不同加网角度方向部分看不出差异。数字梯尺的不同应该在印刷前胶片或者印版上就可以被发现。如果胶片上的目标不一致，那就是照排机出了问题。印张上从咬口到拖梢，密度必须均匀。如果任何一个条出现了可觉察的密度差异，那就出现了印刷问题。

(2) 星标

星标也是重要的故障诊断工具。星标对印刷机上网点传递问题也很敏感。数字星标与传统的基于胶片的星标不同，它的中心部位开放的区域并不是大小恒定的。星标的锐度受到制版设备分辨率的影响。系统分辨率越低，星标中心区域实地部分越大。成像系统对星标中心部位的成像越接近一个点，说明其分辨率越高。如果成像系统有方向上的不均匀性，那么星标中心部位看起来就是一个椭圆而不是一个圆，成像系统在椭圆的短轴方向具有更高的分辨率。因此，需要在印刷前检查印版上的问题。

星标是一个圆形的图案，由逐渐变细的实地和空白的楔形交替形成。用放大镜做辅助，可以目视检测网点增大或者变形及重影问题。

如果印张上中心区域糊掉的区域比 OK 样张上的大，那么说明密度值比期望的大。如果中心区域为圆形，说明网点增大在各个方向上是均匀的，通常表示这种颜色有更高的网点增大。这种情况有可能是因为油墨乳化了太多的水，油墨黏度降低，使得油墨的传递效率也随之降低。通常的做法是，增大油墨墨层厚度来达到期望的密度值。

如果星标中心扩大区域为非对称形状，说明增大与方向有关。如果中心区域为椭圆，就发生了变形，变形的方向与椭圆的长轴方向垂直。比如，椭圆长轴方向为沿着整个测试版方向，那么变形发生在滚筒周向。原因通常为咬口的纸张发生了滑移或者橡皮布松弛。

如果星标中间区域看起来有两个圆心，那就表示发生了重影。形成的原因可能是油墨干燥太慢，在后续的橡皮布滚筒上二次成像，或者在同一个橡皮滚筒上成像但套印不准。

(3) 纸张最大受墨量

纸张的最大受墨量关系到印刷品的暗部层次和印品的墨层饱和度，也是印刷品的暗部色域空间的最重要保证手段，在印刷品不发生搭墨和不干的情况下，纸张的最大墨量越大越好，我们可以从图 6-3 上来判断：首先在纵向上找到最大黑版墨量，可以通过肉眼和仪器的手段找到密度并级刚发生的那一栏黑版墨量，比如 92%，然后在这栏中横向比较密度并级的地方，比如 358 和 347 密度相同，但 336 密度变小那么 347 就是我们要的最大受墨量，于是我们可以把黑版墨量为 92，最大墨量为 347 作为印刷机最大黑版墨量和纸张最大总墨量值，最大总墨量和最大黑墨量也是生成 ICC 特性曲线时要用到的一个重要参数。当然最大油墨量还受到一个很大的约束条件就是油墨在纸张上的干燥速度，太多的油墨量会给印刷机台带来操作难度，如发生拖花、搭墨等印刷故障。

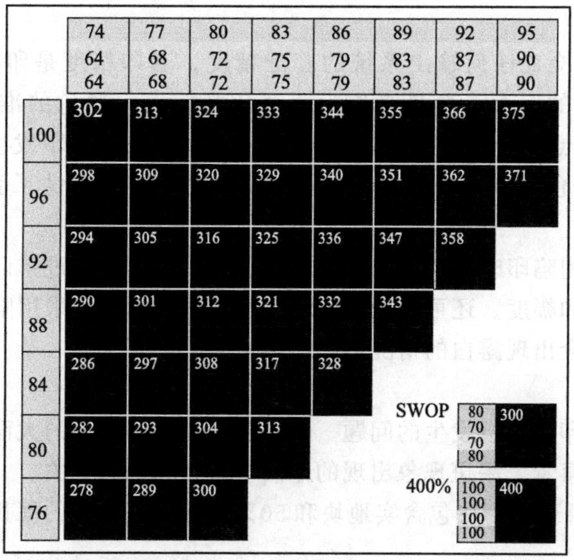

图 6-3 受墨量测试区

(4) 网目调梯尺和渐变梯尺

图 6-4 为网目调梯尺和渐变梯尺图，其中网目调梯尺网点面积率从 5%～100%，步长为 5%。加网的加网线数、网点形状、加网角度由用户在输出时选择。可以用密度计测量阶调值，这些测量数据用于建立网点扩大曲线。渐变梯尺用于观察在色调平滑变化区域，是否会出现条杠现象。

(5) 网点大小比较仪

图 6-5 为网点大小比较仪，它的作用是为了显示因加网线数不同而造成的网点阶调的差异。横方向表示不同的网点面积 10%、25%、50%、75%。纵方向表示不同的加网线数，

有五个网线数,分别为85lpi、133lpi、150lpi、175lpi、200lpi,得到的结果可用于成像系统的校正。高网线数往往比低网线数的网点扩大率要高。

(6) 灰平衡条

这里主要是两个灰条,上面的灰条是三色(CMY)灰,下面是单色黑在50%处的灰,现在我们要求印刷时调整三个色的密度,直到上下两个灰不管是色相上还是明度上都非常的接近。

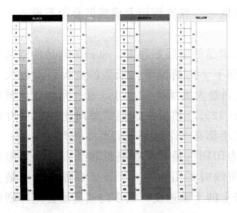

图 6-4 网目调梯尺和渐变梯尺图

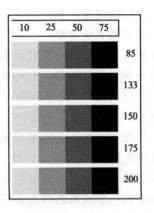

图 6-5 网点大小比较仪

(7) 套印精度块

套印精度块用来检查任何输出系统的套准精度。套印精度是印刷最基本的要求,也是色彩管理中很重要的因素,要最终作为一个色彩标准,颜色的准确度是非常重要的,胶印印刷的四个色网点成一定的角度规范排列,当色版间套印发生故障时,就会严重影响印刷品色彩的显色效果,所以测试版中也有很多地方提供了套印精度的检查,如图 6-6 所示。

当色块颜色不采用陷印时,轻微的套印不准会导致露白。通过露白线条的位置和宽度可观察套印不准的方向和幅度。还可以检测陷印程序的有效性。当采用陷印时,即使有套印不准的情况发生,也不会出现露白的情况。

(8) 墨斑测试块

墨斑是单张纸胶印中常会发生的问题。通常出现在色调均匀的大面积区域内。小面积出现的墨斑现象不容易察觉。墨斑现象出现的原因与纸张和油墨有关。

如图 6-7 所示,墨斑检测块包含实地块和 50% 的网点块,块的面积的大小足够检测墨斑现象。

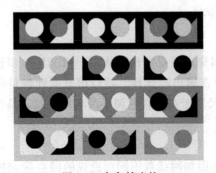

图 6-6 套印精度块

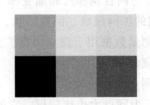

图 6-7 墨斑测试块

(9) 色彩校正测试表

色彩校正测试表提供了在印刷系统中如何确定精确复制红绿蓝最佳的色相时的 CMY 油墨的百分比。黄、品红、青三色分别叠印可得到红绿蓝。如图 6-8 所示，横排表示 C、M、Y 三色的百分比，竖排表示对应的 M-C-Y 的百分比。下面以蓝色为例说明这个表的含义。因为蓝色是由青色和品红叠印出的，所以横排是 C，此时竖排就代表 M。也就是当 C 分别固定在 95%、90%、85% 时，M 由 95%、92% 直到 62% 递减。观察这个表可以发现三色叠印情况。通过目测及仪器测试确定红绿蓝三色的最佳位置，从而确定印刷三原色的百分比，为印刷校色提供参考。

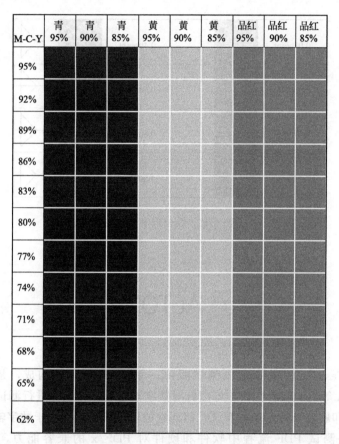

图 6-8 色彩校正测试表

(10) 双行测控条

图 6-9 所示的测控条包括实地密度、叠印率、网点扩大、印刷反差、三色灰测控块，用于检测印刷制特性，放置于版面的叼口处。

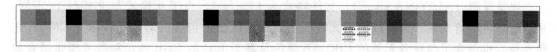

图 6-9 双行测控条

(11) 单行测控条

如图 6-10 所示，单行测控条位于拖稍处，可以测网点扩大、印刷反差、油墨叠印，并可平衡墨斗键的供墨量。

图 6-10　单行测控条

图 6-11 所示的线分辨率图的作用和制版测控条一样，在出胶片和印版时，检测输出的分辨率和成像的方向效应。阴阳线条的方向为 0°、45°、-45°、90°，还有半圆的阴阳线，可以反映成像系统在各个方向上处理线条的能力。线条的宽度以点为单位，一个点的大小为 1/72in。最细线条的输出表示曝光良好，如果阴线糊掉，表示曝光过度。

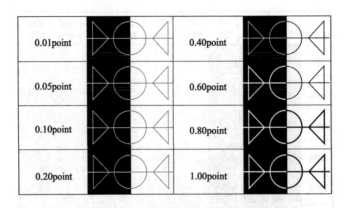

图 6-11　线分辨率测试块

第二节　ALTONA测试版

ALTONA Test Suite 数字印刷测试版由一系列 PDF 文件构成，是由 bvdm、ECI、FOGRA、UGRA 等组织联合推出，专门针对数字输出设备的性能进行测试而设计，特别是打样系统、传统印刷以及数字印刷系统。然而它的使用不仅仅局限于数字输出设备，它主要的一个目的就是测试 PDF 流程中软件和硬件对 PDF/x 的兼容能力。1.2 版本检测对 PDF/x-32.0 版可以检测系统对 PDF/x-4 和 PDF/x-5 的兼容性。

ALTONA Test Suite 中包含三个 PDF 文件，每个文件分别针对不同的目的而设计。

数据检测（ALTONA measure）：其文档格式为 PDF1.3，基于色度和密度测量，可用于打样机、传统和数字印刷系统的设置和输出检测，如图 6-12 所示。

视觉观测（ALTONA visual）：文件格式为 PDF/x-3，由于此格式与 PDF/x-1a 不同，是采取以色彩管理流程为基础的格式，因此，此测试图中包含的对象不仅限于 CMYK 色和专色，也包含了与设备无关的 CIELAB 颜色及基于 ICC 的 RGB 色，和参考样张结合起来，这个页面可以允许用户通过视觉判断对打样系统的颜色准确性并做出调整，如图 6-13 所示。

技术用（technical）：从印前技术的角度出发，检测 PDF/x 标准文件的输出是否正确，如图 6-14 所示。

第二节 ALTONA测试版　113

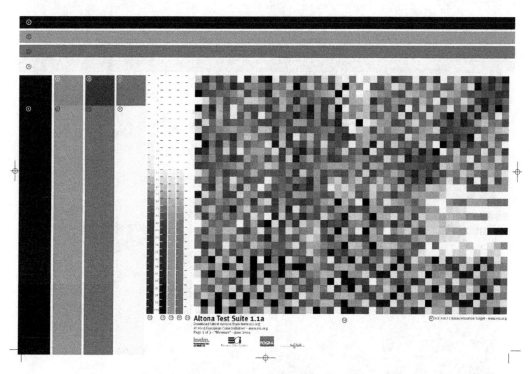

图 6-12　ALTONA 测试版数据检测页面（见文后彩插）

图 6-13　ALTONA 测试版视觉测试页面（见文后彩插）

第六章 印刷测试版

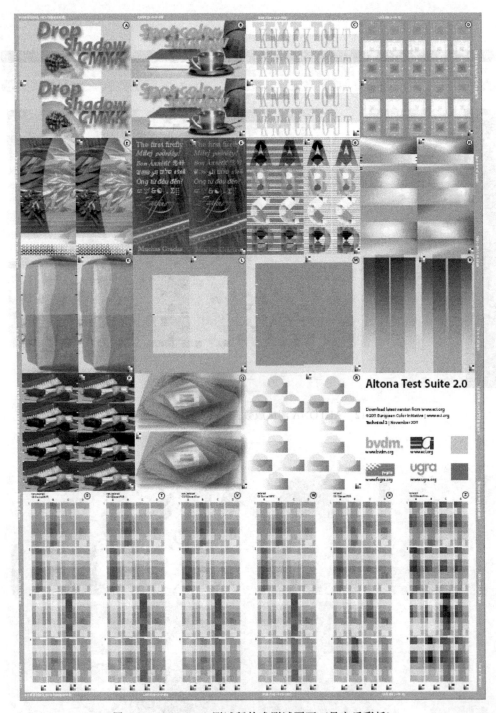

图 6-14 ALTONA 测试版技术测试页面（见文后彩插）

复习思考题

(1) 测试版的主要作用有哪些？
(2) 测试版的设计要考虑哪些因素？
(3) 请设计一印刷测试版。

第七章

印后加工质量评价

印后加工即是对经过印刷后的印张进行组合装订或表面整饰，它是使印刷产品获得最终形态和使用性能的必要工序，也是提高产品档次和附加值的重要手段。目前，印前及印刷技术和企业的质量管理水平都有了大幅提高，印刷质量基本稳定，质量差距主要是产品档次，核心问题都在印后加工上。印后加工常常是印刷产品质量的瓶颈。伴随市场需求，人们对印刷品印后加工提出了更高要求。加强印后加工的质量管理是保证印后加工质量的关键。

第一节 印后加工一般要求

印刷品是一种多工序协作的产品，前、后道工序的关联性很强，虽然印刷质量好，但如果不满足后道工序工艺要求，也不能顺利完成生产，出现质量隐患甚至废品。

在进行工艺设计的时候就充分考虑加工工艺的可行性，考虑纸张的丝缕方向，印张设计的出血应不小于 3mm，黏口的宽带也应满足黏结强度的要求，印张版面排列方式应符合印后折页、裁切和成型要求，书刊装订方式应考虑纸质和书刊厚度的差异。

随着对环保的越来越重视，在材料选用时应充分考虑环保要求；选材时还要充分考虑加工稳定性对纸张定量、厚度、颜色、尺寸、含水率、强度等方面的要求，也要考虑到产品对耐折、耐变形、耐脱色、耐酸碱、耐溶剂等方面的要求。

对于印后加工前的印刷半成品，应平整、清洁，满足印后加工的要求。印张墨层干燥、印张对折摩擦后不能掉色。印张前规和侧规位置应一致，印张上版面标记、控制条、色块、裁切线、出血线、折标等应清晰完备、位置准确。

对于印后加工的现场管理也应满足如下要求，设备摆放位置和空间应考虑工艺流程、物流通道和人体工学的要求，应合理设置明确表示原材料、半成品、成品、残次品的堆放位置和区域。半成品和原材料应注意防潮、防晒、防油、防虫、防腐、防火、防变形。堆放物不应直接触地、靠窗、靠墙、靠热源，不宜过高过宽。堆放物应整齐，有注明名称、数量、版次、时间生产机台、备注等信息的明确标识，采用加垫板或垫纸、用保鲜膜包裹等方法保持堆放物的稳定性。堆放物搬运应轻拿轻放，避免碰损，禁止由高处扔下，禁止踩踏。应提前将半成品和原材料摆放到与下道工序温湿度相同的环境中，等待其与环境相平衡时再进行生产。

对于环境，生产车间温度宜控制在 (23±7)℃，相对湿度控制在 (60±20)%，噪声宜控制在 90dB 以下。车间需通风良好，照明应考虑加工需求，宜采用自然光为主，节能型人工光源为辅。

第二节 书籍的印后加工要求

一、精装书的质量要求

1. 材料

精装书的书壳纸板表面要光滑，材质轻、松、挺、平；含水率在 8%～12% 之间，紧度在 0.66~0.9g/cm³ 之间。

用于书壳的动物胶初步固化时间应在 3~10s 之间，用于书背的动物胶初步固化时间在 3~8s 之间；书背用水基胶初步固化时间应在 5~12s 之间，扫衬用水基胶初步固化时间在 6~15s 之间，水基胶固含量应在 45% 以上。

封面材料要表面平整，压痕折叠后不爆裂。覆膜封面干燥不卷曲，无起膜现象；PVC 涂布材料表面涂层均匀牢固，其纸基定量不低于 80g/m²。

装帧类材料堵头布棱线分明，挺括，无毛状物，烫印材料平实牢固，无变色、砂眼、残缺、划伤。书背布、书背衬、筒子纸能满足书芯和书壳连接的要求。

2. 成品质量评价标准

全书书芯页码、版面顺序正确。全书书芯中心位置允差不大于 5mm，相邻页码允差不大于 3mm，接版允差为 ±1.5mm。书壳掀开角度不小于 120°，书本表面整洁，无脏迹、胶痕、刮擦痕迹。书册表面平整，无明显翘曲，四角垂直；如果开本在 A5 及以下，飘口宽度应为 (3.0±0.5)mm，开本如果是 A4 及 B4，飘口宽度应为 (3.5±0.5)mm，开本如果为 A3 及以上，飘口宽度应为 (4.0±0.5)mm；书芯圆背弧度应在 90°~120° 之间。书册切口面无刀花、连页。书册槽线平直，槽面无褶皱、破裂、起泡，槽形牢固清晰，环衬黏结牢固，无明显褶皱。起脊高度或中径条高度与书表面平行，允差为 ±1.0mm。堵头布线棱整齐外漏，平复牢固，两端不起毛。烫印图文不糊、不花，清晰牢固、有光泽，套准允差为 ±0.5mm。书背文字中心线对书背中心线平移允差和书背字歪斜允差符合表 7-1 规定。

表 7-1　书背文字中心线对书背中心线平移允差和书背字歪斜允差　　　单位：mm

书背宽度	书背文字中心线对书背中心线平移允差	书背文字中心线对书背中心线歪斜允差
≤10	≤1.0	≤0.7
10~20	≤2.0	≤1.5
20~30	≤2.5	≤1.8
≥30	≤3.0	≤2.0

护封上下尺寸与书壳尺寸一致，允差为 ±2mm，护封书背字居中，勒口的折边与书壳前口平齐。上光清晰、光洁、不溢、不花，无残缺、气泡、孔眼，局部上光套印准确，允差为 ±0.5mm。压凹凸轮廓清晰，边沿无爆裂，套印允差为 0.5mm。

二、平装书的质量要求

1. 材料

书芯纸印张平整，丝缕方向与订口方向平行。油墨干燥，印张油墨面相互摩擦应不掉色，折叠后不爆裂，满足开料、折页精度要求。

封面应表面平整、无粘连、压痕，折叠后不爆裂。封面定量宜在 120~150g/m² 的范围。

书背用水基胶初步固化时间应在 5~12s 之间，水基胶固含量应在 45% 以上。

用于装订的线的直径与针孔大小相适应，线的断裂负荷不小于 15N。

2. 成品质量评价标准

封面与书芯黏合正确且牢固，书籍压痕线之间距离为 6.0~8.0mm，封面平整，无翘曲、褶皱及起膜现象。

书背平整，无褶皱和破损，无黏合剂溢出，四角方正，岗线不大于 1.0mm。

全书页码中心位置允差不大于 5.0mm，相邻页码允差不大于 3mm，接版允差为 ±1.5mm。

成品尺寸允差为 ±1.5mm。切口面平整无刀花、连页，无破损。

书背文字与天头切口的距离允差为 ±2.0mm。书背文字中心线对书背中心线平移允差和书背字歪斜允差符合表 7-1 规定。

勒口线超出书芯前切口不大于 2mm。书本黏结牢固，黏结强度应大于 4.5N/cm。书本应耐翻阅，不掉页，不断裂，并能在温度、湿度异常的环境下保持稳定的形态。

第三节 印后整饰的质量要求

一、覆膜

覆膜指以透明塑料薄膜通过热压复贴到印刷品表面，起保护及增加光泽的作用。覆膜又可分为光膜和亚膜。覆膜已被广泛用于书刊的封面、画册、纪念册、明信片、产品说明书、挂历和地图等进行表面装帧及保护。

覆膜的质量要求如下：

1. 覆膜黏结强度

符合下列条件之一，即认为黏结强度合格：

① 当薄膜与印刷品剥离时，油墨大部或全部转移到薄膜胶面上。

② 覆膜产品黏结强度符合后加工要求。

2. 外观要求

① 图文清晰，表面干净、平整、无明显卷曲。

② 无褶皱、划伤、脱膜、亏膜、起泡。

3. 覆膜色差

覆膜后四色实地油墨的 CIELAB ΔE 色差值应符合表 7-2 的要求。

4. 稳定性要求

覆膜后在与覆膜环境相匹配的条件下放置 24h 以上，应符合覆膜产品的黏结强度、外观和覆膜色差的要求。

5. 工艺要求

如对覆膜产品表面有后加工的要求（如烫印、UV 上光、压纹等），应在覆膜前做样品试验，满足使用要求后方可批量生产。

表 7-2　覆膜后四色实地油墨 ΔE_{ab}^* 值

膜类型	黑	品红	青	黄
亮光膜	≤3.0	≤3.0	≤3.0	≤3.0
亚光膜	≤10.0	≤7.0	≤7.0	≤7.0

二、上光

上光是在印刷品表面涂上（或喷、印）一层无色透明涂料，干燥后起保护及增加印刷品光泽的作用。在印刷品表面涂（或喷、印）上一层无色透明的涂料，经流平、干燥、压光、固化后在印刷品表面形成一种薄而匀的透明光亮层，起到增强载体表面平滑度、保护印刷图文的精饰加工功能的工艺，被称为上光工艺。

上光的质量要求如下：

① 上光后的产品表面应干净、平整、光滑、无明显的外观缺陷。
② 同一批次的印品相同部位的光泽度差别应不大于 10GU。
③ 光油和印刷品的结合牢度不小于 90%。
④ 摩擦 50 次以上无明显划痕或摩擦 100 次以上无油墨转移，则视为耐磨性合格。
⑤ 不应有宽度大于 0.2mm、长度大于 1mm 的裂痕，每 10cm 长度内，宽度大于 0.2mm，长度不大于 1mm 的裂痕不应超过 6 个。

上光后，黄和品红实地的色差值应≤3.5，青和黑实地色差应≤3.0，空白部位的应≤2.0。

三、烫印和压凹凸

烫印是指在纸张、纸板、纸品、涂布类的物品上，通过烫膜将烫印材料转移在被烫物体上的加工工艺。通过烫印工艺加工后的产品图案清晰、美观，色彩鲜艳夺目，有富丽堂皇的视觉效果，可起到点石成金、画龙点睛的作用，足以提升产品的档次，更适合当今时代潮流。

压凹凸是用模具将凹凸图案和纹理压到印品上的工艺。

烫印或压凹凸的质量要求如下：

① 烫印表面平实，图文完整清晰，无色变、漏烫、糊版、爆裂、气泡。
② 烫印材料与烫印基材之间的结合牢度≥90%。
③ 同批同色色差 $\Delta E_{ab}^* \leq 3$。
④ 烫印和压凹凸图文与印刷图文套印允差≤0.3mm。
⑤ 压凹凸图文对应位置的凹凸修改无明显差异。

复习思考题

(1) 印后加工的要求有哪些？
(2) 如何评价图书的印后质量？
(3) 如何说明印后表面整饰的质量较高？
(4) 除了本章提到的印后质量要要求，还有哪些应该注意？

第八章

印刷品质量的综合评价方法

第一节 综合评价的必要性

　　主观评价法是以原稿为基础对照样张来评价，将印刷品与标准印品直接或借助放大镜进行人为对比，主观评价印品质量好坏的方法。这种方法虽然简单灵活，但易受操作人员的经验和心理、生理等因素影响，由于评价人的知识、技能、经验、爱好及审美观点等的不同，很大程度上会产生评价偏差，精确性和稳定性较差。而且，影响主观评价的客观因素也很多，如因地点、环境不同及照明条件不同在观察印刷品时所产生的视觉差异，因原稿种类（如透射型彩色反转片与反射型印刷品）不同给印刷品带来的反差、色彩方面的差异，因画面亮度的绝对值和周围亮度的不同给识别图像能力带来的差别等。

　　客观评价法是通过专门的仪器设备和工具对印刷品的各个质量环节做出定量的分析，结合复制的质量标准做出客观的评价的方法。目前常用的有密度检测法和色度检测法，密度检测法和色度检测法是借助于仪器，对印品密度和色度进行测量，并利用相关理论对数据进行分析和处理，进而评价印品质量的方法。客观评价虽然有数据化定量化的优点，但大多数时候不能完整地反映印刷品尤其是图像的质量。

　　印刷品是视觉产品，在定量化的客观评价方法不能完整地反映产品数量及等级的时候，主观评价成了印刷品质量好坏的最后仲裁者。由于印刷工业本身是属于复制加工性行业，其印刷质量的最终评价，往往不是由印刷者来决定，而是由出版单位或委印者凭主观感觉来决定。尽管印刷厂对印刷质量有其自己的评价内容和标准，但委印单位却不一定以印刷质量标准为依据。要解决这一问题，就要尽量将主观评价因素加以客观解释，使其科学化，并和客观评价趋于一致。

　　综合评价方法的思路是以根据客观评价的手段获得的数据为基础，与主观评价的各种因素相互参照后，得到共同的评价标准，然后将数据通过计算、作表，得出印刷质量的综合评价分。使用印刷质量的综合评价方法需要先确认在主观评价方面存在着共识，也就是说印刷质量专家与大多数人在主观印象上存在着一致性。如果一致性非常小，那么探讨评价方法的意义就不大了。

　　目前较常用的方法是将影响印刷适性的若干因素如反射密度、清晰度、不均匀性等作为一种指数加以考虑，并通过印刷适性仪、反射密度计以及标准材料等求得具体数值，即采用所谓的印刷适性指数法。此外，还可用数理统计方法，将想要评价的印刷品按主观、客观几个方面来排列顺序，最后取其相关数作为使用的最佳印刷品的指数。对于大多数情况，这些评价方法能够得到一致或者说接近一致的结果，因此可用作参考。

第二节 综合评价方法

一、综合评价法的特点

　　印刷品的评价，因为受到很多主观、客观因素的影响，所以欲想真正地判断质量的优劣并不是件容易的事情。综合评价是以客观评价的数值为基础,与主观评价的各种因素相对照,以得到共同的评价标准。

印刷质量的综合评价方法具有如下三个特点:
① 首先确定产品主观评价印象的一致性,这是综合评价法的基础。
② 根据客观评价的手段,对产品质量性能参数指标进行测量。
③ 将测试数据通过计算、作表,得出印刷质量的综合评价分。

二、综合评判的步骤

综合评判可以分为以下三个步骤,如图 8-1 所示。

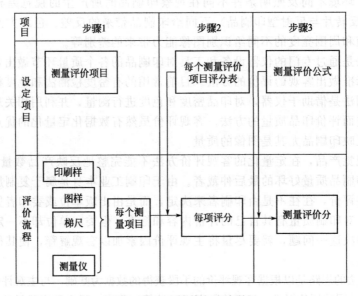

图 8-1 客观评价方法步骤

1. 参数选择与测量

根据印刷品的特点选取最能体现产品质量的参数,不同类型的产品的质量评价参数也不同,比如书刊类产品的正文(黑白)不需要考察与色彩有关的内容,海报的印刷质量不需要考察模切模压的内容,包装类产品,如包装印刷品质量的评价参数可以选用套印精度、色差、实地密度、阶调值增大、阶调复制曲线、相对反差、灰平衡、模切模压精度、光泽度等。

例如在某印刷品综合质量评价时,选取的参数为实地密度、阶调增加值、阶调误差、相对反差、套印精度、光泽度 6 个参数。

2. 参数的测量

用密度计对那些与图像同时印刷的阶调梯尺(Y、M、C、K)和色标进行测量,以求得测定的评价项目的值。

① 测定阶调误差。首先,测定 C、M、Y、K 阶调梯尺的密度,然后绘制印张的印刷特性曲线,如图 8-2 所示。

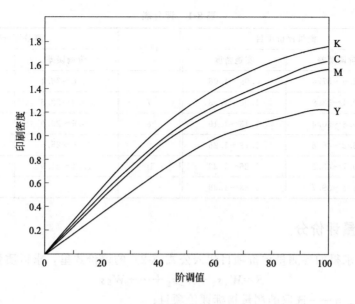

图 8-2 印刷特性曲线

在印刷特性曲线上，忠实地反映白纸密度和实地密度相结合的图像应是一条理想直线，而实际印刷品的特性曲线与理想直线相比，往往变成在理想直线上边往上凸起的弧形曲线。因此，就按公式(8-1)确定一种评价量：

$$阶调密度误差(TE) = \frac{\Delta A}{A} \times 100\% \qquad (8-1)$$

式中 ΔA——图 8-2 中的实际的印刷特性曲线与横坐标轴之间的面积；

A——理想印刷特性曲线（与横坐标成 45°角的直线）与横坐标之间的面积。

式(8-1)是从四个色得到，取其平均值，作为该印刷品的阶调密度误差。

② 测定实地密度。以 CMYK 四色的实地密度的平均值，作为评价项目的实地密度。

③ 测定阶调增加值。测定 CMYK 四色的 50% 阶调处的阶调增加值的平均值作为评价项目的阶调增加值。

④ 测定相对反差。根据前面的定义及测量计算方法测定 CMYK 四色的 K 值，其平均值作为评价项目的相对反差。

⑤ 测定光泽度。根据产品的特定确定光泽度的测量角度，并用光泽度仪进行处理。

⑥ 测定套印精度。使用带刻度的放大镜测量印刷品的套印精度。对于平版装潢印刷品，套印精度指标要求见表 9-13，如果任何一色的套印误差大于表格中的要求，则该印刷品为废品，评价工作终止。套印精度不必参与后面分数的计算。

以上就是印刷品质量参数的 6 个测定项目指标的计算方法。

3. 评分表

上述所选择的质量评价参数具有不同的量纲和值域范围，为了得到最终的质量评价分数，就必须将各参数进行归一化，以阶调误差和实地密度为例，归一化的方法如表 8-1 所示，给予从 0~10 分的评价，结合步骤 2 中的测量值，查表就可以得出该指标归一化的分数值。

表 8-1 评分表

评分	测量评价项目		评分	测量评价项目	
	阶调误差	实地密度		阶调误差	实地密度
0	53.9~57.4	0.99~1.06	6	32.6~36.1	1.39~1.46
1	50.4~53.9	1.06~1.13	7	29.0~32.6	1.46~1.53
2	46.8~50.4	1.13~1.19	8	25.5~29.0	1.53~1.59
3	43.2~46.8	1.19~1.26	9	21.9~25.5	1.59~1.66
4	39.7~43.2	1.26~1.33	10	18.4~21.9	1.66~1.73
5	36.1~39.7	1.33~1.39			

4. 计算质量评价分

把前一步骤求得的各测量评价项目代入公式(8-2)的评价式里，求得质量评价分：

$$S = W_1 s_1 + W_2 s_2 + \cdots + W_5 s_5 \tag{8-2}$$

式中　1、2、…、5——选取的测量指标评价项目；

　　　W——就其旁边字母所示的那个评价项目的权重；

　　　s——步骤 3 所得到的评分；

　　　S——评分数，以 100 分为满分，分数越高，印刷质量就越好。

对图像质量产生不同影响效果的非独立印刷质量参数给予"加权值"，这些"加权值"可以用多变量回归分析方法和模糊数学方法求取，也可采用主观评判方法为客观评价方法决定难以解决的变量相关问题。表 8-2 中所列表示评价权重 W 值是分析各评分项目对印刷质量的期望程度及相互之间的联系得到的，在此评价里，该怎样设定这个表示评价权重的 W 是重要的关键。如果看一下所列的评价比重，可发现与网点再现有关的阶调误差、实地密度、阶调增加值这 3 个项目的重要程度的总和竟高达 70%，可见这 3 项指标特别重要。

表 8-2 为印刷品质量综合评价的计算举例。

表 8-2 印刷品质量综合评价的计算举例

序号	评价测量项目	测量值	评分	评价权重	得分（评价权重×评分）
1	阶调误差	30.1	7	2.3	16.1
2	实地密度	1.50	7	2.5	17.5
3	阶调增加值	16	8	2.2	17.6
4	相对反差	0.40	9	1.8	16.2
5	光泽度	65	8	1.2	9.6
6	套印精度	—	—	—	—
	合计				77

除上述印刷品质量综合评价方法外，还可以用数理统计方法，将评价的印刷品按主观、客观的排列顺序，最后取其相关数，作为最佳印刷品的指数来评定印刷品。

综合评价是以客观评价的手段为基础，加上主观评价和各种因素相验证的方法，是目前评价印刷品质量的一种有效方法。它根据标准中的规定，在采用一些测试手段（如信号条、测试条、控制条、梯尺）的基础上，结合人们的色彩心理学、生理学等因素，较为客观地评价印刷品质量。

但是，目前还无统一的综合评价标准，人们还在不断地探索、开发。因此，在当前评价印刷品质量的工作中，还是应以标准中规定的技术指标为依据，并注意它们之间的相互联系，在评价中，应重点从印刷品阶调值、颜色、网点、相对反差等技术指标对印刷品质量进行全面真实的评价。

复习思考题

(1) 本章提到的综合质量评价方法有何不足？
(2) 进行综合质量评价时如何选取评价指标？
(3) 综合质量评价方法中哪些是主观的内容？
(4) 如何说明评价结果的正确性？
(5) 如何建立测量评分表？

第九章

不同类型印刷品的检测与评价

第一节 分级与抽样检测

一、印刷品质量等级的划分

瓦楞纸箱的质量要求具有严格适应性的特点。一般只有合格品和不合格品，质量等级划分意义很大。质量过高则是浪费；质量不合格就是废品，因为它既不能降级使用，也无法采取事后返工补救措施。

按照 CY/T 2—1999《印刷产品质量评价和分等导则》的规定，印刷产品质量水平划分为优等品、一等品和合格品三个等级。而且并没有"不合格品"这一级，所谓"不合格品"是指达不到现行相应标准的产品，原则上是不能出厂的，因此在产品质量分等中，无需将其列入。

优等品：优等品的质量标准必须达到国际先进水平，实物质量水平与国外同类产品相比达到近五年内的先进水平。

一等品：一等品的质量标准必须达到国际一般水平，实物质量水平应达到国际同类产品的一般水平或国内先进水平。

合格品：按我国一般水平标准（国家标准、行业标准、地方标准或企业标准）组织生产，实物质量水平必须达到相应标准的要求。

印刷品质量等级的划分按照表 9-1 的内容进行评价。

表 9-1 印刷品分级评价内容

一级指标	二级指标
产品设计	a. 装帧设计； b. 原稿质量； c. 产品总体要求
原辅材料	a. 印刷用原辅材料质量； b. 印后加工用原辅材料质量
加工工艺	a. 各工序加工工艺； b. 各工序的质量标准； c. 成品的质量
产品外观的综合评价	—
牢固程度和是否便于使用	—

二、书刊印刷品检验抽样规则

对于印刷品的抽样检验，可以分为印刷过程的抽样检验和印刷品成品的抽样检验。印刷过程的抽样检验主要是通过检查印刷品的质量来检查机器的运行状态，以保证印刷品质量的完好与稳定。成品检验主要是判定印刷品是否合格，进而也可以划分质量等级。

对于书刊印刷品的抽样检验，CY/T 12—1995《书刊印刷品检验抽样规则》给出了明确的检验规则。

1. 基本概念

单位产品：为实施抽样检查的需要而划分的基本单位，称为单位产品，以成品"册"（本）、"张"为单位。

检查批：为实施抽样检查汇集起来的单位产品，称为检查批，简称批。

批量（N）：批中所包含的单位产品数，称为批量。

样本单位：从批中抽取用于检查的单位产品，称为样本单位。

样本：样本单位的全体，称为样本。

样本大小（n）：样本中所包含的样本单位数，称为样本大小。

不合格品：有一个或一个以上的质量特性不符合规定的单位产品，称为不合格品。

每百单位产品不合格品数：批中所有不合格品总数除以批量，再乘以100，称为每百单位产品不合格品数。即：

$$每百单位产品不合格品数 = \frac{批中不合格品总数}{批量} \times 100$$

批质量：单个提交检查批的质量（用每百单位产品不合格品数表示），称为批质量。

逐批检查：为判断每个提交检查批的批质量是否符合规定要求，所进行的百分之百或从批中抽取样本的检查，称为逐批检查。

合格判定数（A_c）：作出批合格判断样本中所允许的最大不合格品数，称为合格判定数。

不合格判定数（R_e）：作出批不合格判断样本中所不允许的最小不合格品数，称为不合格判定数。

判定数组：合格判定数和不合格判定数或合格判定数系列和不合格判定数系列结合在一起，称为判定数组。

抽样方案：样本大小或样本大小系列和判定数组结合在一起，称为抽样方案。

抽样程序：使用抽样方案判断批合格与否的过程，称为抽样程序。

一次抽样方案：由样本大小 n 和判定数组（A_c，R_e）结合在一起组成的抽样方案，称为一次抽样方案。

二次抽样方案：由第一样本大小 n、第二样本大小二 z、判定数组（A_1，A_2，R_1，R_2）结合在一起组成的抽样方案，称为二次抽样方案。

2. 抽样程序

(1) 批质量合格的规定

在订货合同中，订货方与供货方应协商确定批质量合格的条件，对此无明确规定者，按每百单位产品不合格品数为4.0执行。

(2) 检查水平的规定

提交检查批的批量与样本大小之间的等级对应关系，称为检查水平。

(3) 检查严格度的确定

检查的严格度是指提交批所接受检查的宽严程度。

(4) 抽样方案类型的选择

为节省管理费用及压缩样本大小，根据检查批形成的情况决定选用一次、二次抽样方案中的一种。

(5) 样本的抽取

以随机抽样方法抽取样本。抽取样本的时间，可以在检查批的形成过程中，也可以在检查批组成之后。抽取样本的地点，可以在企业的成品库中抽取，也可以在市场任一经销单位的仓库中抽取，必要时还可以在生产线上已经过检验尚未入库的成品中抽取。

以一份产品为一个检查批，按表 9-2 确定一次抽样方案样本大小判定数组。

表 9-2　一次抽样方案

批量	151～500	501～1200	1201～10000	10001～35000	35001～500000	≥500001
样本大小	13	20	32	50	80	125
合格判定数	1	2	3	5	7	10
不合格判定数	2	3	4	6	8	11

若一份产品形成两个检查批，按表 9-3 确定二次抽样方案样本大小、判定数组。

表 9-3　二次抽样方案

批量	501～1200	1201～10000	10001～35000	35001～500000	≥500001
第一样本数	13	20	32	50	80
第一合格判定数	0	1	2	3	5
第一不合格判定数	3	3	5	6	9
第二样本数	13	20	32	50	80
第二合格判定数	3	4	6	9	12
第二不合格判定数	4	5	7	10	13

(6) 特殊的情况

产品质量要求特别严格，批量不大于 15。当生产过程中出现严重欠缺，需要全部检查的产品要逐个进行百分之百的检查。

3. 样本的检验

(1) 检验依据

相应产品技术标准或订货合同中对单位产品规定的检验项目及质量要求。

(2) 逐批检查合格或不合格的判断

逐个对样本单位进行检查并累计不合格品总数。当采用一次抽样方案时，根据样本检验结果，若在样本中发现的不合格品数小于或等于合格判定数，则该批为合格批；若在样本中发现的不合格品数大于或等于不合格判定数，则该批为不合格批。采用二次抽样方案时，经检验，若在第一样本中发现的不合格品数小于或等于第一合格判定数，则该批为合格批；若在第一样本中发现的不合格品数大于或等于第一不合格判定数，则该批为不合格批。若在第一样本中发现的不合格品数，大于第一合格判定数同时又小于第一不合格判定数，则从整批中抽第二样本进行检查。在第一和第二样本中发现的不合格品数总和小于或等于第二合格判定数，则该批为合格批；若在第一和第二样本中发现的不合格品数总和大于或等于第二不合格判定数，则该批为不合格批。

第二节 平版装潢印刷品

平版装潢印刷品是应用最多的一类装潢印刷品，2008年，修订了GB/T 7705—2008《平版装潢印刷品》，其检验方法及具体参数如下。

一、成品规格尺寸偏差

裁切成品规格尺寸偏差见表9-4。模切成品规格尺寸偏差见表9-5。有对称要求的成品图案位置偏差见表9-6。

表9-4 裁切成品规格尺寸偏差

裁切成品规格/mm	尺寸极限偏差	
	精细产品/mm	一般产品/mm
390×543 及以下	±0.5	±1.0
390×543 以上	±1.0	±1.5

表9-5 模切成品规格尺寸偏差

模切成品规格/mm	尺寸极限偏差	
	精细产品/mm	一般产品/mm
135×195 及以下	±0.4	±0.5
135×195 以上	±0.8	±1.0

表9-6 有对称要求的成品图案位置偏差

成品规格/mm	对称图案允许偏差	
	精细产品/mm	一般产品/mm
135×195 及以下	±0.4	±0.5
135×195 以上	±0.8	±1.0

二、套印允差

套印允差见表9-7。

表9-7 套印允差

套印部位	套印允许误差	
	精细产品/mm	一般产品/mm
主要部位	≤0.10	≤0.20
次要部位	≤0.20	≤0.25

注：主要部位为画面上反映主题的部位，如图像、文字、标志等。次要部位为画面上除主要部位以外的其他部位。

三、实地印刷

实地印刷要求见表9-8。

表9-8 实地印刷要求

指标	单位	符号	指标值			
			精细产品		一般产品	
同色密度偏差		D_s	≤0.05		≤0.07	
同批同色色差	CIE$L^*a^*b^*$	ΔE_{ab}^*	$L^*>50.00$	$L^*\leq50.00$	$L^*>50.00$	$L^*\leq50.00$
			≤4.00	≤3.00	≤6.00	≤5.00
墨层光泽度①	%	$G_s(60°)$	≥30		—	
墨层耐磨性②	%	A_s	≥40			
墨层上光后印面的耐磨性②	%	A_s	≥70			

① 无光泽度要求的产品可取消此项指标。
② 无耐磨性要求的产品可取消此项指标。

四、网点印刷要求

① 亮调网点再现百分率：精细产品≤3%；一般产品≤5%。
② 正常墨量50%网点增大值应符合表9-9规定。

表9-9 50%网点增大值

指标名称	指标值	
	精细产品	一般产品
50%网点增大值(ΔF)①	≤15%	≤20%

① 在墨色实地密度正常情况下。

五、印面外观

(1) 精细产品

① 成品应整洁，每件成品主要部位上不能有直径>0.3mm的墨皮、纸毛等脏污，直径≤0.3mm的墨皮、纸毛等脏污，不能超过2点；次要部位上不能有直径>1mm的墨皮、纸毛等脏污，直径≤1mm的墨皮、纸毛等脏污，不能超过3点。

② 文字印刷应清晰完整，无残缺变形，小于5.5P（7号）的字应不影响认读（P为point，1P约为0.35mm）。

③ 印面不应存在明显条痕。

④ 图像应清晰，层次清楚，网点应清晰、均匀、无变形和残缺。

⑤ 印刷色相应符合付印样要求。

(2) 一般产品

① 成品应整洁，每件成品主要部位上不能有直径>1.5mm的墨皮、纸毛等脏污，直径≤1.5mm的墨皮、纸毛等脏污，不能超过2点；次要部位上不能有直径>2mm的墨皮、纸

毛等脏污，直径≤2mm的墨皮、纸毛等脏污，不能超过5点。
② 文字印刷应基本清晰完整，无残缺变形，小于5.5P（7号）的字应不影响认读。
③ 印面不应存在明显条痕。
④ 图像应较清晰，应无残缺和花糊版。
⑤ 印刷色相应基本符合付印样要求。

六、印面烫箔外观

烫箔（foil-stamping），是指以金属箔或颜料箔，通过热压转印到印刷品或其他物品表面上，以增进装饰效果。

对于精细产品的烫箔，图文烫箔应完整清晰、牢固、平实，应无虚烫、糊版、脏版和砂眼；字迹烫箔应清晰，应不发毛、无缺笔断划；图文烫箔表面应光亮。

对于一般产品的烫箔，图文烫箔应完整清晰、牢固、平实，应无明显虚烫、糊版、脏版；字迹烫箔应清晰，应无明显残缺；图文烫箔表面应光亮，应无明显差异。

七、印面凹凸印外观

凹凸印（embossing），是指用凹凸两块印版，把印刷品压印出浮雕状图像的加工工艺。

对于精细产品的凹凸印，图文凹凸印应均匀，轮廓应清晰，纸张纤维应无断裂。

对于一般产品的凹凸印，图文凹凸印应基本均匀，凹凸印轮廓应基本清晰，纸张纤维应无断裂。

八、印面覆膜外观

(1) 精细产品
a. 覆膜黏结应完整、牢固。
b. 覆膜面应干净、平整，光洁度好，不变色，应无折皱、起泡等。

(2) 一般产品
a. 覆膜黏结应完整、牢固。
b. 覆膜面应基本干净、平整，应无明显折皱、起泡等。

九、印面上、压光外观

(1) 精细产品
a. 上光涂层涂布应均匀，表面不能有气泡、条痕、起皱等。
b. 上光膜两侧亮度应一致，且光泽好。
c. 压光表面光亮度应一致，且应有高光泽。

(2) 一般产品
a. 上光涂层涂布应基本均匀，表面允许有少量可接受的细小气泡，但不可有条痕、起皱等。

b. 上光膜两侧亮度应基本一致，光泽好。
c. 压光表面光亮度应基本一致，且应有较高光泽。

第三节 凸版装潢印刷品

一、成品规格与尺寸偏差

裁切成品规格尺寸偏差见表 9-10。模切成品规格尺寸偏差见表 9-11。有对称要求的成品图案位置偏差见表 9-12。

表 9-10 裁切成品规格尺寸偏差

裁切成品规格/mm	尺寸极限偏差	
	精细产品/mm	一般产品/mm
390×543 及以下	±0.5	±1.0
390×543 以上	±1.0	±1.5

表 9-11 模切成品规格尺寸偏差

模切成品规格/mm	尺寸极限偏差			
	精细产品/mm		一般产品/mm	
	纸类	膜类	纸类	膜类
135×195 及以下	±0.4	±0.5	±0.5	±0.6
135×195 以上	±0.6	±0.8	±0.7	±1.0

表 9-12 有对称要求的成品图案位置偏差

成品规格/mm	对称图案允许偏差	
	精细产品/mm	一般产品/mm
135×195 及以下	±0.4	±0.5
135×195 以上	±0.8	±1.0

二、套印允差

套印允差见表 9-13。

表 9-13 套印允差

套印部位	套印允许误差	
	精细产品/mm	一般产品/mm
主要部位	≤0.15	≤0.25
次要部位	≤0.25	≤0.30

三、实地印刷要求

实地印刷要求见表 9-14。

表 9-14 实地印刷要求

指标	单位	符号	指标值			
			精细产品		一般产品	
同色密度偏差		D_s	≤0.05		≤0.07	
同批同色色差	CIEL*a*b*	ΔE_{ab}^*	$L^*>50.00$	$L^*≤50.00$	$L^*>50.00$	$L^*≤50.00$
			≤5.00	≤4.00	≤6.00	≤5.00
墨层光泽度①	%	$G_s(60°)$	≥32		—	
墨层耐磨性	%	A_s	≥70			
墨层结合牢度②	%	A	≥85			

① 无光泽度要求的产品可取消此项指标。
② 墨层结合牢度是指墨层和薄膜平面之间的结合牢度，无此项要求的产品可取消此项指标。

四、印面外观

1. 精细产品

① 产品应整洁，无刮痕、污渍、残缺。
② 文字印刷应清晰完整，无残缺变形，小于 5.5P（7 号）的字应不影响认读。
③ 网点应清晰均匀，无残缺。
④ 印刷主要部位不能存在条痕、重影。
⑤ 印刷主要部位不能有肉眼可见的污渍点。
⑥ 印刷色相应符合付印样要求。
⑦ 覆膜不能有皱折、气泡等，覆膜边缘不可翘起。
⑧ 电化铝烫箔应平实、牢固、不变色、不糊版，应无烫箔砂眼、残缺、毛边、划伤。
⑨ 上光应平实、牢固、不变色、无污渍点。

2. 一般产品

① 成品应整洁，无明显刮痕、污渍、残缺。
② 文字印刷应较清晰完整，无明显残缺变形，小于 5.5P（7 号）的字应不影响认读。
③ 网点应较清晰均匀，无明显残缺。
④ 印刷主要部位不能存在条痕、重影。
⑤ 每件产品主要部位上不能有直径>0.4mm 的污渍点，直径≤0.4mm 的污点不能超过 3 点。
⑥ 印刷色相应基本符合付印样要求。
⑦ 每件覆膜成品不能有直径>0.4mm 的气泡，直径≤0.4mm 的气泡不能超过 3 点。
⑧ 电化铝烫箔应平实、牢固、不变色、不糊版，每件成品上不能有直径>0.3mm 的烫箔砂眼，直径≤0.3mm 的烫箔砂眼不能超过 2 点。

⑨ 上光应平实、牢固、不变色、无明显污渍点。

第四节 柔性版装潢印刷品

一、外观

对于柔性版装潢印刷的涂料纸和非涂料纸印刷品，成品应整洁、平整、无褶皱，文字印刷清晰完整，无缺笔断划，小于小 6 号（6.5P）的文字应不影响认读，主要部位无条杠、重影、水波纹、划伤、糊版和拉丝等，图像网点应清晰、均匀。印面脏污要符合表 9-15 的要求。印后加工及表面整饰（覆膜、烫印、压凹凸、上光、模切）应符合相关质量外观要求。

表 9-15 柔性版印刷品脏污点的限量要求

产品类型	项目								
	产品等级	脏污点最大长度/mm	产品主要部位面积/m²			脏污点最大长度/mm	产品次要部位面积/m²		
			≤0.5	0.5~1.0	≥1.0		≤0.5	0.5~1.0	≥1.0
纸张类	精细产品	≥1.00	不允许			≥1.50	不允许		
		0.35~1.00	≤3 个	≤5 个	≤8 个	0.50~1.50	≤3 个	≤5 个	≤8 个
		≤0.35	允许			≤0.50	允许		
	一般产品	≥1.50	不允许			≥2.00	不允许		
		0.40~1.50	≤3 个	≤5 个	≤8 个	0.60~2.00	≤3 个	≤5 个	≤8 个
		≤0.40	允许			≤0.60	允许		
	产品等级	脏污点最大长度/mm	产品主要部位面积/m²			脏污点最大长度/mm	产品次要部位面积/m²		
			≤0.30	0.30~0.80	≥0.80		≤0.50	0.50~1.00	≥1.00
塑料和金属箔类	精细产品	≥0.35	不允许			≥0.80	不允许		
		0.20~0.35	≤3 个	≤5 个	≤7 个	0.35~0.80	≤3 个	≤5 个	≤7 个
		≤0.20	允许			≤0.35	允许		
	一般产品	≥0.50	不允许			≥0.80	不允许		
		0.35~0.50	≤3 个	≤5 个	≤7 个	0.50~0.80	≤3 个	≤5 个	≤7 个
		≤0.35	允许			≤0.50	允许		
	产品等级	脏污点最大长度/mm	产品主要部位面积/m²			脏污点最大长度/mm	产品次要部位面积/m²		
			≤0.5	0.5~1.0	≥1.0		≤0.5	0.5~1.0	≥1.0
瓦楞纸板类	精细产品	≥1.50	不允许			≥2.00	不允许		
		0.50~1.50	≤3 个	≤5 个	≤8 个	1.00~2.00	≤3 个	≤5 个	≤8 个
		≤0.50	允许			≤1.00	允许		
	一般产品	≥2.00	不允许			≥3.00	不允许		
		1.50~2.00	≤3 个	≤5 个	≤8 个	2.00~3.00	≤3 个	≤5 个	≤8 个
		≤1.50	允许			≤2.00	允许		

二、同批同色色差

各类柔性版装潢印刷品的同批同色色差要求如表 9-16 所示。

表 9-16　柔性版装潢印刷品同批同色 CIELab ΔE_{ab}^* 色差的要求

承印材料	精细产品		一般产品	
	$L^*>50.00$	$L^*\leqslant 50.00$	$L^*>50.00$	$L^*\leqslant 50.00$
涂料纸	≤3.50	≤3.00	≤4.50	≤4.00
非涂料纸	≤5.00	≤4.00	≤6.00	≤5.00
塑料	≤3.50	≤3.00	≤4.00	≤3.50
金属箔	≤4.00	≤4.00	≤4.50	≤4.00
瓦楞纸类	≤6.00	≤5.00	≤7.00	≤6.00

三、印刷墨层结合牢度与耐磨性

对于纸张类的柔性版装潢印刷品的耐磨性可以用密度法或目测法测量。密度法测量的墨层耐磨性要大于等于 70%，上光后墨层的耐磨性要大于等于 80%。采用目测法测量时，要求印面墨层无露底（掉色），或摩擦纸面上无染色。

瓦楞纸板类柔性版装潢印刷品的耐磨性采用目测法测量，要求印面墨层无露底（掉色），或摩擦纸面上无染色。

四、套印精度

图像轮廓清楚，套印允差符合表 9-17 规定。

表 9-17　套印精度允差　　　　　　　　　　　　　　　　单位：mm

项目	纸张印刷品	塑料印刷品	瓦楞纸板类印刷品
精细产品＜	主要部位:0.2 次要部位:0.3	主要部位:0.2 次要部位:0.3	主要部位:0.5 次要部位:1.0
一般产品＜	主要部位:0.3 次要部位:0.5	主要部位:0.3 次要部位:0.5	主要部位:1.5 次要部位:2.0

第五节　凹版装潢印刷品

一、套印允差

套印允差见表 9-18。

表 9-18 套印允差

承印材质	套印部位	套印允许误差/mm
双向拉伸类薄膜	主要部位	≤0.20
	次要部位	≤0.35
非双向拉伸类薄膜	主要部位	≤0.30
	次要部位	≤0.60

二、实地印刷

实地印刷要求见表 9-19。

表 9-19 实地印刷要求

指标	单位	符号	指标值	
同色密度偏差		D_s	≤0.06	
同批同色色差	CIE$L^*a^*b^*$	ΔE_{ab}^*	$L^*>50.00$ ≤5.00	$L^*\leq 50.00$ ≤4.00
墨层光泽度①	%	$G_s(60°)$	≥35	
墨层结合牢度②	%	A	≥95	

① 仅指表印产品，无光泽度要求的产品可取消此项指标。
② 墨层结合牢度是指墨层和薄膜平面之间的结合牢度。其指标值为除金墨、银墨外的墨层与薄膜之间的结合牢度的指标值。

三、印面外观

① 产品应整洁，应无明显油墨污渍、残缺、刀丝等。
② 文字印刷应清晰完整，无残缺变形，小于 7.5P（6 号）的字应不影响认读。
③ 实地印刷印迹边缘应光洁、墨色均匀、无明显水纹状。
④ 印刷层次过渡应平稳，无明显阶调跳跃。
⑤ 网点应清晰均匀，无明显变形和残缺。
⑥ 印刷色相应符合付印样要求。

第六节 数字印刷品质量评价

随着数字印刷的发展和普及，数字印刷品质量的检测与评价成为业界关注的热点，也是控制数字印刷质量的前提和基础。数字印刷因与传统的胶印、柔印、凹印等技术在工艺、材料上有着很大的差异，因此，数字印刷不能直接套用传统印刷的质量标准来评判。2001 年颁布的 ISO/IEC 13660 是迄今为止首个国际性的可以用来评价数字印刷质量的标准，新的标准 ISO 19751 仍在研发中。ISO/IEC 13660 主要适用于硬拷贝输出结果的图像质量属性的测量，并在此基础上评价二值单色文本和具有图形属性的矢量图像输出质量。

ISO/IEC 13660 起草工作组认为，图像的可阅读性和外观表现（外貌）决定图像的使用价值和质量等级，包括：细节容易检测、图像单元与背景隔离得很好、图像的总体缺陷最小、成像系统有很好的几何保真度。但是，这些要素不能为图像质量固有的量化属性评价所覆盖，因为大量的心理和文化成分难以评价。制定 ISO 13660 标准的目的在于可测量性，给出与观察者在标准观察条件下产生的图像感觉质量的相关性，使印刷品的使用者能将试验样本归类成从最好到很差的几个组。属性及其评估方法基于下述假设：图像是传播意图的表示；在同一图像单元内阶调表现是均匀性的；字符图像、符号和图形单元都是有规则的，即发生变倍操作时仍然是相同的，即符合相似性原理；已经筛选掉了有极端总体缺陷的样本。ISO/IEC 13660 适用于由文本、图形和其他对象构成的图像，只有两种阶调等级（单色图像），典型例子为白纸上的黑色图像，由该标准建议的工作程序限制于裸眼可视性。

ISO/IEC 13660 定义了 8 种字符/线条图像质量属性，6 种大面积填充区域质量属性，如表 9-20 所示。

表 9-20 ISO/IEC 13660 定义的图像质量属性

字符与线条		大面积填充区域密度属性	
编号	属性	编号	属性
1	模糊度	1	大面积暗度
2	粗糙度	2	背景朦胧
3	线条宽度	3	颗粒度
4	字符暗度	4	滋墨
5	对比度	5	背景无关痕迹
6	填充	6	空白
7	字符域无关痕迹		
8	字符域背景朦胧		

一、字符与线条质量指标

(1) 模糊度

复制对象的轮廓呈现朦胧或模糊的外貌，从背景过渡到字符（或线条）时存在黑色程度可察觉的渐变，用边缘内边界和外边界的平均距离度量；从边缘的内边界到外边界存在过渡带，模糊度与该过渡带的平均宽度有关。

(2) 粗糙度

边缘从其理想位置产生几何畸变后形成的外观形态，粗糙对象边缘呈现高低不平的锯齿或波浪形，衡量指标是线条拟合到边缘阈值后剩余部分的标准离差，沿垂直于拟合直线的方向计算。

(3) 线宽

线宽是笔划的平均宽度，按线条两侧边缘阈值计量。

(4) 字符暗度

字符暗度是线条或字符图像的黑色程度，以边界区域内 75% 反射系数阈值 R_{75} 的平均密度衡量。

(5) 对比度

对比度是衡量线段、字符及其范围的黑暗程度间的关系。

(6) 填充

线段和字符边界内同质暗度外貌，75%相对反射系数面积比，或内边界75%相对反射系数面积与内边界总面积之比。

(7) 字符域无关痕迹

字符域内着色剂颗粒或结块后形成的更大颗粒，标准观察距离内不借助于辅助工具也能由裸眼看见，辨别为相互有区别的痕迹；字符域内痕迹面积与字符域总面积之比。

(8) 字符背景朦胧

字符域内着色剂颗粒或着色剂颗粒形成的结块在视觉上可见，但标准观看条件下仅靠裸眼不能辨别为清晰的痕迹；字符域平均反射系数与背景域附近区域反射系数之比。

二、大面积区域密度属性指标

大面积密度属性即为填充区域，ISO/IEC 13660 规定在大于 21.1mm×21.2mm 的属性特征区域内测量与评价。每个候选测量区域为兴趣区域，即用来测量和评价大面积填充区域光学密度的图像单元。规定大面积区域内图像单元的光学密度用光圈面积不小于 19.6mm² 的仪器测量，要求兴趣区域的最小尺寸不低于 5mm，且测量必须遍及图像单元整体，如图 9-1 所示。

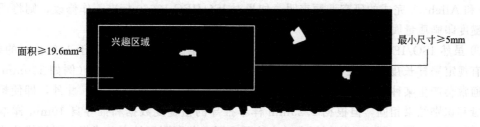

图 9-1 大面积暗度测量

(1) 大面积暗度

指标测量与颗粒度有关，要求满足颗粒度和斑点测量的采样方案，特征化处理为平均值 m_i 的平均值。

(2) 背景朦胧

背景域的着色剂看得见，但在标准观看距离下通过裸眼无法识别为独立痕迹；以兴趣区域背景（排除痕迹）的平均光学密度衡量，规定测量仪器光圈不小于 19.6mm²，最小尺寸 5μm，至少在离开任何图像单元边界 500mm 的距离上测量。

(3) 颗粒度

所有方向上空间频率大于每毫米 0.4 周期的非周期性密度波动，颗粒度测量应横跨兴趣区域进行。

(4) 斑点

所有方向上空间频率小于每毫米 0.4 周期的非周期性密度波动，斑点测量应横跨兴趣区域，定义为 m_i 的标准离差，其中 m_i 是第 i 块"瓷砖"内密度测量数据的平均值。

(5) 背景无关痕迹

背景区域（至少离图像单元 $500\mu m$）内着色剂颗粒或颗粒结块可以由裸眼在标准观察距离下辨别为痕迹，以每一痕迹（最小尺寸至少 $100\mu m$）边缘阈值内的面积度量；结果表示为全部痕迹和面积（兴趣区域面积一起报告）的清单，或表示为总和的形式，后者等于痕迹总面积除以兴趣区域面积。

(6) 空白

实地区域内可以看见的空洞或缝隙，尺寸大到足以通过裸眼在标准观察距离下彼此独立地辨别。

三、局限性

ISO/IEC 13660 标准建立在长期研究和实验积累的基础上，标准的推出使许多好的技术具体化，但标准的推广应用还有一些局限性。

① 对于粗糙度的定义不完整。它的准确的含义到底是什么还有待进一步明确，主要表现在没有限制采样的精细程度和采样线段的最大长度两方面。按照 ISO/IEC13660 标准的规定，粗糙度的衡量指标定义为线条类对象的边缘阈值拟合到直线后与对象边缘阈值形成的剩余部分的标准离差，要求沿垂直于拟合直线的方向计算。从内容看，对粗糙度的衡量指标定义得并不十分明确，不同的采样精度和采样线段长度势必产生不同的测量和评价结果。

② 按 ISO/IEC 13660 标准规定，测量仪器的采样频率不得低于 600dpi，或每隔 $42.3\mu m$ 采样可能导致更高的粗糙度值，即使在这些精度下的粗糙度有较低的可感知性也如此。由 Grice 和 Allebacb 完成的研究课题表明，如果对 ISO/IEC 13660 标准不作修改，则将严重限制粗糙度印刷质量属性值。

③ 虽然 ISO/IEC 13660 标准对线条类对象的采样长度提出了不低于 1.25mm 的要求，但没有规定采样长度的上限，而这同样是有问题的，因为更长的线条（例如 100mm 长线条）通常会产生某种程度的弯曲，从而出现弯曲度支配粗糙度值的趋势。此外，即使粗糙度的测量和识别结果相同，但根据 1.25mm 样本推导的粗糙度数据和推导自 10mm 样本的结果却可能很不相同。因此，修订标准时应该要求固定范围测量长度，或规定对切线边缘应用高通滤波器。在目前情况下，用户应该在报告测量长度的同时也报告粗糙度值。

④ 字符笔画和线条边缘的粗糙度测量方法也需要细化。现有 ISO/IEC 13660 标准将模糊度定义为边缘阈值 R10 和 R90 间的距离，由于反射系数 10%边缘阈值以处在反射系数曲线斜率低的区域为典型特征，因而测量数据的重复性较差。与此对应，边缘阈值 R20 通常出现在反射系数曲线渐变更清晰的区域，因而给出的测量的结果更可靠。

⑤ 针对颗粒度定义在小于 1.27mm 但大于 42.3wm 测量区域范围内的不均匀性，斑点则定义在大于 1.27mm 的测量范围内。这种以 1.27mm 为固定尺寸划分颗粒度和斑点的方法虽然有简化的优势，但对于特定的印刷质量问题显得测量结果相对不灵敏，例如喷墨印刷很容易出现的墨水合并现象很可能被忽略。为此，有研究工作者提出了一种替代方法，即采用可变尺寸"瓷砖"时，应该在报告分析结果的同时附加"瓷砖"尺寸。

⑥ ISO/IEC 13660 标准只针对纸张黑白印刷品制定，现在一些数字印刷设备制造商和数字印刷企业已将该标准扩展应用于彩色数字印刷。与此同时，工作组也开发了测量图像属性的方法，但它只是将客观指标通过简单的系统进行单独地测量，并没有把客观测量指标进行关联，更没有把这些客观测量值与人眼对印刷品质量的视觉感受关联起来。

复习思考题

(1) 对比分析本章提到的各类印刷品检测的异同点。
(2) 各类印刷品质量标准参数有何改进之处？
(3) 结合生活实际，分析相关的印刷品的质量。

第十章

印刷品的环保检测

第一节 绿色印刷

一、绿色印刷的背景

20世纪60年代开始，人类逐渐认识到环境污染、资源匮乏、能源短缺的严重状况，因此，在世界环保大潮的推动下，欧、美、日等发达国家和地区于20世纪80年代率先倡导了绿色印刷概念。绿色印刷是指对生态环境影响小、污染少、节约资源和能源的印刷方式。绿色印刷强调在顾及当代人的同时兼顾下一代人的生存发展，它要求印刷企业将近期利益与国家长远利益相结合，环境效益与经济效益相接轨，实现环保事业与市场经济双赢，体现可持续发展理念。绿色印刷强调在印刷产品的整个生命周期过程中，始终贯穿"以人为本"的宗旨理念，在科学发展观的指导下，一切以"人"为出发点，一切为"人"服务，重点关注公众的健康与安全。由于绿色印刷契合了印刷业可持续发展的内在要求，又体现了"以人为本"的服务宗旨，成为中国印刷业实现低碳经济和结构调整、产业升级的有效途径。因此，绿色印刷将成为中国未来印刷业发展的主要方向。

二、绿色印刷的发展现状

2010年1月1日，新闻出版总署发布2010年1号文件《新闻出版总署关于进一步推动新闻出版产业发展的指导意见》，文件中明确提出："鼓励印刷企业上下游共同探索循环用纸等新材料新工艺的研发和应用，大力发展绿色印刷。对高耗能、高排放的落后产能，要运用环保、技术标准、产业和融资政策等手段，坚决予以淘汰"。2010年9月，新闻出版总署与环境保护部共同签署《实施绿色印刷战略合作协议》，标志着中国全面启动推进绿色印刷的伟大工程，并在随后公布的《新闻出版业"十二五"时期发展规划》中明确提出，要在"十二五"末期，基本建立绿色环保印刷体系，力争绿色印刷企业数量占到全国印刷企业总数的30%。2011年3月2日，环境保护部颁布《环境标志产品技术要求 印刷 第一部分：平版印刷》，并实施，这使得占据印刷市场60%以上份额的胶印有了明确的绿色印刷标准。该标准的实施，也标志着中国的绿色印刷认证工作全面展开。2011年10月，新闻出版总署联合环境保护部印发了《关于实施绿色印刷的公告》，并有60家企业获得了首批绿色印刷环境标志产品认证。这些政策和措施营造了良好的发展绿色印刷氛围，有力推动了中国绿色印刷的发展。

三、绿色印刷的内涵

绿色是世界各国普遍认同的，对具有环境友好与健康有益两个核心内涵属性事物的一种形容性、描述性称谓；绿色印刷是指采用环保材料和工艺，印刷过程中产生污染少、节约资源和能源，印刷品废弃后易于回收再利用再循环、可自然降解、对生态环境影响小的印刷方式。不仅体现可持续发展理念、以人为本、先进科技水平，也是实现节能减排与低碳经济的重要手段。

绿色印刷的产业链主要包括绿色印刷材料、印刷图文设计、绿色制版工艺、绿色印刷工艺、绿色印后加工工艺、环保型印刷设备、印刷品废弃物回收与再生等。通过绿色印刷的实施，可使包括材料、加工、应用和消费在内的整个供应链系统步入良性循环状态。

四、绿色印刷的主要特征

一般而言，绿色印刷应具有以下基本特征：

① 减量与适度。绿色印刷在满足信息识别、保护、方便、销售等功能的条件下，应是用量最少、工艺最简化的适度印刷。

② 无毒与无害。印刷材料对人体和生物应无毒与无害。印刷材料中不应含有有毒物质，或有毒物质的含量应控制在有关标准以下。

③ 无污染与无公害。在印刷产品的整个生命周期中，均不应对环境产生污染或造成公害，即从原材料采集、材料加工、制造产品、产品使用、废弃物回收再生，直至最终处理的生命全过程均不应对人体及环境造成公害。

第二节 平版印刷品环保检测要求

2011年3月2日，环境保护部颁布 HJ 2503—2011《环境标志产品技术要求 印刷 第一部分：平版印刷》，这是胶印绿色印刷认证的标准，也给印刷企业指明了方向。

该标准从印刷用原辅料的要求、印刷产品有害物限量要求、印刷宜采用的原辅材料、印刷过程宜采用的环保措施等几个方面进行了规定。

一、印刷用原辅料的要求

1. 油墨、上光油、橡皮布、胶黏剂等原辅料不得添加的物质

油墨、上光油、橡皮布、胶黏剂等原辅料不得添加的物质如表 10-1 所示。

表 10-1 邻苯二甲酸酯类物质

中文名称	英文名称	缩写
邻苯二甲酸二异壬酯	di-*iso*-nonylphthalate	DINP
邻苯二甲酸二正辛酯	di-*n*-octylphthalate	DNOP
邻苯二甲酸二(2-乙基己基)酯	di-(2-ethylhexy)phthalate	DEHP
邻苯二甲酸二异癸酯	di-isodecylphthalate	DIDP
邻苯二甲酸丁基苄基酯	butylbenzylphthalate	BBP
邻苯二甲酸二丁酯	dibutylphthalate	DBP

2. 纸张亮（白）度要求

纸张亮（白）度的最高限量要符合国际标准 GB/T 24999—2010 中的要求，如表 10-2 所示。

表 10-2　相关纸和纸板的亮（白）度最高限量

产品	亮(白)度最高限量/%	产品	亮(白)度最高限量/%
新闻纸	55	纸巾纸、厨房纸巾	90
复印纸	95	马桶垫纸、卫生纸、擦手纸	88
胶版印刷纸	90	食品包装纸和纸板	85
胶印书刊纸、书写纸	85	喷墨打印纸	95
涂布纸和纸板	93	热敏纸	90

由于中小学学生需要较长时间看书，如果教材所用纸张白度过高，很容易引起视觉疲劳，因此 GB/T 18359—2009 规定了中小学教材所用纸张亮（白）度的限量，如表 10-3 所示。

表 10-3　中小学教材所用纸张亮（白）度的限量

纸张类型	亮(白)度/%	纸张类型	亮(白)度/%
胶印书刊纸	72～80	彩色胶版印刷纸	80～90
胶版印刷纸	75～85	涂布美术印刷纸	85～90

3. 油墨要求

油墨的要求引用了 HJ/T 2542—2016《环境标志产品技术要求胶印油墨》的内容。主要要求为禁止人为添加物质，如表 10-4 所示，产品生产过程中禁止使用煤沥青作原材料，产品使用的矿物油中芳香烃的含量应小于 3%，产品中有害物限量应满足表 10-5 的要求。

表 10-4　油墨中禁止人为添加的物质

禁用种类	禁用物质
元素及其化合物	铅(Pb)、镉(Cd)、汞(Hg)、硒(Se)、砷(As)、锑(Sb)、铬(Cr^{6+})等元素及其化合物

表 10-5　油墨中有害物限量要求

控制指标		单位	限量要求	
			热固轮转	单张、冷固轮转
挥发性有机化合物含量	≤	%	25	4
苯类溶剂含量	≤	%	1	
铅、镉、六价铬、汞总量	≤	mg/kg	100	
铅含量	≤	mg/kg	90	
镉含量	≤	mg/kg	75	
六价铬含量	≤	mg/kg	60	
汞含量	≤	mg/kg	60	

油墨中所使用的植物油含量应符合表 10-6 的要求。

表 10-6　油墨中所使用的植物油含量要求

控制指标	单位	限值
单张胶印≥	%	20
热固轮转胶印≥	%	7
冷固轮转胶印≥	%	30

4. 其他原材料要求

上光油应为水基或光固化上光油；喷粉应为植物类喷粉；润湿液不得含有甲醇；涂膜覆膜胶黏剂应为水基覆膜。

二、印刷产品有害物限量

印刷产品中重金属及相关有机物的限量要求如表 10-7 所示。

表 10-7　印刷产品有害物限量

序号	项目	单位	限值
1	锑(Sb)	mg/kg	≤60
2	砷(As)	mg/kg	≤25
3	钡(Ba)	mg/kg	≤1000
4	铅(Pb)	mg/kg	≤90
5	镉(Cd)	mg/kg	≤75
6	铬(Cr)	mg/kg	≤60
7	汞(Hg)	mg/kg	≤60
8	硒(Se)	mg/kg	≤500
9	苯	mg/m^2	≤0.01
10	乙醇	mg/m^2	≤50
11	异丙醇	mg/m^2	≤5
12	丙酮	mg/m^2	≤1.0
13	丁酮	mg/m^2	≤0.5
14	乙酸乙酯	mg/m^2	≤10
15	乙酸异丙酯	mg/m^2	≤5.0
16	正丁醇	mg/m^2	≤2.5
17	丙二醇甲醚	mg/m^2	≤60
18	乙酸正丙酯	mg/m^2	≤50
19	4-甲基-2-戊酮	mg/m^2	≤1
20	甲苯	mg/m^2	≤0.5
21	乙酸正丁酯	mg/m^2	≤5
22	乙苯	mg/m^2	≤0.25
23	二甲苯	mg/m^2	≤0.25
24	环己酮	mg/m^2	≤1

三、印刷过程宜采用的原辅材料

建议企业使用通过可持续森林认证、再生纸浆占 30% 以上或本色的纸张,使用免处理的 CTP 印版等一系列符合环保要求的原辅材料,在表 10-8 中给出了分值分配,其综合评价得分应超过 60 分。

表 10-8 印刷产品所用原辅材料要求

原辅料	要求	分值分配	总分值
承印物	使用通过可持续森林认证的纸张	25	25
	使用再生纸浆占 30% 以上的纸张	25	
	使用本色的纸张	25	
印版	使用免处理的 CTP 印版	5	5
橡皮布	大幅面印刷机换下的橡皮布可在单色机上使用	10	10
	大幅面印刷机换下的橡皮布可在小幅面机上使用	10	
润湿液	使用无醇润湿液	20	20
	使用醇类添加量小于 5% 的润湿液	10	
印版、橡皮布清洗材料	使用专用抹布清洗橡皮布	7	7
热熔胶	使用聚氨酯(PUR)型热熔胶	8	8
	EVA 热熔胶符合 HJ/T 220 的要求	5	
印后表面处理	使用预涂膜	25	25
	水基覆膜胶有害物符合 HJ/T 220 中包装用水基胶黏剂的要求	10	
	水基上光油有害物符合 HJ/T 370 中技术内容 5.4 的要求	15	

四、印刷过程宜采用的环保措施

鼓励企业制定实施符合环保要求的制度、采用符合环保要求的设备,在表 10-9 中给出了各项环保措施的量化分值,其综合评价得分应超过 60 分。

表 10-9 印刷过程宜采用的环保措施

指标	工序	要求	分值分配	总分值
资源节约	印前	建立实施版面优化设计控制制度	1.0	12
		建立实施长版印件烤版制度	0.6	
		采用计算机直接制版(CTP)系统和数字化工作流程软件	4.8	
		采用节省油墨软件,利用底色去除(UCR)工艺减少彩色油墨用量	0.8	
		通过数字方式进行文件传输	1.2	
		采用软打样和数码打样	1.8	
		制版与冲片清洗水过滤净化循环使用	1.8	

续表

指标	工序		要求	分值分配		总分值
资源节约	印刷	单张纸平印	建立实施装、卸印版,校正套准规矩时间控制制度	1.6		16
			建立实施纸张加放量的控制程序	1.6		
			建立实施印版、橡皮布消耗定额控制程序	1.6		
			建立实施橡皮布的保养程序	1.6		
			建立实施印刷油墨控制程序,集中配墨,定量发放	1.6		
			采用墨色预调和水/墨快速调节装置	0.8		
			采用静电喷粉器	1.6		
			采用喷粉收集装置	1.6		
			采用中央供墨系统	1.6		
			采用自动洗胶布装置	0.6		
			采用无水印刷方式	0.5		
			根据印刷幅面调节幅面和喷粉量	0.5		
			上光油使用后废气集中收集处理后排放	0.8		
		卷筒纸平印	建立实施装、卸印版,校正套准规矩时间程序	3.8		16
			建立实施橡皮布的保养程序	3.0		
			建立实施印刷机台全面生产设备管理程序	3.0		
			采用墨色预调和水/墨快速调节装置	3.0		
			采用中央供墨系统	3.2		
	印后加工		建立实施烫箔工艺控制程序	3.0		12
			建立实施印后表面处理材料的控制程序	3.0		
			建立实施模切控制程序(教材书刊类不实施考核)	2.4		
			建立实施上光油或覆膜工艺控制程序	3.6		
节能	印前		采用发光二极管(LED)灯	6.4	6.4	12
			采用小直径灯代替大直径灯	4.8		
			采用纳米反光片的灯	2.0		
			在工作空闲时,电脑置于休眠状态	3.6		
	印刷	单张纸平印	建立实施印刷机能耗考核制度	2.0		16
			建立实施减少印刷机空转制度	2.5		
			采用发光二极管(LED)灯	4.6	4.6	
			采用小直径灯代替大直径灯	2.4		
			采用纳米反光片的灯	1.0		
			安装自动门,对印刷车间的温度进行有效控制	1.5		
			彩色印件采用多色印刷机印刷	2.4		
			采用中央真空泵系统	2.0		
		卷筒纸平印	建立实施折页机组以及装纸卷和穿纸等准备时间控制制度	2.4		
			建立实施印刷机能耗考核制度	2.0		
			建立实施烘干温度控制程序	2.0		

续表

指标	工序		要求	分值分配		总分值
节能	印刷	卷筒纸平印	采用发光二极管(LED)灯	4.6	4.6	16
			采用小直径灯代替大直径灯	2.4		
			采用纳米反光片的灯	1.0		
			安装自动门,对印刷车间的温度进行有效控制	1.5		
			采用烘干系统加装二次燃烧装置	2.5		
	印后加工		建立实施印后加工设备能耗考核制度	2.4		12
			建立实施印后装订工艺制度	3.0		
			建立实施胶锅温度控制程序	3.0		
			采用 LED 灯	3.6	3.6	
			采用小直径灯代替大直径灯	2.4		
回收、利用			建立实施剩余油墨综合利用控制制度	1.0		20
			建立实施电化铝废料回收制度	2.0		
			建立实施废物管理制度	2.0		
			建立实施装订用漆布、人造革、纱布等下脚料回收制度	1.0		
			建立实施装订用胶黏剂残余胶料回收制度	1.0		
			建立实施废物台账程序	1.5		
			建立实施印刷车间空调系统余热回收利用程序	1.5		
			建立实施废弃物分类收集程序	3.0		
			建立实施印版隔离纸、卷筒纸外包装纸皮、表层残破纸、剩余纸尾、废纸边分类回收程序	5.0		
			采用印前印刷的预涂感光印版	2.0		

第三节 凹版印刷品环保检测要求

2014年9月,环境保护部颁布 HJ 2539—2014《环境标志产品技术要求印刷第三部分:凹版印刷》,这是继胶印、商业票据印刷之后的第三个关于绿色印刷认证的标准。

该标准从印刷用原辅料的要求、印刷过程采用的原辅材料、印刷过程采用的环保措施等几个方面进行了规定。

一、印刷用原辅料的要求

1. 油墨

凹版印刷所使用的油墨需符合国家标准 HJ/T 371—2007 的要求。
油墨中禁止人为添加的物质如表 10-10 所示。

表 10-10　油墨中禁止人为添加的物质

禁用种类	禁用物质
元素及其化合物	铅(Pb)、镉(Cd)、汞(Hg)、硒(Se)、砷(As)、锑(Sb)、铬(Cr^{6+})等元素及其化合物
乙二醇醚及其酯类	乙二醇甲醚、乙二醇甲醚乙酸酯、乙二醇乙醚、乙二醇乙醚乙酸酯、二乙二醇丁醚乙酸酯
邻苯二甲酸酯类	邻苯二甲酸二辛酯(DOP)、邻苯二甲酸二正丁酯(DBP)
酮类	3,5,5-三甲基-2-环己烯基-1-酮(异佛尔酮)

产品中有害物限量应满足表 10-11 的要求。

表 10-11　油墨中有害物限量

控制指标		单位	溶剂基油墨	溶剂	水基凹印油墨
卤代烃类溶剂含量	≤	mg/kg	5000	—	—
苯含量	≤	mg/kg	500		—
苯类溶剂含量	≤	mg/kg	500		—
甲醇含量①	≤	%	2	—	2
氨及其化合物含量①	≤	%	3	—	3
铅、镉、六价铬、汞的总量	≤	mg/kg	100	100	100
铅含量	≤		90	90	90
镉含量	≤		75	75	75
六价铬含量	≤		60	60	60
汞含量	≤		60	60	60
挥发性有机物(VOC)含量	≤	%	—	—	30

① 仅对醇基油墨有意义。

2. 承印物

不得使用聚氯乙烯（PVC）为承印物。

3. 油墨、胶黏剂、稀释剂和清洗剂不得使用的溶剂

油墨、胶黏剂、稀释剂和清洗剂不得使用表 10-12 中所列的溶剂。

表 10-12　油墨、胶黏剂、稀释剂和清洗剂不得使用的溶剂

种类	溶剂
苯类	苯、甲苯、二甲苯、乙苯
乙二醇醚及其酯类	乙二醇甲醚、乙二醇甲醚乙酸酯、乙二醇乙醚、乙二醇乙醚乙酸酯、二乙二醇丁醚乙酸酯
卤代烃类	二氯甲烷、二氯乙烷、三氯乙烷、三氯乙烷、四氯化碳、二溴甲烷、二溴乙烷、三溴甲烷、三溴乙烷、四溴化碳
醇类	甲醇
烷烃	正己烷
酮类	3,5,5-三甲基-2-环己烯基-1-酮(异佛尔酮)

二、印刷过程采用的原辅材料

印刷过程中企业使用通过可持续森林认证、再生纸浆占 30% 以上或本色的纸张，使用免处理的 CTP 印版等一系列符合环保要求的原辅材料，在表 10-13 中给出了分值分配，其综合评价得分应超过 60 分。

表 10-13　印刷产品所用原辅材料要求

原材料种类		要求	分值分配	总分值
承印物	纸质	使用通过可持续森林认证的纸张	25	25
		使用无氯漂白的纸张	20	
		使用再生纸浆占 70% 的纸张（国家另有要求除外）	20	
	塑料及其复合材料	使用单一类型的聚合物、共聚合物	25	
		使用共挤膜	25	
		使用可降解塑料	20	
印版		使用电子或激光雕刻印版	15	15
		使用无氰电镀版	10	10
油墨		使用水性油墨	25	25
		使用不含有丙酮、丁酮、环己酮、四甲基二戊酮的油墨	15	
胶黏剂		使用无溶剂胶黏剂	25	25
		使用的胶黏剂符合 HJ 2541—2016 中对水性包装用胶黏剂的要求	20	

注：承印物按照材质分别评价，纸质、塑料及其复合材料均涉及的，按照比例综合评价，总分不超过 25 分。

三、印刷过程采用的节能环保措施

鼓励企业制定实施符合环保要求的制度、采用符合环保要求的设备，在表 10-14 中给出了各项环保措施的量化分值，其综合评价得分应超过 60 分。

表 10-14　印刷过程宜采用的环保措施

指标	工序	要求	分值分配	总分值
资源节约	印前	优化版面设计，合理拼版，提高版面材料利用率	3	10
		建立并实施印刷工艺流程管理制度	3	
		建立并实施印版管理制度	4	
	印刷	根据印版着墨面积、网点线数和网点深度规定油墨的消耗量	3	
		集中配墨	3	
		采用印刷和印后加工联机工艺	2	
		采用不停机自动接料的连续生产	2	
		建有并运行油墨黏度自动控制装置	2	
		控制张力，调整合理的印刷速度	2	
		建有并运行印品在线检验设备	2	
		建有并运行独立驱动设备	2	

续表

指标	工序	要求	分值分配	总分值
资源节约	印刷	建立并实施校版节材制度	2	22
		建立并实施易耗品管理制度	2	
	印后	复合工序不停机自动接料	2	6
		建立并实施校版、成品签样和半成品消耗控制制度	1	
		建立并实施各工序废品控制制度	3	
节能	印前	同规格同系列产品印版共用	2	3
		减少电晕处理	1	
	印刷	干燥余热回收利用	3	11
		建立并实施套印、签样时间制度	3	
		建立并实施干燥温度、风量控制制度	3	
		建立并实施换版时间制度	2	
	印后 塑料及其复合材料	干燥余热回收利用	3	13
		建立并实施复合、分切、制袋更换产品时间制度	3	
		建立并实施印后调机、成品签样时间制度	2	
		根据复合版面与复合速度,调节干燥温度、风量控制	3	
		根据材料性能、热封面积及制袋速度,调节加工温度	2	
	印后 纸质	干燥余热回收利用	4	
		建立并实施印后加工设备能耗考核制度	5	
		建立并实施印后加工工艺制度	4	
污染控制及废物回收、利用		建有并运行大气污染物控制设施	8	35
		建立并实施剩余油墨、胶黏剂的回收利用制度	6	
		建立并实施清洗印版、墨箱、墨盘、复合网线版、胶箱和胶盘的稀释剂回收利用制度	4	
		建有并运行废气回收再循环使用设施	6	
		建立并实施废物分类收集管理制度	5	
		建立并实施危险废物管理制度	6	

注:印后按照材质分别评价。纸质、塑料及其复合材料均涉及的,按照比例综合评价,总分不超过13分。

复习思考题

(1) 什么是绿色印刷?
(2) 实施绿色印刷认证有何意义?
(3) 绿色印刷对印刷用原材料及辅助材料有何要求?
(4) 简述印刷品中有害物的限量。
(5) 如何检测印刷品中的有害物含量?

第十一章

印刷质量控制

第一节 油墨质量控制

油墨是印刷的要素之一，它承载着呈现图文信息的重要作用，ISO 2846-1 规定了胶印中打样和生产用一组原色油墨的颜色和透明度特征，并给出了测试用的承印物和测试方法，适用于单张纸胶印、热固轮转和 UV 印刷的油墨。油墨性能的测试在 IGT 印刷适性仪上进行。

一、油墨的色彩要求

颜色是彩色油墨最重要的指标之一，油墨的颜色决定了印刷品的色域，影响着印刷品的质量。

印刷品的测量必须符合 ISO 13655 的规定，必须使用的白背衬。符合 ISO 13655 意味着用 0°∶45°或 45°∶0°几何条件的仪器测量样本光谱，使用 CIE1931（2°）标准观察者及 CIE 标准照明体 D50 进行 CIELAB 颜色值的计算。

油墨的颜色须符合表 11-1 的色差 ΔE_{ab}^* 容差。

表 11-1　0°∶45°a 几何条件、照明体 D50 和 2°观察者下的色度数据

油墨	CIELAB 值			容差			
	L^*	a^*	b^*	ΔE_{ab}^*	Δa^*	Δb^*	L^*
黄	91.0	−5.1	95.0	4.0	—	—	—
品	50.0	76.0	−3.0	4.0	—	—	—
青	57.0	−39.2	−46.0	4.0	—	—	—
黑	18.0	0.8	0.0	—	±1.5	±3.0	18.0

注：参数 L^*、a^*、b^*、ΔE_{ab}^*、Δa^* 和 Δb^* 如 ISO 13655 所定义的。
对于黑墨的 L^* 值没有对称的容差，但有上限。

如果由于种种原因不能实现 0°∶45°a 几何条件、照明体 D50 和 2°观察者条件下的测量，也可以用其他条件测量，但数据必须标明测量条件，以便于数据的交换与使用。表 11-2 给出了几种非 ISO 2846-1 推荐条件下的油墨的色度数据。

表 11-2　非 ISO 2846-1 推荐条件下的油墨的色度值

油墨	D50、8°∶d 条件			D65、8°∶d 条件			D65、0°∶45°a 条件		
	L^*	a^*	b^*	L^*	a^*	b^*	L^*	a^*	b^*
黄	92.1	−5.4	78.1	91.6	−11.1	78.7	90.4	−11.2	96.2
品红	55.4	66.6	1.0	53.8	65.0	−2.1	48.1	75.2	−6.8
青	59.8	−32.2	−43.8	61.2	−24.7	−40.9	58.6	−30.6	−42.8
黑	39.6	4.0	2.0	39.5	3.4	2.0	18.0	0.5	−0.5
承印物	95.9	−0.4	5.0	95.9	−1.0	5.0	95.4	1.0	4.8

二、透明度特征

透明度评价必须把油墨印在黑色的承印物上,这样才能得到不同膜层厚度下样本的最小值。测试印刷必须符合 ISO 2834-1 的规定,膜层厚度的范围必须大于表 11-3 中给出范围。

表 11-3 油墨测试时需涵盖的膜层厚度范围　　　　　　　　　　　　单位:μm

项目	油墨			
干燥机理	青	品红	黄	黑
氧化干燥	0.7~1.1	0.7~1.1	0.7~1.1	0.7~1.3
辐射固化	0.7~1.3	0.7~1.3	0.7~1.3	0.9~1.3
卷筒热固化	0.7~1.3	0.7~1.3	0.7~1.3	0.9~1.3

注:黑色承印物的 L^* 须小于 6(白背衬)。

虽然原则上用户可以自行制作印刷测试用的黑色承印物,但是这很难保证亮度 L^* 足够低且不影响承印物的光泽度和印刷适性。通常更乐意使用黑色的承印物或者商业预印承印物。需要印刷黑色,最好的承印物是对比卡或者对比条,如 Leneta 纸或纸板(No. 105C)或 IGT 公司的对比测试条 Ka APCO C。

对于透明度的测试,在印刷指定墨层厚度的油墨之前,每一条黑色承印物应该编号,且需要重复测量颜色,并获取平均值。

印刷样品干燥后,测量每一个样品的颜色,测量点和之前测量黑色的点一样。

获得每一个样品的两次测量的色差后,将其画在膜层厚度的图中。用"最符合"的直线贯穿这些点,如图 11-1 所示,然后计算该直线的斜率。线性回归方式的斜率可以由数据直接计算而得。使用图形的方式,这一数值可以直接由以下方程式获得:

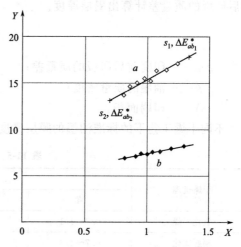

图 11-1 根据 ISO 2846-1 透明度的评价
X 轴表示墨层厚度,μm;Y 轴表示色差 ΔE_{ab}^*;
a 为透明度值,$T=0.13$;b 为透明度值,$T=0.5$

$$T = \frac{s_1 - s_2}{\Delta E_{ab_1}^* - \Delta E_{ab_2}^*} \quad (11-1)$$

式中　T——所测量的透明度值;
　　　s_1——墨层厚度较高的厚度测量值;
　　　s_2——墨层厚度较低的厚度测量值;
　　　$\Delta E_{ab_1}^*$——s_1 点的色差值;
　　　$\Delta E_{ab_2}^*$——s_2 点的色差值。

如果从该公式计算所得的数值大于表 11-4 的透明度,那么该种油墨的透明度符合 ISO 2846-1 标准。如果梯度的导数是负数,或者大于规定的值,说明油墨符合 ISO 2846 本部分的透明度要求。

油墨的透明度须大于表 11-4 给出的值。

表 11-4　油墨的透明要求

油墨	透明度 T
黄	0.08
品红	0.12
青	0.20

对于透明度大的油墨（通常是青），回归线的斜率可以是 0 或负数。在这种情况下，透明度可以认为接近无穷大，符合要求。

三、墨膜厚度

油墨的膜层厚度通过间接的方式获得。在进行 IGT 实验时，在印刷前将印刷版先称取质量，然后在参考承印物上印刷。然后将印版重新称重，记下质量差。如果油墨的质量密度已知（这也可以通过一定量体积的油墨质量来获得），并测量印刷的面积，就可以通过印刷前后印版的质量差计算出墨层厚度。

$$s = \frac{\Delta m}{\rho A} \tag{11-2}$$

式中　Δm——印刷前后印版的质量差；
　　　ρ——油墨的质量密度；
　　　A——印刷面积。

不同干燥工艺下的标准油墨的膜层厚度的范围如表 11-5 所示。

表 11-5　膜层厚度范围　　　　　　　　　　　　单位：μm

干燥机理	油墨			
	青	品红	黄	黑
氧化干燥	0.7~1.1	0.7~1.1	0.7~1.1	0.7~1.3
辐射固化	0.7~1.3	0.7~1.3	0.7~1.3	0.9~1.3
卷筒热固化	0.7~1.3	0.7~1.3	0.7~1.3	0.9~1.3

第二节　印刷控制的方法

作为印刷质量评价的决定性因素之一，色彩再现性直接影响印刷品的整体复制效果。在现代对印刷品要求越来越高的时代，无论是在精细产品的复制中，还是在标准化认证过程中，保证原稿色彩在复制过程中正确的传递和再现都无疑成为了关键点。当传统的半色调胶片还是最终的材料和印版制版信息及印刷操作的中介的时候，对印刷者而言，匹配印刷目标和标准最主要的方法就是强制印刷机、油墨和纸张尽可能接近所基于的印刷标准给定的参考。现在，印刷原稿及控制参数等输入都已经数据化了，就可以通过修改这些数据来补偿（调整）不同印刷地点的印刷设备、油墨和纸张的差异，以及某一特定的实际印刷条件与参考或标准印刷条件之间存在的差异。

ISO/TS 10128 标准提出了三种用以提高色彩复制准确性的方法：一种是控制阶调增加值（TVI）曲线（网点扩大曲线）的方法，一种是灰平衡校正的方法，最后一种是 CMYK 到 CMYK 多维转换的方法。三种方法中前两种方法在各个通道使用一维转换（比如制版曲线），但是它们的转换方法不一样，分别是阶调曲线匹配和中性灰梯尺匹配。第三种方法使用了多维转换，比如 ICC 的 device-link profile。

一、控制阶调值增加曲线方法

这种方法是印刷业界最常用最传统的方法，通过控制 TVI 曲线来控制印刷品的质量。但这里有几个基本的假设：如果原色和二次色油墨是正确的，印刷色域的外部也是正确的；如果单个颜色的阶调值曲线符合要求，那么它们的叠印数据也会符合要求；在一定范围内，印刷设备间（或者印刷设备和参考印刷条件间）阶调增加值的差异可以通过输入阶调值一系列单个通道的修正实现补偿。

在使用这种方法时，油墨需符合 ISO 2846-1 的要求，参见第十一章第一节，承印物、原色、二次色及 TVI 的要求需符合 ISO 12647-2 的要求。所有的特性化数据都应基于 ISO 12642-1 或 ISO 12642-2 定义的油墨数据。样本测量时须符合 ISO 13655 的要求，参见第二章第三节。在此不再赘述。

二、灰平衡校正方法

控制阶调增加值曲线方法的阶调值曲线匹配对大多数场合是足够了，但它仅考虑到了影响二次色和三次色颜色的众多因素中的一个。很明显，阶调值曲线是最重要的，但印刷色也受到油墨叠印、油墨透明度、水墨平衡等的影响。创建参考印刷条件特性化数据时和印刷生产时的印刷机、油墨、纸张的这些参数都不一样。

将参考特性化数据和某一参考近中性灰梯尺的预期印刷色度比较对比可以确定每个油墨通道的阶调值调整曲线。近似于上面阶调值校正曲线方法，它们具有对二次变化进行补偿的能力，这就会影响三次色中性梯尺。

当参考特性化数据被用于让参考中性灰梯尺达到很好的灰平衡时，这种方法也就允许用灰平衡来替代阶调值曲线监测印刷工艺。

可以用任意的参考特性化数据通过中性灰梯尺确定需要的阶调值调整曲线。就像前面提到的，如果待匹配的特性化数据用于达到很好的灰平衡，中性灰梯尺的灰平衡块就可以用于基于灰平衡的工艺控制。

不需要时，还是可以很方便地从参考特性化数据或预期的印刷生产中用预定义的 CMY 中性灰集合提前中性灰数据。其中一种梯尺如表 11-6 所示。

印刷设备的评估测试就是要匹配目标色的实地，印刷 ISO 12642-2 或近似的色靶，再进行特性化数据的测量，然后计算中性灰梯尺的色度值。另外，测试版上可以放一个中性灰梯尺，便于直接测量。

有了参考特性化数据和待校正印刷机的特性化数据，很多色彩分析工具可以用来确定待校正的印刷机的阶调值，该阶调值能够匹配目标特性化数据的中性灰梯尺的色度值。

由待校准印刷机的参考特性化数据计算得到近中性灰梯尺的 CIELAB 坐标，其所对应的 CMY 阶调值与目标近中性灰梯尺的 CMY 阶调值之差，就是所需的阶调值校正曲线。黑色有独立的 K 阶调值校正曲线。

表 11-6 中性灰阶调梯尺举例

梯级	阶调值		
	青	品红	黄
1	0.00	0.00	0.00
2	1.96	1.18	1.18
3	3.92	2.75	2.75
4	5.88	4.31	4.31
5	7.84	5.49	5.49
6	10.20	7.45	7.45
7	14.90	10.98	10.98
8	20.00	14.90	14.90
9	25.10	18.82	18.82
10	30.20	23.14	23.14
11	34.90	27.06	27.06
12	40.00	31.37	31.37
13	45.10	35.69	35.69
14	49.80	40.00	40.00
15	54.90	45.10	45.10
16	60.00	50.20	50.20
17	65.10	55.29	55.29
18	69.80	60.39	60.39
19	74.90	65.88	65.88
20	80.00	71.76	71.76
21	85.10	78.04	78.04
22	89.80	84.31	84.31
23	94.90	92.16	92.16
24	98.04	96.86	96.86
25	100.00	100.00	100.00

注：表中的阶调值保留了 2 位小数，因为大多数特性化数据用每通道 8 位二进制数表示，这些值对应于 8 位数据的等间隔量化。由于和中性灰数据联系在一起的色度数据常常由彩色特性化数据计算或插值而来，这尽可能减小了转换误差。

用源于中性灰梯尺的阶调值校正曲线进行的印刷机色彩调整等同于用阶调值方法的色彩校正。它通常通过制版曲线实现，但也可以用特定工作流程中的其他的数字化梯尺完成。

三、CMYK 到 CMYK 多维转换的使用

阶调增加值曲线方法或中性灰校正方法的 CMYK 阶调值校正曲线能够满足大多数场合下的要求。然而，它们都假定各通道之间没有很强的相关性，并且所用的油墨都和待匹配的

参考特性化数据有近似的色彩和透明度。多维色彩转换（比如，ICC device-link 色彩管理文件）就考虑到了印刷色彩（油墨）的四维之间的相互影响。此方法不同于传统的色彩管理。传统的色彩管理方法（例如用 ICC）会用 profile 文件把参考特性化数据转换成 PCS 空间的色度编码，然后再用由印刷生产特性化数据得到的 profile 文件把 PCS 的色度编码转换成 CMYK 数据，这样就会在所使用的印刷机上获得相同的颜色。传统色彩管理的色彩转换见图 11-2。基于 device-link 的色彩转换见图 11-3。

对于印刷色域内的颜色，可以通过不同的 CMYK 阶调值组合再印出相同的颜色。因为印刷任何颜色所用的黑墨量和仅用黑墨（如对于文字、下拉阴影等）的关系在很多的印刷应用中非常重要，传统的色彩管理就不能用了。

一种改进的转换，叫 ICC 色彩管理的 device-link profile，可以把一组 CMYK 直接转换成另一组 CMYK 数据。进行这种转换时，软件算法会保持黑色和其他印刷原色的关系，保持对于印刷适性非常重要的原始颜色的属性。

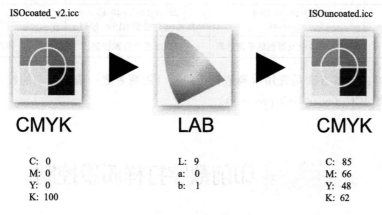

图 11-2　传统色彩管理的色彩转换

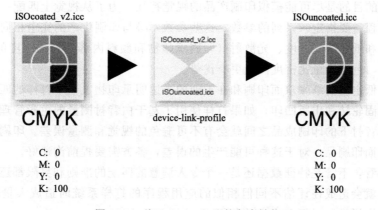

图 11-3　基于 device-link 的色彩转换

四、三种方法的对比

没有明显的要求来说明哪种印刷生产调整方法更好。然而，一般而言，device-link 方法在使用不同于 ISO 2846（所有部分）规定的传统油墨的色料进行的印刷和打样（例如数字印刷）有更广泛的适用性。因为非周期加网的印刷色彩特性和传统特性化数据区别很大，这样就有 device-links 的需求了。

当印刷色料和工艺与创建参考印刷条件的相同时,阶调值曲线的匹配或中性灰梯尺的使用会有最佳的印刷适性,device-links 转换不行。阶调值曲线的匹配和中性灰梯尺使用的选择很大程度上取决于后续印刷操作使用的工艺控制方法的选择,如表 11-7 所示。

表 11-7 三种方法对比

项目	阶调值曲线	中性灰校正	CMYK 到 CMYK 多维转换
油墨	ISO 2846-1	ISO 2846-1	没有指定
承印物	ISO 12647-2	ISO 12647-2	没有指定
三原色	ISO 12647-2	ISO 12647-2	印刷目标
二次色	ISO 12647-2	ISO 12647-2	印刷目标
TVI	CMY:12-16 K:18-22	CMY:12-16 K:18-22	没有指定
灰平衡组合	25-19-19;50-40-40 75-64-64	25-19-19;50-40-40 75-64-64;需要 NPDC 控制	没有指定
灰平衡目标值	根据纸白颜色及黑色的平网计算	根据纸张及阶调控制	印刷目标

有时候最好的调整方法是先用阶调值校正曲线(用两者之一确定预期的校正)然后进行多维转换(例如 ICC device-link profiles)。

第三节 印前数字打样质量控制

印刷打样的目的是尽可能模拟印刷产品的视觉特征。为了从视觉上匹配一个特定的印刷条件,打样过程需要指定一系列的参数,这些参数不必与印刷生产的完全相同。这种差异是由颜料的光谱和纸张的光泽度、光散射(印刷承印物和颜料内部)和透明度的不同引起的。在这种情况下,色度测量比密度测量更有优势。

另外,在低定量的纸张双面印刷和在近似的半透明承印物上数字打样的匹配问题,例如经常用到的热固轮转和出版凹印,如果打样使用了基于白背衬测量的色彩管理,那么这张打样稿与放在黑背衬下的印刷成品之间就会有不可避免的视觉和测量误差。印刷中多用黑背衬用于透明的双面印刷品。对于这种可能产生的误差,各方需要提前沟通好。

从历史来看,不管是特征数据还是一个令人满意的匹配的准则和界限都还没有一个一致性的方法。这就会造成在评估不同但相似的应用程序的打样系统时造成大量的冗余和不一致,在工业上也增加了时间和成本的负担。

一、打样的基本要求

随着 CIEDE2000 色差公式 ΔE_{00} 在工业应用中的逐步普及,在新的 ISO 标准中也渐渐趋向于采用该公式,但是在传统上都在采用 CIELAB 色差公式 ΔE_{ab}^*,研究表明在整个颜色空间中,ΔE_{ab}^* 和 ΔE_{00} 没有简单的相关性。

数码打样系统要能接收由 ISO 15930 定义的 PDF/X 文件和 ISO 12639 定义的 TIFF/IT 文件。使用 TIFF/IT 文件，颜色信息包含在 ISO 12639 定义的 34675 和 34029 标签中。PDF/X 需要指定的印刷条件。如果印刷条件包含在 ICC（the international color consortium）的特征注册表中，并且数据是青-品-黄-黑格式（CMYK），ICC 注册表中使用的名称就可以用来代替 ICC 输出的 profile 文件。如果印刷条件没有包含在注册表中，PDF/X 要求必须包括 ICC 输出特征文件。如果数据不是 CMYK 格式，那么要求用 ICC 输入特征文件或其他方式对数据进行色度定义，ICC CMYK 输出特征文件也包含其中。在输出特征文件中使用的色彩映射意图要表示出来。

半色调打样要与待模拟的印刷有相同的加网线数，容差在 $\pm 3 cm^{-1}$ 以内，要有相同的加网角度（容差 $\pm 3°$），要有相同的网点形状。半色调打样时，加网频率、加网角度或网点形状和待模拟的印刷有差异时，一定要进行说明。

二、打样承印物的颜色和光泽度

理想情况下，数码打样承印物应该与印刷生产中使用的承印物相同。但这种可能性不大，因此，打样承印物就必须满足以下条件：

① 印刷承印物和打样承印物在光泽度上大体都应该处于相同的无光泽、亚光或高光泽等级。无光泽打样承印物不能用于光泽印刷承印物的打样，同样，光泽打样承印物不能用于无光泽印刷承印物的打样。承印材料或单色实地油墨的光泽度在 75°入射角（ISO 8254-1）时，小于等于 20 为无光泽，20～60 为亚光，大于 60 为高光泽；60°测量时（ISO 2813），小于等于 5 为无光泽，5～20 为亚光，大于 20 为高光泽。

② 未打样的承印物的白点必须和待印刷承印物的色度匹配，误差在 $3.0\Delta E_{00}$ 以内。为了保证白点的匹配，打样承印物的 CIE L^* 值应该要高于被模拟的印刷承印物的值。

③ 打样承印物的荧光等级应该和生产用的纸张一致。荧光等级分为四级，弱、低、中、高，必须按照 ISO 15397：2014 5.12 的测试程序进行分级。可以按照 ISO 15397 的规定进行荧光计算，计算时要按照 ISO 2470-2 的规定分别测量包含 UV 和不包含 UV（UVex）的 D65 的明度，然后计算 UV/UVex 的比例（详见 ISO 15397）。一般荧光分为弱、低、中、高，在实际中，还有一类是未添加荧光增白剂（OBA），在这种情况下，弱荧光一类就分为无 OBA 和弱荧光。表 11-8 是荧光种类及各自的范围。

表 11-8　荧光种类及其范围

分类名称	范围
不含 OBA	0≤不含 OBA≤1
弱	1＜弱≤4
低	4＜低≤8
中	8＜中≤14
高	14＜高≤25

三、印刷出来的颜色

原色的实地的 LAB 值应该与数据给出的待模拟的印刷条件下的目标色度值一致，色差

在 $3.0\Delta E_{00}$ 之内。CMY 的 CIELAB 色相差不超过 2.5。

为了检查均匀性，做三张样张，每一个用淡色满版印刷，CMYK 的阶调值组合分别为 (65%、50%、50%、50%)、(40%、30%、30%、30%)、(20%、15%、15%、15%)。整个样张上的颜色变化受到 9 个平均分布的测试块的颜色的限制，在原始状态下印刷，且必须满足：L^*、a^* 和 b^* 的标准偏差要小于 0.5，任何一个点与平均值的色差量最大为 $2\Delta E_{00}$。

为了进行测试，在每一个打样样张上都要用待模拟的印刷条件输出意图印一个 CMYK 测控条。测控条要包含下面的元素，同时要把色块的总数量控制在合理范围内。为了和特征数据兼容，应该从 ISO 12642-2 中挑选尽可能多的油墨组合色块作为控制块。选择色块时要包含以下控制色块内容：

    a. 原色和它们的二次色 C、M、Y、R、G、B 的实地（6个）；
    b. 原色和它们的二次色 C、M、Y、R、G、B 的中间调和暗调（12个）；
    c. 黑（K）半色调梯尺，至少 6 级，含实地；
    d. CMY 叠印的半色调梯尺和 c 中的色块的颜色尽可能一致；
    e. 选择一些关键性的三次色，如肤色、褐色、紫红色、紫色（如 15 个）；
    f. 模拟实际承印物的颜色（1个）；
    g. 用到的专色的实地。

测控条的容差见表 11-9。

表 11-9　控制色块的容差

控制块描述	容差
除专色外的所有色块	最大 $\Delta E_{00} \leqslant 5.0$ 平均 $\Delta E_{00} \leqslant 2.5$
CMY 的叠印色块，主要用于在常规条件下替代灰梯尺，至少包含五个色块，且在整个阶调范围内均匀分布	最大 $\Delta C_h \leqslant 3.5$ 平均 $\Delta C_h \leqslant 2.0$
ISO 12642-2 所有控制块	平均 $\Delta E_{00} \leqslant 2.5$ 95 百分位 $\Delta E_{00} \leqslant 5.0$
所有实地专色	最大 $\Delta E_{00} \leqslant 2.5$

为了模拟印刷承印物，需要在打样承印物上进行叠印，叠印后的打样承印物和实际的印刷承印物的色差要小于等于 $3\Delta E_{00}$。

容差是指打样值和待模拟的印刷条件特性化数据之间的偏差；由于模型间较差的一致性，小于 2.5 的容差的规定并不实用，然而，如果用同一个仪器进行相关的测量，容差值建议减半。如果最终的打样稿要进行表面整饰，最终的颜色可能和未进行表面整饰的差异很大。在这种情况下，需要一个新的打样或模拟 profile，或进行一些调整。在印刷承印物上，专色实地块应当用实地专色墨的 CIELAB 标注清楚。没有通用的办法来表征专色半色调颜色，所以专色半色调的目标值和容差的表征必须用单独的协议来约定，比如，用实际的参考样本。

四、其他要求

ISO 12642-2 的 226 个超色域色块必须要打样，这些色块实际值和目标值的色差不能超过 $2.5\Delta E_{00}$。打样机支持多个印刷条件时，这个测试就会保证打样机的色域足够大，以满足所有的印刷条件。打样时必须包括待模拟专色的实地和一组代表性的半色调，条件允许的话至少包括 50%。这些色块实际值和目标值的色差不能超过 $2.5\Delta E_{00}$。

要准备四份测试版的打样稿，样张要包括未印刷部分、原色及二次色色块，包括实地及中间调。还必须包括打样系统的所有的墨水色的组合，可能不止四种颜色。四份打样稿要在黑房子中保持至少 24h 的印刷稳定期，保持条件满足 ISO 187（温度 23℃±1℃，相对湿度 50%±2%RH）。四份打样稿分别满足以下条件：

  a. 24h，温度 25℃±1℃，相对湿度 25%±2%，暗室保存；
  b. 24h，温度 40℃±1℃，相对湿度 80%±2%，暗室保存；
  c. 一周，温度 40℃±1℃，相对湿度 10%±2%，暗室保存；
  d. 用氙灯加滤镜进行耐光性测试，使用相当于 ISO 12040 规定的蓝色羊毛试验的耐光等级为 3。用蓝色羊毛样本 3（酸性蓝 83）的衰退来检测测试情况。

对于每一次处理，处理前后承印物和测试版上的所有色块的最大色差不能超过 $2.5\Delta E_{00}$，最好不要超过 $2.0\Delta E_{00}$，对于无光泽承印物，容差可以放大到 $4.0\Delta E_{00}$。粗糙表面的印刷品一般更容易褪色，但在某些情况下，有一个类似于生产印刷品的表面比耐光打样更重要，因此要减少容差，以便更好地在粗糙表面上打样。

打样样张原色、二次色和原色中间调一到两天的颜色变化不能超过 $2.0\Delta E_{00}$，如果有必要，进行重新校准。测量色块时应该用同一仪器，在样张上相同的位置测量，仪器要经过预热，如果有必要，还要进行校正。

在 ISO 3664 规定的 ISO 标准观察条件 P1 下，用 ISO 12640-1 的图像 S6 在阶调复制范围内不能有明显的视觉阶梯，如图 11-4 所示。

任何两个印刷色图像中心最大偏差不应超过 0.05mm。打样的分辨率能保证 CMY 阳图，没有衬线的 2 点字体，阳图 8 点字体及 2 点的阳线可以复制。使用 ISO 12640-1 的分辨率测试图像 S2 和 S3，如图 11-5 所示。上面的要求不能适用于粗糙的或机械性能不稳的承印物。比如新闻纸，也不能用于容差大于 0.05mm 的情况。

图 11-4 ISO 12640-1 的图像 S6
（见文后彩插）

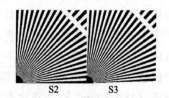

图 11-5 ISO 12640-1 的分辨率测试图像

为了便于阅读，在测试样张上必须提供下面的信息：文件名、数字打样系名称、承印材料类型、待模拟的印刷条件、生产日期和时间、测量条件 M0、M1 或 M2。

还可以包括：色料类型、使用的色彩管理 profile 文件、RIP 名称和版本、梯尺（如果用到）、涂布类型（如果用到或者需要模拟）、最后的校正日期和时间、任何特殊数据处理的细节、纸张/结构模拟的类型，比如噪声或图案（如果需要）。

当用 PDF／X 文件打样时，页边信息必须包括文件名和文件的最后修改日期和时间，应包括文件 ID。当包含了文档 ID 时，要印成两个 16 进制字符串，为了便于识别，每个字符串的最后五位数字应突出显示。

第四节　ISO 12647-2的印刷质量控制

到目前为止，ISO 12647-2 依然是胶印领域主要的印刷质量控制标准，1996 年，ISO 12647-2 的颁布可以被看作是四色商业印刷标准化进程中的一个重要里程碑。至此，印刷工艺流程中的主要参数首次在国际范围内得到认同。这些工艺参数主要包括：承印物、印刷油墨、印刷色序和加网信息。由于这些参数直接关系到印刷图像的最终视觉效果，因此成了描述和定义印刷条件的重要元素。2004 年，ISO 12647-2 得到修订，该修订版本主要更新了实地颜色标准值，例如 CMYK 基本色和 RGB 二次色的 CIELAB 数值。

最新的 ISO 12647-2：2013 版本，即第三版将完全取代第二版，并且与之前相比，扩大了修订的范围。主要的修订包括印刷纸张类型的全新定义、油墨颜色标准（CD：色度描述）的重新定义、阶调增加值（TVI）曲线的全新定义、颜色测量条件以及色差公式的更新定义、灰色复制的目标值定义。

一、一般的技术要求

数字文件在传送给印刷的时候必须要有数字打样样张、在机打样样张或上次印刷的 OK 样。用于印刷的数据必须是 CMYK 或者三通道颜色格式，必须使用 PDF/X，必须明确所使用的印刷条件。使用 PDF/X 时必须使用规定的数据格式，使用其他的格式时，印刷条件描述、特征数据集、或 ICC profile 必须要有。如果不是 CMYK 颜色描述，必须使用 ICC profile 或其他方式的色彩描述进行定义，同时要含有 ICC CMYK 输出 profile。映射意图要必不可少。如果提供的特性化数据或 ICC 输出 profile 和本标准提供的印刷条件冲突，必须用 ISO/TS 10128 中规定的其中一种方法在印刷生产前进行数据转换。如果各方一致，通过特性化数据就可以完成过程控制的目标。如果是这样，密度阶调值就作用不大，应该用色度阶调值。更多的关于密度阶调值和色度阶调值的信息可以参见 ISO/TS10128。

制版机分辨率的选择要能保证不低于 150 级阶调的复制。

对于四色印刷，加网线数（周期加网）应该在 48～80cm^{-1} 之间。推荐的标准网线数为：涂布纸（48～80cm^{-1}）、非涂布纸（48～70cm^{-1}）。

四色非周期性加网网点大小应在 20～40μm。推荐的网点尺寸为：涂布纸（20～30μm），非涂布纸（30μm～40μm）。

无主轴的网点，青、品红和黑版的网线角度差应是 30°，黄版与其他色版的网线角度差应是 15°，主色版的网线角度应是 45°。有主轴的网点，青、品红和黑版的网线角度差应是

60°，黄版与其他色版的网线角度差应是 15°，主色版的网线角度应是 45°或 135°。

对于周期性加网，应使用圆形、方形和椭圆形网点。对于有主轴的网点，第一次连接应发生在不低于 40%的阶调值处，第二次连接应发生在不高于 60%的阶调值处。

单张纸涂布纸印刷的阶调值总和不得超过 350%，最好小于 330%；热固卷筒纸印刷阶调值总和不得超过 300%。其他承印材料，单张纸印刷不得超过 300%，热固卷筒纸印刷不得超过 270%。能产生视觉中性灰的青品黄的阶调值应根据标准印刷条件或实际印刷条件或相关的 profile 文件计算出来，遵循公式(4-10)。

二、打样和印刷的技术要求

1. 8 种印刷条件

单张纸印刷和卷筒纸印刷的印刷条件必须包含了承印材料、颜色、加网、油墨和色序的描述，如表 11-10 所示。

表 11-10 典型承印材料的标准印刷条件

印刷条件	承印材料	成色材料	加网			
			周期性加网		非周期性加网	
			TVI 曲线	加网线数/cm^{-1}	TVI 曲线	网点尺寸/μm
PC1	PS1	CD1	A	60~80	E	20(25)
PC2	PS2	CD2	B	48~70	E	25
PC3	PS3	CD3	B	48~60	E	30
PC4	PS4	CD4	B	48~60	E	30
PC5	PS5	CD5	C	52~70	E	30(35)
PC6	PS6	CD6	B	48~60	E	35
PC7	PS7	CD7	C	48~60	E	35
PC8	PS8	CD8	C	48~60	E	35

标准印刷条件如表 11-10 所示。标准中所有的印刷条件油墨都符合 ISO 2846-1，印刷色序都是黑青品黄。

基于常用印刷承印材料、不同的印刷色序、不同的油墨的其他的印刷条件应当遵循标准的方案及以下条款：必须规定印刷承印物和颜色的组合（表 11-11、表 11-13、表 11-14）、加网、TVI 曲线（表 11-17、图 11-8）。

标准印刷条件常常通过从一个或多个印刷机搜集色彩管理数据（尽可能平滑和平均）来特性化，这些印刷机都会被精心设置为给定的印刷条件。这些测量数据及描述特性化条件的元数据就是特性化数据集。当特性化数据用于描述本标准的印刷条件时，该印刷条件的印刷承印材料、颜色、加网、油墨和印刷色序必须被清晰地描述出来。

2. 承印物的颜色

打样承印物应当和印刷的一样。如果若有困难，应尽可能选用光泽度、颜色、表面特性（涂料或非涂料，压光等）、单位面积克重等方面与生产承印物接近的承印物。

对于评估在机印刷打样和印刷生产的承印材料，用表 11-11 的指标，各种纸张的示例如表 11-12 所示。

表 11-11 承印材料的 CIELAB 色度坐标、定量和 CIE 白度

特征	纸张类型											
	PS1			PS2			PS3			PS4		
表面类型	高级涂布纸			改进涂布纸			标准光泽涂布纸			标准哑光涂布纸		
定量①/(g/m²)	80~250(115)			51~80(70)			48~70(51)			51~65(54)		
CIE 白度②	105~135			90~105			60~90			75~90		
光泽度③	10~80			25~65			60~80			7~35		
颜色④	坐标			坐标			坐标			坐标		
	L^*	a^*	b^*	L^*	a^*	b^*	L^*	a^*	b^*	L^*	a^*	b^*
白背衬	95	1	−4	93	0	−1	90	0	1	91	0	1
黑背衬	93	1	−5	90	0	−2	87	0	0	88	0	−1
允差	±3	±2	±4	±3	±2	±2	±3	±2	±2	±3	±2	±2
荧光⑤	中等			低			低			低		
特征	纸张类型											
	PS5			PS6			PS7			PS8		
表面类型	化学浆非涂布纸			超级压光非涂布纸			改进非涂布纸			标准非涂布纸		
定量①/(g/m²)	70~250(120)			38~60(56)			40~56(49)			40~52(45)		
CIE 白度②	140~175			45~85			40~80			35~60		
光泽度③	5~15			30~55			10~35			5~10		
颜色④	坐标			坐标			坐标			坐标		
	L^*	a^*	b^*	L^*	a^*	b^*	L^*	a^*	b^*	L^*	a^*	b^*
白背衬	95	1	−4	90	0	3	89	0	3	85	1	5
黑背衬	92	1	−5	87	0	2	86	−1	2	82	0	3
允差	±3	±2	±3	±3	±2	±2	±3	±2	±2	±3	±2	±2
荧光⑤	高			低			微弱			微弱		

① 括号中的值符合表中各自的色度坐标。
② 白度测量遵循 ISO11475 标准，户外照明条件。注意这单个点的测量值是基于 D65 的（不同于其他变量）。D50 是印刷标准的观察条件。白度值仅用于指导，有无强制性？
③ 测量遵循 ISO 8254-1、TAPPI 标准。
④ 测量遵循 ISO 13655，D50 照明体、2°观察者、0°∶45°或 45°∶0°几何条件，M1 测量条件。
⑤ 典型的 D65UV/Uvex 亮度差要根据 ISO 2470-2 以及按照 ISO 15397 的推荐进行评价。这表明了根据 ISO 3664 的 D50 标准照明条件印刷品相当于打样样张的蓝漂移敏感性。通常的荧光性表示是：微弱（0~4）、低（4~8）、中等（8~14）、高（14~25）。

典型的纸张特征在表 11-11 中给出，为了对给定的纸张类型匹配最接近的印刷条件，比较所用纸张和表中的参数，选择最接近的承印物。这保证了相应颜色和视觉外貌的快速的匹配。

如果印刷生产用的纸张和表 11-11 中目标值不同，不用进行新的特性化；在这种情况下，用表 11-11 中的指标把承印物描述清楚，推荐使用一个相对应的特性化数据。

表 11-12 典型的涂布纸和非涂布纸举例

项目	纸张类型			
	PS1	PS2	PS3	PS4
表面类型	高级涂布纸	改进涂布纸	标准光泽涂布纸	标准哑光涂布纸
典型工艺	单张纸胶印 热固轮转胶印	热固轮转胶印	热固轮转胶印	热固轮转胶印
典型纸张	化学浆涂布纸,光泽、哑光、无光泽(WFC) 高中定量涂布纸(HWC、MWC)	中等定量涂布纸(MWC) 轻涂纸(LWC 改进型)	轻涂纸,光泽和半光泽(LWC)	机内涂布纸(MFC) 轻涂纸、半哑光(LWC)

项目	纸张类型			
	PS5	PS6	PS7	PS8
表面类型	化学浆非涂布纸	超级压光非涂布纸	改进非涂布纸	标准非涂布纸
典型工艺	单张纸胶印 热固轮转胶印	热固轮转胶印	热固轮转胶印	热固轮转胶印
典型纸张	胶版纸、化学浆非涂布纸(WFU)	超级压光纸(SC-A、SC-B)	未涂布机械浆改进型(UMI) 改进型新闻纸(INP)	标准新闻纸(SNP)

3. 油墨颜色

对于前面规定的纸张,样张上印刷原色、二次和三次叠印色(不含黑)实地色块的 CIELAB 色度值必须符合表 11-13 和表 11-14 白背衬目标值,最好符合黑背衬目标值,允许色差值见表 11-15。

表 11-13 色序青品黄时的颜色 CIELAB 色度值

特征		呈色材料										
		CD1			CD2			CD3			CD4		
		高级涂布纸			改进涂布纸			标准光泽涂布纸			标准哑光涂布纸		
		坐标			坐标			坐标			坐标		
颜色		L^*	a^*	b^*	L^*	a^*	b^*	L^*	a^*	b^*	L^*	a^*	b^*
黑	WB	16	0	0	20	1	2	20	1	2	24	1	2
	BB	16	0	0	20	1	2	19	1	2	23	1	2
青	WB	56	−36	−51	58	−37	−46	55	−36	−43	56	−33	−42
	BB	55	−35	−51	56	−36	−45	53	−35	−42	54	−32	−42
品	WB	48	75	−4	48	73	−6	46	70	−3	48	68	−1
	BB	47	73	−4	47	71	−7	45	68	−4	46	65	−2
黄	WB	89	−4	93	87	−3	90	84	−2	89	85	−2	83
	BB	87	−4	91	84	−3	87	81	−2	86	82	−2	80
红	WB	48	68	47	48	66	45	47	64	45	47	63	41
	BB	46	67	45	47	64	43	45	62	43	46	61	39
绿	WB	50	−65	26	51	−59	27	49	−56	28	50	−53	26
	BB	49	−63	25	49	−57	26	48	−54	27	49	−51	24
蓝	WB	25	20	−46	28	16	−46	27	15	−42	28	16	−38
	BB	24	20	−45	27	15	−45	26	14	−41	27	15	−38
三色黑	WB	23	0	−1	28	−4	−1	27	−3	0	27	0	−2
	BB	23	0	−1	27	−4	−1	26	−3	0	26	0	−2

注:测量应遵循 ISO 13655,D50 照明体、2°观察者、0°:45°或 45°:0°几何条件,M1 测量条件。白背衬和黑背衬的值都是测量的干燥样张。

表 11-14 色序青品黄时的颜色 CIELAB 色度值

特征		呈色材料									
		CD5			CD6			CD7			CD8		
		化学浆非涂布纸			超级压光非涂布纸			改进非涂布纸			标准非涂布纸		
		坐标			坐标			坐标			坐标		
颜色		L^*	a^*	b^*	L^*	a^*	b^*	L^*	a^*	b^*	L^*	a^*	b^*
黑	WB	33	1	1	23	1	2	32	1	3	30	1	2
	BB	32	1	1	22	1	2	31	1	3	28	1	2
青	WB	60	−25	−44	56	−36	−40	59	−29	−35	54	−26	−31
	BB	58	−24	−44	54	−35	−40	57	−29	−35	52	−26	−31
品	WB	55	60	−2	48	67	−4	53	59	−1	51	55	1
	BB	53	58	−3	46	65	−4	51	56	−2	50	52	−1
黄	WB	89	−3	76	84	0	86	83	−1	73	79	0	70
	BB	86	−3	73	81	0	83	80	−2	70	76	0	67
红	WB	53	56	27	47	63	40	51	57	31	48	53	31
	BB	51	55	25	46	61	38	49	54	29	47	51	29
绿	WB	53	−43	14	49	−53	25	51	−43	18	47	−38	20
	BB	52	−41	13	48	−52	24	51	−43	17	46	−37	18
蓝	WB	39	9	−30	28	13	−41	37	8	−31	36	9	−25
	BB	37	9	−30	27	12	−40	36	7	−30	34	9	−26
三色黑	WB	35	0	−3	27	−1	−3	34	−3	−5	33	−1	0
	BB	34	0	−3	26	−1	−4	33	−3	−5	31	−2	0

注：测量应遵循 ISO 13655、D50 照明体、2°观察者、0°：45°或 45°：0°几何条件，M1 测量条件。白背衬和黑背衬的值都是测量的干燥样张。

表 11-13 中的颜色在 CIE ab 平面的投影见图 11-6。

表 11-14 中的颜色在 CIE ab 平面的投影见图 11-7。

生产中 OK 样实地色的偏差受到严格限制，打样稿和 OK 样的色差不能超过表 11-17 中的偏差。如果没有提供打样稿、ICC 文件或数据集，表 11-15 和表 11-16 中的值就作为目标。

印刷中实地的允差收到如下限制：对 68% 的印刷品而言，印刷品和 OK 样的色差不能超出表 11-15 的有关规定。

表 11-15 印刷色实地的 ΔE_{ab}^* 的容差

原色	偏差		允差		
	OK 样		印张		
黑	5	5	4	4	—
青	5	3.5	4	2.8	3
品	5	3.5	4	2.8	3
黄	5	3.5	5	3.5	3

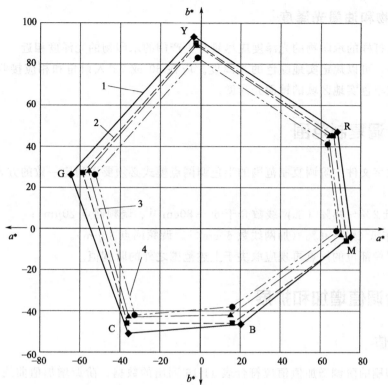

图 11-6　表 11-13 中的颜色在 CIE ab 平面的投影
1—CD1；2—CD2；3—CD3；4—CD4

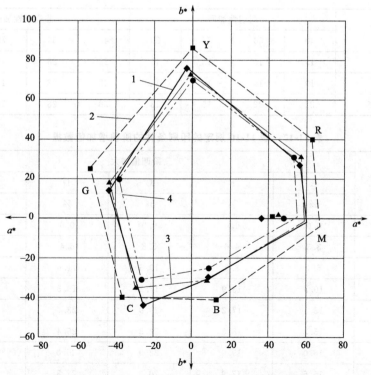

图 11-7　表 11-14 中的颜色在 CIE ab 平面的投影
1—CD5；2—CD6；3—CD7；4—CD8

4. 承印物和油墨光泽度

用于在机打样的承印物的光泽度应尽量与生产用的承印物的光泽度相近。

如有必要，可以规定实地颜色的光泽度。应在 60°或 75°入射角和相应接收角的条件下测量承印物或单色实地区域的镜面光泽度。

三、阶调复制范围

下面的数字文件中阶调复制范围的半色调网点模式必须要以稳定一致的方式转移到印刷品上：

a. 涂布纸 2%～98%（加网线数介于 60～80cm^{-1}、调频网点 20μm）；

b. 非涂布纸 4%～96%（加网线数 60cm^{-1}、调频网点 30μm）。

非主体图像部位的网点再现应取决于上述范围之外的阶调值。

四、阶调值增加和扩展

1. 目标值

打样和印刷的阶调增加值值应符合表 11-16 列出的数据，阶调增加值曲线，见图 11-8。校正时用表 11-17 列出的数据。

表 11-16　控制条上控制块的阶调增加值　　　　　　　　单位：%

印刷条件	周期性加网				非周期性加网			
	40	50	75	80	40	50	75	80
PC1	15	16	13	11	28	28	18	15
PC2、PC3、PC4	19	19	14	12	28	28	18	15
PC5、PC6、PC7、PC8	22	22	15	13	28	28	18	15

表 11-17　表 11-10 规定的印刷条件的阶调增加值数据

阶调值 /%	阶调值增大				
	A	B	C	D	E
	%	%	%	%	%
0	0.0	0.0	0.0	0.0	0.0
5	3.3	4.6	5.8	6.4	6.8
10	6.1	8.3	10.6	11.6	12.6
20	10.5	13.9	17.2	19.3	21.2
30	13.5	17.2	20.9	23.7	26.4
40	15.3	18.8	22.3	25.4	28.5
50	16.0	19.0	22.0	25.0	28.0
60	15.6	17.9	20.7	22.8	25.3
70	14.0	15.7	17.4	19.1	20.7

续表

阶调值/%	阶调值增大				
	A	B	C	D	E
	%	%	%	%	%
80	11.0	12.1	13.2	14.0	14.7
90	6.5	7.0	7.5	7.7	7.7
95	3.5	3.8	4.0	4.0	3.9
100	0.0	0.0	0.0	0.0	0.0

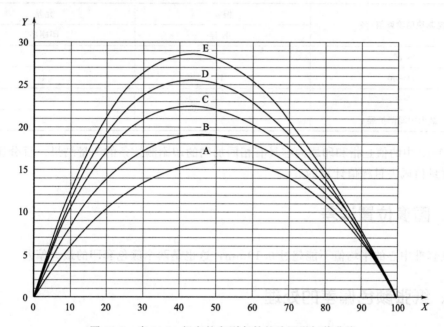

图 11-8　表 11-10 规定的印刷条件的阶调增加值曲线

在实践中，通常在测控条上中间调用 40% 或 50% 表示，暗调用 75% 或 80% 表示。测控条上 50% 的测控块的阶调增加值用整数值。

对于过程校正和控制，有时需要计算其他的阶调值和阶调增加值。图 11-8 和表 11-18 给出了四次多项式函数。

$$\text{TVI}(x) = 100(ax^4 + bx^3 + cx^2 + dx) \tag{11-3}$$

式中　　TVI——阶调增加值；

a、b、c、d——多项式系数；

x——归一化到 0~1 的阶调值，$x = \text{TV}/100$；

TV——阶调值，%，0~100。

表 11-18 为多项式系数。

2. 误差和中间调扩展容差

OK 样相对于目标值的中间调阶调值增大和中间调扩展的允差应不超过表 11-19 的规定。

在印刷生产中，至少 68% 的印刷品和 OK 样之间的允差不应超过表 11-19 中的规定。

印刷生产样本的 68% 的印刷品的中间调扩展不应超过表 11-19 中的规定。

表 11-18 图 11-8 中阶调增加值曲线的多项式系数

多项式系数	阶调增加值曲线				
	A	B	C	D	E
a	−0.3650	−0.5877	−0.7854	−0.4441	−0.0438
b	0.673	1.3575	1.9934	1.4386	0.7664
c	−1.0108	−1.7678	−2.4956	−2.3805	−2.1929
d	0.7029	0.998	1.2876	1.3860	1.4703

表 11-19 阶调增加值容差和最大中间调扩展

控制块的阶调值/%	偏差 OK 样	允差 印刷品
<30	3	3
30～60	4	4
>60	3	3
最大中间调扩展	5	5

表 11-19 中的值是指和印刷内容具有相同加网的印刷测控条的测量结果。百分比的容差是通过测量值减去目标值计算的。

五、图像位置误差

颜色套准中心的平均值不能超过 0.10mm，这也是两个颜色套印的最大偏差。

六、纸张颜色偏差的处理

在一些情况下，印刷用的纸张不可能和参考纸张严格匹配，这就有必要调整印刷的目标值。目前还没有可靠的方法确定这种调整是必须的，也对这种调整方法没有达成一致意见。纸张颜色很小时，不用调整，目标值和允差不用修改。如果偏差很大，就有必要调整。

如果有必要，承印材料的校正要应用到表 11-11、表 11-13、表 11-14，这些校正数据要用到过程控制中。印刷容差不用改。

一种生成新的结果的方法就是，在两种承印材料上印刷相同的图像（色块），测量它们的 CIE X、CIE Y、CIE Z，并分别画出对应的曲线，如果匹配得好，就应该是直线。这大体上是线性转换。

对于 CIE X：

$$X_2 = X_1(1+C) - X_{\min}C \tag{11-4}$$

$$C = (X_{S_2} - X_{S_1})/(X_{S_1} - X_{\min}) \tag{11-5}$$

式中 X_1——承印材料 1 上色块的 X 测量值；

X_2——承印材料 2 上相同色块的 X 估计值；

C——常数；

X_{S_1}——承印材料 1 上 X 测量值；

X_{S_2}——承印材料 2 上 X 测量值；

X_{min}——承印材料 1 上所有色块的 X 的最小值。

CIE Y、CIE Z 同理计算，这样也就可以计算出 CIE L^*、a^* 和 b^*。
这种转换方法也叫三刺激值转换法。

第五节 跨技术的印刷数字化数据

　　油墨、承印物、印刷工艺之间相互制约着印刷实地所能复制的最大色域，从而也限制了特定组合下所能得到的色彩范围（色域）。常规的油墨色料能够用于所有的传统油墨工艺中。而半色调和喷墨系统则相对于传统油墨工艺有着不同的色彩限制，其只是倾向于模拟传统印刷油墨目标，而在实际中则被视为传统油墨工艺的变种。特性化印刷参考条件的色域可以按照不同工艺从新闻纸上的冷固印刷到高光涂布纸上的印刷进行分类。基于这些限制，工艺与承印物之间的组合存在明显的重叠。中间特性化参考印刷条件的数量是逻辑上用于定义印刷相对于目标特性化参考印刷条件的最大和最小容差函数。另外，中间的特性化参考印刷条件同时也代表着常用的印刷方式，并作为决定性因素来确定 ISO/PAS 15339-2 中列出的特性化参考印刷条件（characterized reference printing condition，CRPC）。另外，ISO/PAS 15339-2 中的特性化参考印刷条件 7 包含了超出特性化参考印刷条件所能呈现色域的广色域交换情况，因此单独作为广色域的参考文件。

　　每一特性化参考印刷条件都需要一组色彩特性化数据集。ISO/PAS 15339 的目的在于提供一组可用于所有印刷工艺的参考数据，这些数据可能并不是典型的 TVI 或叠印率等于印刷工艺直接相关的参数。而所选择的参数需要能够代表所有可能使用的潜在工艺，例如虚拟印刷系统上生成的模拟打印。

　　数字数据不仅可以是编码后的分色 CMYK 信息，也可以由用于定义印刷样张目标色彩的补充信息（ICC 特性文件等）的未分隔数据（通常在 RGB 色彩空间中）构成。这些未分隔数据加上相关的补充数据通常被称作"虚拟 CMYK"数据。所有按照 PDF/X 任一规范编码的数据（ISO 15930 部分）都允许包含必要的用于识别目标特性参考印刷条件的元数据。

　　印刷承印物的色彩对于印刷图片的外观至关重要（它类似于印刷的第五种颜色）。由于目前荧光增白剂（OBA）的广泛使用，承印物的色彩通过它在 D50 光源下的反射外观来进行定义（见 ISO 3664）。对于半色调图片，承印物的本身色彩主要会影响到油墨未覆盖的区域。ISO 13655 提供了一种相对合理的方法用于调整因承印物色彩变化后测量的半色调特性化数据的三刺激值。ISO/PAS 15339 标准的前提是基于色彩特性化数据可以根据多种常用承印物的色彩进行调整（微调），而且因承印物色彩差异进行的修改并不需要另行定义不同的特性化参考印刷条件。

　　尽管密度、阶调增加值（TVI）、灰平衡等对于印刷和出版行业都是重要的控制手段，但在 ISO/PAS 15339-1 中，它们被认为是过程控制的一种手段而并不是印刷定义。在发展参考色彩特性化数据时需要将其考虑进去，并且作为本地化推行过程控制的一部分。

　　现代的特性化数据和文件评估工具能够识别彩色实地，单个彩色阶调色块，以及中性灰阶的 CMY 值（非彩色）。从色彩特性化数据得到值，而非预设值，作为印刷过程的控制目标更能够符合特定的特性化参考印刷条件。

一、技术要求

1. 原则和假设

主要原则依据于每种印刷工艺都可以通过调整色彩数据内容从而达到指定的色域,进而复制出所指定参考色彩特性化数据色域范围内的图像。印刷目标是与工艺无关。

而另一个原则就是过程控制的目标和手段应该基于(或脱胎于)所选择的参考色彩特性化数据,而非先验假设。许多类似于阶调增加值、灰平衡等用于过程控制的参数在作为参考的色彩特性化数据中都可追溯到。初始设置过程中也可以使用内部标准,但这一标准的使用必须基于色彩特性化数据目标与实际印刷系统的色彩特性数据差异巨大的前提下。

一些不同的特性化参考印刷条件(具有不同色域)可能需要一些相似的特性(例如阶调值),而这些特性也需要建立在特性化参考印刷条件的色彩特性数据中。特性化参考印刷条件及其相关的色彩特性数据,可以被认为是一个虚拟的印刷系统,因此特性化数据可以从数据上进行修改优化得到更平滑,均匀及其他优良特性的完美复制。

能够取得完美复制的关键在于用于印刷系统的特性化数据与参考色彩特性化数据具有一致的色域,且足以完成必要的调整。

2. 数据编码

在没有其他协议之前,电子色彩内容数据目前作为复制准备、活件分配、打样以及印刷的中间存储和交换媒介,其编码方式应按照 ISO 15930 要求。其他任何偏差,例如按照 ISO 12639 编码或其他格式,都应提前就各部门达成一致,并且在未提供作为参考的特性化文件时必须包含目标状态的参考特性化数据通信。

3. 数据准备

所有印刷元素都需作为设备代码值或定义的色度数据。但是两种类型的数据如果以印刷元素的形式出现,则需要作为单独的特性化参考印刷条件。这一状态需要以 PDF/X 形式输出内容,便于 ISO 15930 中定义的交换,或是以其他共同商定的方式进行沟通。

4. 特性化参考印刷条件和色彩特性化数据

如果代替的印刷工艺使用的色料并不符合特性化数据集的色度值,则色度值可以通过现有色料结合来进行模拟,假定这些色料形成的色域能够包含所选择的特性参考印刷条件。为了方便起见,ISO/PAS 15339 仍旧以单色实地,二次叠印色等作为替代印刷系统下现有色料结合模拟的目标值。

所有色度测量需符合 ISO 13655M1 白色衬底。承印物应不包含荧光增白剂,如果 M1 数据与 M0 一致,则 M0 数据可以替代 M1 数据使用。如果没有办法测量 M1 数据,则可以将 M0 数据转化为 M1 数据使用。

测量状态以及关于 ISO/PAS 15339CRPCs(ISO/PAS 15339-2 及未来部分)提供的所有色度数据的解释都应以按出现这些数据的 ISO/PAS 15339 进行定义。

ISO/PAS 15339-2 中列出的参考特性化状态是介于邻近两种印刷状态之间的,其印刷工艺和承印物色度均可通用。希望可以通过仅调整承印物色度就可以让单一的特性化参考印刷条件满足较大范围的需要，并独立于使用的印刷工艺。

5. 特性化参考印刷条件的选择标准

可以预计印刷行业（在油墨和纸张协会的支持下）会开始建立支持大多数特性化参考印刷条件的承印物类型和印刷工艺的分类标准。同样的内容可以应用于多种工艺或多种承印物的情况中，并根据不同需要来选择色域。如果仅有一种承印物和印刷系统参与，则通常选择最大的色域范围。

选择的特性化参考印刷条件应作为设计和内容生成参考。各方（印前、打样和印刷）对于目标印刷状态的沟通仅需基于 ISO/PAS 15339，而在印前准备、打样或印刷时需充分考虑所选印刷工艺对于色域的限制。不是所有的印刷工艺在同样的限制下都能够达到一样的色域。胶印、凹印、柔印、静电成像（electrophotographic）、喷墨等每种工艺的局限都需要在印刷的数据准备环节考虑周全。这些限制通常包括总油墨覆盖率，最小和最大可印刷网点等。

6. 调整承印物色差

包含在 ISO/PAS 15339-2 的特性化数据均需基于 ISO 12642-2 定义的 CMYK 特性化目标。因此在每一数据集的元数据中都会给出承印物色度。

如果使用的印刷承印物其色彩与所选择用于数据准备和数据交换的参考印刷条件存在差异，则建议修正这种数据差异。使用唯一的方法来完成校正能够让不同的用户得到一致的结果。半色调图像能够正确复制的转换按照第四节中"纸张颜色偏差的处理"的方法处理。当承印物确实进行了色彩调整，则调整方法和目标承印物色彩应告知所有参与部门。

当印刷承印物与所选择的用于数据准备和数据交换的特性化参考印刷条件存在差异，且色差大于 2 小于 5（CIEDE 2000），则在开始打样和印刷前按照上述方法进行调整。

如果承印物的色差大于 5（CIEDE 2000），则在进行修正需注意一些特殊的色彩特性化数据可能超出 ISO/PAS 15339 的定义范围。

如果用于交换的特性化数据修改了承印物色度，则不能单纯按照 ISO/PAS 15339-CRPCx 进行参考。由于二者的交换并非盲目交换，需要考虑承印物的一致性以及承印物修正的交换性甚至包括内部元数据。而对于盲目交换，则可以视作可选的印刷参考。

7. 可选印刷参考

如果因为使用的油墨、纸张或印刷工艺的不同导致无法找到合适的印刷状态，则可以定义一组色彩特性化数据作为 ISO/PAS 15339 的补充部分。但在使用前相关各方需在复制准备前达成一致，使用的色彩特性化数据以及色彩管理文件须与文件内容一块传递。

色彩特性化文件的使用是数据准备过程的重要部分，色彩特性化文件通常由业务相关单位制定，用于限制和提供更为一致的输出内容。但是应避免将色彩特性化数据和色彩管理特性化文件相混淆。尽管特性化文件基于特性化数据，但是它们往往还包含其他数据处理信息。当数据需要转换成 CMYK 或其他工作空间时，就需要色彩特性化文件的参与。根据 ISO 15076-1，输出设备特性文件需要包含特性化文件转换间连接空间的索引，以及设备值与连接空间就感知、饱和度和再现意图的相互转换。另外转换还包括色域映射、分色原理、阶调复制以及阶调值总和等工艺局限。所定义的设备空间来源于所链接的特性化文件连接空间的输入数据。因此许多特性化文件可以根据同样的特性化参考印刷条件生成，而且均有效。特性化文件通常并不包含转换的计算机程序。因此特性化文件并不适用于标准化。

二、过程控制

1. 概述

尽管过程控制被认为是工厂的义务，但是一些基本原则还是很重要的，而一些传统实践也存在一定变更（在大范围应用电子数据作为内容交换之前）。

通常过程控制的主要步骤包括：

a. 将印刷系统性能优化至尽可能接近特性化参考印刷条件的色域。

b. 在既定的色域下确定印刷系统的色彩特性。

c. 内容数据的调整需在稳定的印刷系统操作下进行，满足输入数据与所选的 CRPC 印刷色彩间的匹配。

d. 保证通过适当过程控制手段下得到的色彩特性数据是印刷系统能稳定保持的状态。

e. 如果必要的话可以根据临时变化对印件内容进行针对性调整。

2. 印刷至既定色域

在这些过程控制调整中，能够稳定保证印刷至既定色域是最重要的准则。既定目标是印刷系统的色域边缘与特性化参考印刷条件的边缘相匹配。但如果色料存在差异则无法达到要求，一般是校正印刷系统保证印刷系统的边缘色域能够包含特性化参考印刷条件的边缘。因此完全可以通过色彩管理或其他手段来让印刷达到 CRPC 的色彩范围。

来于特性化数据集的过程控制目标和承印物修正的电子表格可在网上下载。如果因为油墨、纸张及所使用的印刷工艺导致 ISO/PAS 15339 中没有可选择的参考色彩特性化数据，则可以自行定义印刷状态。但自定义的印刷状态必须就各方达成一致。印刷状态的色彩特性化数据用于定义其色域及相关因素的参数。ISO 12642-2 目标和 CRPC 定义 CIELAB 印刷色域范围的数据见表 11-20。

表 11-20 ISO 12642-2 描述印刷色域范围的目标值

色彩	色块 ID 编号	阶调值/%			
		青色	品红	黄色	黑色
纸张	1	0	0	0	0
青色	73	100	0	0	0
蓝色	81	100	100	0	0
品红	9	0	100	0	0
红色	657	0	100	100	0
黄色	649	0	0	100	0
绿色	721	100	0	100	0
黑色	1260	0	0	0	100
三次叠印色	729	100	100	100	0
四次叠印色	1286	100	100	100	100

3. 确定色彩特性

一旦印刷状态能够保证达到所需的色域并代表可复制的稳定印刷状态，则 ISO 12642-2 的色彩特性目标及其他过程控制目标都可以满足。测试目标和过程控制元素需要与目标活件的图文结构相结合。例如胶印，应包含分色、加网及阶调值总和。而凹印，则雕刻滚筒的参数是至关重要的。对于柔印，则转移油墨的雕刻网纹辊起到了关键作用。行业贸易协会及行业协会，例如 GhentWorkgroup、BVDM、ECI、FOGRA、WAN-Ifra、IDEAlliance 均提供了如何在各类印刷中保证一致性的操作指引。

测试印刷状态（包括测试版制作和其他图像转移过程）均应仅包含用于印版线性化的必要调整而不涉及其他数据变更。制版过程应保证可再现，并记录下印版阶调值。

测量 ISO 12642-2 中目标色块的色度值。选择 ISO/TS 10128 三种方法中的一种来确定是否需要数据调整使印刷图文能够尽量接近参考色彩特性数据的再现效果。

如果进行了数据调整（单色版曲线或多通道转换），则需要记录并作为后续印刷的目标状态。

4. 维持印刷设备的运行特性

一旦在印刷设备的最佳状态下确立了色度标准，则往往使用传统的过程控制手段更能够保证这一状态的维持。密度、TVI、灰平衡等都更加灵敏，并被操作人员所熟知。印刷过程控制目标、色度目标以及其他相关测量（例如密度，网点阶调等）都为后续过程控制提供了基准。

再次强调，这种过程控制并不是 ISO/PAS 15339 的相关部分，但是涉及印刷标准的建立。

对于目标（即所选择的特性化数据集）与印刷产品的实际色彩间的差异的测量方式可能每个印刷商都不尽相同，这严重影响印刷运行的成本。从宏观的角度看来，可以分为三种测量和容差基本面。它们是：

① 能达到目标色彩特性化数据的印刷操作能力；
② 单一样张上类似输入数据的色度波动；
③ 运行中关键参数的波动（通常由过程控制目标定义）。

印刷买家和生产商有义务就使用的特性化数据和印刷产品实际色彩与该数据集的匹配程度以及是否需要对承印物色彩进行修正这三方面达成一致。对于一个符合 ISO/PAS 15339 中概括的特性数据的印刷品，应书面记录下印品接受程度的容差以及所选择的特性化数据。

5. 工作内容的具体调整

在印刷行业中，客户尽管定义了选择的特性数据集但仍要求色彩调整的情况并不鲜见。这种要求通常出于需要更接近物理参考、成品、或仅仅是买家的喜好。这种调整会被确认为 OK 样张，在实际中这种情况不容忽视。

如果在客户的指示下改变了之前所达成一致的特性化参考印刷条件的定义值，则应重新记录数据并作为印刷生产的过程控制目标。

三、7 种特性化参考印刷条件

ISO/PAS 15339-2 中定义的特性化参考印刷条件的相关特性化数据是标准的，包含的数据文件从 ISO/PAS 15339-CRPC1.txt~ISO/PAS 15339-CRPC7.txt。尽管该国际标准进行了固化，但是只要在分发文件头标明它们属于 ISO/PAS 15339 的一部分，仍然能够进行自由使用和分发。当该国际标准有后续的 CRPC 进行发布，预计会按照命名顺序进行编号以避免混淆，即 15339-CRPC8 会成为下一个数据集。

特性化参考印刷条件的选择是基于两种邻近印刷状态的中间值，以期同时适用于两种特性化参考印刷条件以及承印物色彩。如果对承印物色彩进行调整，则会让每一特性化参考印刷条件都满足一个大范围的变化需要，并独立于使用的印刷工艺。

所使用的阶调复制曲线基于 CGATS TR015 中定义的步骤，并与承印物、黑色和三色叠印实地的反射相关。CGATS TR015 的公式提供了对应于近中性灰阶中特定青色阶调值的对应 CIEY 三刺激值。

为了创建 ISO/PAS 15339-1 中不同数据集与修正后承印物中性阶调的线性关系，CMY 三色比例可以通过式(11-6)反映出修正后承印物灰阶的所有数据比例。

$$M = Y = 0.7470C - 4.100 \times 10^{-4} C^2 + 2.940 \times 10^{-5} C^3 \tag{11-6}$$

此外，三基色的密度阶调值曲线要调整为有一致的阶调增加值。

表 11-21~表 11-23 中的数据来源于 CRPC 数据文件，并会在图表中予以标注。每个特性化参考印刷条件的特性化数据的 CIELAB a^*b^* 映射值用图 11-9 表示。

所有色度定义均使用符合 ISO 13655 的白衬底，M1 测量条件。

承印物、单色实地、二次叠印色目标值见表 11-21 和表 11-22。

表 11-21　特性化参考印刷条件：基础色目标值（参考）

CRPC	承印物			印刷实地											
				青色			品红			黄色			黑色		
	L^*	a^*	b^*	L^*	a^*	b^*	L^*	a^*	b^*	L^*	a^*	b^*	L^*	a^*	b^*
1	85	1	5	59	−24	−26	56	48	0	80	−2	60	37	1	4
2	87	0	3	57	−28	−34	52	58	−2	82	−2	72	30	1	2
3	96	1	−4	60	−26	−44	56	61	−2	89	−3	76	32	1	1
4	89	0	−2	55	−36	−38	47	66	−3	83	−3	83	23	1	2
5	92	0	0	57	−37	−44	48	71	−4	87	−4	88	19	0	1
6	95	1	−4	56	−37	−50	48	75	−4	89	−4	93	16	0	0
7	97	1	−4	54	−42	−54	47	79	−10	90	−4	103	14	0	0

表 11-22　特性化参考印刷条件：二次叠印色目标（参考）

CRPC	红色			绿色			蓝色		
	L^*	a^*	b^*	L^*	a^*	b^*	L^*	a^*	b^*
1	54	44	25	55	−35	17	42	7	−22
2	51	55	32	51	−44	19	36	9	−32
3	54	56	28	54	−43	15	38	10	−31
4	46	62	39	49	−54	24	28	14	−39
5	48	65	45	51	−62	26	27	17	−44
6	47	68	48	50	−66	26	25	20	−46
7	47	75	54	50	−72	29	20	26	−53

表 11-23 中列出了每个特性化参考印刷条件单色色阶的 TVI 中间调的色度计算。如果需要的话还可以直接从 CRPC 数据中计算得到更丰富的 TVI 曲线。

表 11-23 色度 TVI（参考）

CRPC	50%输入阶调处的色度 TVI/%			
	C	M	Y	K
1	24.3	26.1	26.1	26.2
2	17.3	19.2	19.2	22.0
3	16.8	19.1	19.0	22.1
4	15.9	19.1	19.0	22.1
5	15.0	16.0	16.0	19.1
6	13.4	16.0	16.0	19.0
7	11.6	16.1	16.1	19.1

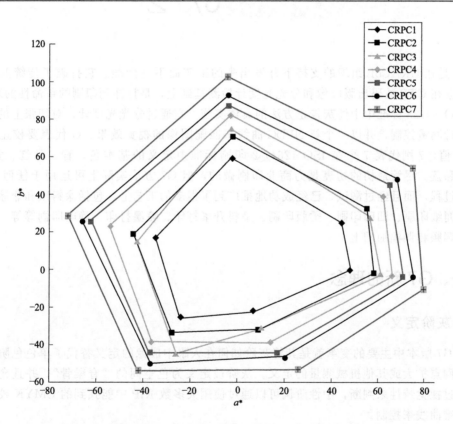

图 11-9　表 11-21 和表 11-22 中的色度定义 CIE a^*b^* 平面图投影（参考）

表 11-24 列出了各特性化参考条件的常规用途，并以一个便于理解的名称对各特性化参考印刷条件进行命名。这些挑选出的特性化参考印刷条件处于两种相邻级别的中间状态，可以用于前后任意一种特性化参考印刷条件的色度和承印物定义。对于承印物色彩的调整允许每一特性化参考印刷条件满足较大范围的需要，并不与使用的印刷方式相关。

表 11-24　特性化参考印刷条件常规用途

CRPC	名称	常规用途
1	常规冷固新闻纸	较小印刷色域（新闻纸印刷）
2	常规热固新闻纸	在改善后的新闻纸类型纸张上有中等色域
3	常规优质非涂布纸	哑光非涂布纸上的印刷效果
4	常规超级压光纸	在超级压光纸张上的一般印刷效果
5	常规出版涂布纸	常规出版印刷
6	常规优质涂布纸	较大色域印刷（通常为商业印刷）
7	常规广色域	广色域印刷工艺

第六节　G7工艺

G7 是在 GRACoL 组织的支持下开发出来的工艺而不是标准。它打破了传统的工艺方法，建立在 CTP 数码出版成像和分光光度计检测基础上，是打样到印刷的革命性的新工艺，它是 ISO 10128 标准中中性灰校正方法的具体实施。它通过分光光度计，对印张上的中性灰平衡进行测量控制，并以一个新 NPDC 曲线来匹配图像的视觉效果。G 代表要校正的灰色（gray）值，7 则代表 7 个在 ISO 12647-2 印刷标准中定义的基本色，青、品红、黄、黑、红、绿和蓝。尽管最初的初衷是为商业印刷做的，但 G7 方法实际上可运用于任何 CMYK 的成像过程，而且经过测试，已经成功地推广到了很多的工艺上，包括涂料纸和非涂料纸胶印、新闻纸印刷、凹印印刷、柔版印刷、染料升华打印、喷墨打印、静电印刷等等，而且也可用在调频和调幅加网上。

一、G7 新的理念

1. 灰阶定义

在 G7 版本中主要的变革就是其将灰阶如何在人眼中成像的定义替代了单色色阶的网点面积、网点扩大或其他机械测量的定义。灰阶被定义为色空间的"脊梁骨"，并且允许对灰平衡通过视觉特性来判断，中性阶调可以通过使用大多数 RIP 中能找到的 CMYK 校准模块中的一维曲线来控制。

2. 高光保留

G7 中有一个特殊的地方，在不考虑动态变化的情况下，当暗调部分为了匹配性能或对每个过程的限制而进行压缩或扩展时，它的高光部分（人眼对此十分敏感）的密度和反差仍得到了保留。这就表明了通过 G7 多通道校正后的 CMYK 图片仍拥有广泛的阶调变化范围来得以保留所存在的连续的亮度以及反差。

3. 承印物相关

G7 的灰平衡计算公式是"承印物相关"的，它可以自动根据承印物色彩来定义灰平衡而不是将灰平衡色度规定在一个特定的数值上。当与实际的承印物印刷后色彩比较时，灰阶图片需要在经过 G7 校准后的设备中一直在视觉上保持中性。关于该观点的更多细节与解释请参看 G7 规范标准。

4. 反差相关

G7 的灰阶计算公式（NPDC 或中性印刷密度曲线）是"反差相关"的，它能自动计算以适合承印物的亮度和设备中性密度的最大值。这表明了灰阶图片在 G7 校准后的设备中能一直拥有最大中性密度反差的优势。

5. 设备无关

G7 的关键价值在于它的规则同样适用于任何成像技术和色彩设置，而这也同样表明了 G7 是真正的设备无关规范。G7 常规的灰平衡以及中性阶调规则能适用于任何视觉色彩成像机制，而不考虑设备、承印物、着色剂、加网技术等。

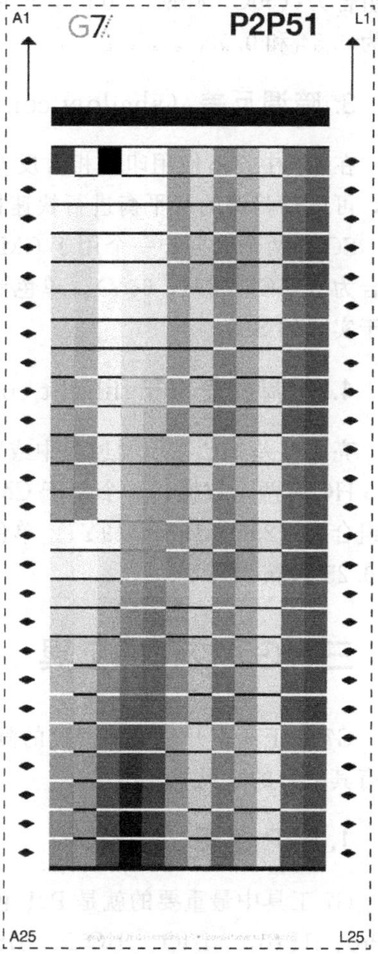

二、G7 的基本概念

1. 中性印刷密度曲线（neutral print density curve，NPDC）

图 11-10 P2P51 色靶
（见文后彩插）

灰平衡印刷密度曲线是建立起灰平衡的网点百分数与其相对密度值之间的关系。NPDC 的灰平衡的三色 CMY 组合是由 GRACoL 专门确定的一组数据，如表 11-6 所示，这些数值考虑过 255 级后的最接近小数值，其色度要求由公式(4-11) 给出。

灰平衡数值不用自己去做，GRACoL 的 Press2Proof（简称 P2P）标准样张提供了其标准数据，见图 11-10。P2P 的第四列为单色黑，第五列为黄、品红、青叠印的三色灰。

NPDC 曲线是结合 P2P 样张来完成的。在 G7 中，需要测量的 NPDC 有两条，一条是 CMY 的三色组合曲线（图 11-12），另一条是单黑版的 NPDC 曲线（图 11-13），分别用 P2P 的第四和第五列的数据来完成。

2. 亮调范围（highlight range，HR）

亮调范围是一个单独的测量，它在印刷过程中或印刷完成后，可以对中间调做快速检查。在 G7 中，它取代了 TVI，来进行整体明暗度和灰平衡的检查。

HR 有两个数据，一个用于 CMY 的灰平衡，另一个用于单色黑。三色灰的 HR，其三色组合为（50C，40M，40Y），单色黑的 HR，其网点百分数为 50K，它们的相对密度值分别为 0.54 和 0.50。

3. 暗调反差（shadow contrast，SC）

在 G7 中，不使用印刷相对反差 K，而是用暗调反差 SC。SC 在印刷过程中或印刷完成后，可以对暗调的灰平衡进行快速检查。

SC 有两个数据，一个用于 CMY 的灰平衡，另一个用于单色黑。三色灰的 SC，其三色组合为（75C，66M，66Y）。单色黑的 SC，其网点百分数为 75K，它们的相对密度值都取决于实际的 SID。

4. 亮调反差（highlight contrast，HC）

亮调反差 HC 在印刷过程中或印刷完成后，可以对亮调的灰平衡进行快速检查。

HC 有两个数据，一个用于 CMY 的灰平衡，另一个用于单色黑。三色灰的 HR，其三色组合为（25C，19M，19Y）。单色黑的 HC，其网点百分数为 25K，它们的相对密度分别为 0.25 和 0.22。

三、G7 校正的工具

G7 校正离不开色度、密度的测量，因此分光光度计、密度计等是基本的工具，同时 G7 还有其特有的工具。

1. P2P 色靶

G7 工具中最重要的就是 P2P 色靶，最新的版本是 P2P51，如图 11-10 所示，它能够用 i1Pro、i1Pro 2、i1iO、i1iO 2、i1iSis、i1iSis 2 等仪器直接读取。而早期的版本针对不同的测量设备有不同的排列形式，例如，P2P25X 能够被 X-Rite iliSis 读取，而 P2P25 则不能够，不过只要版本号相同（例如 25），那么各色块的比例值也是相同的。

2. 灰平衡查找表

灰平衡查找表是使用 FanGraph 进行 G7 校正的必要工具，如图 11-11 所示。

图 11-11　灰平衡查找表（见文后彩插）

新版灰平衡查找表 22 版本在 2009 年发布，其多了 87.5% 处的色块，这样对于暗调部分的灰平衡分析有更好的作用。75% 及 87.5% 的色块对于 M 与 Y 的比例有所增强，纠正了暗调部分的灰平衡错误。测试靶分为两部分，下半部分是"正常"步骤用于常用设备；上半部分用于"粗略的"帮助校正极端不能保持中性的过程。

3. G7NPDC FanGraph 图

FanGraph 图分为 CMY 和 K 两张，如图 11-12 和图 11-13 所示。

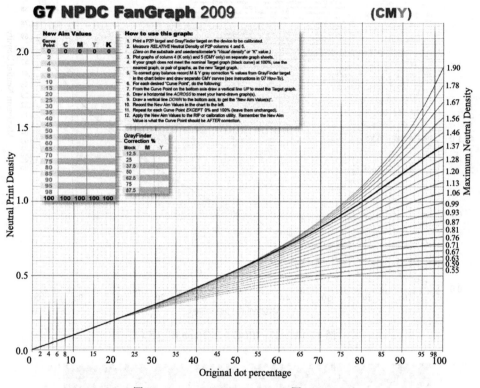

图 11-12　G7 NPDC FanGraph 图（CMY）

FanGraph 图是用于手动校正的工具，高分辨率图像可以到 www.g7global.com 下载，具体使用 FanGraph 进行手工校正的方法详见下一小节。

4. IT. 8/4 特性文件测试靶（或等同测试靶）

大多数数码打样系统及一些印刷设备都要求常规的 ICC 特性文件与 G7 校正配合使用或替代其功能。如果预计需要常规 ICC 特性文件，那么就要使用 IT. 8.7/4 测试靶（图 11-14）或等价特性文件测试靶。

5. 软件

G7 可以进行自动化校正，曲线生成软件用 IDEAlink Curve，自动测量 P2P 目标测试靶的软件可以用 X-Rite MeasureTool 或 ColorPort，自动测量设备可以用 X-Rite Spectroscan、X-Rite EyeOnePro、X-Rite EyeOneIO、X-Rite DTP-70、X-Rite iliSis 等。

四、使用 FanGraph 进行 G7 校正

1. 准备工作

全过程共需要两次印刷操作，分别为校正基础印刷和特性化印刷，各约需一到两个小

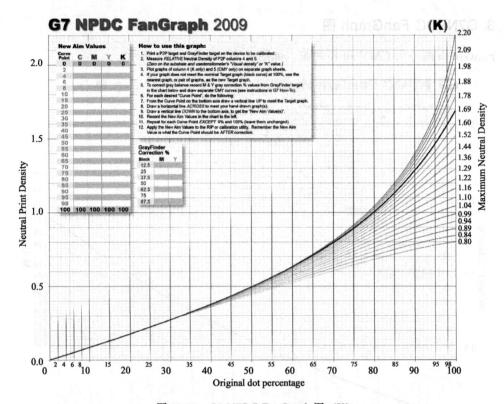

图 11-13　G7 NPDC FanGraph 图（K）

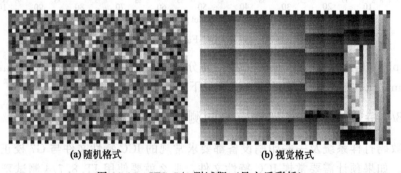

(a) 随机格式　　　　　　　　(b) 视觉格式

图 11-14　IT8.7/4 测试靶（见文后彩插）

时，中间需要半个小时到一个小时的印版校正，共约需半个工作日。所有的工作都应安排在同一天，并由相同的操作人员用同样的设备材料来完成。

印刷机应调试到最佳工作状态，包括耗材，并检查其相关的物化参数是否符合要求。按生产厂家的要求，调节 CTP 的焦距、曝光及化学药水，并使用未经线性化校正的自然曲线出版。在 RIP 中为 G7 选定专用的空通道。半色调网点线数为 150 或 175，对于对称点型，如方型网点，可采用的网线角度通常为 C15°，M75°，Y0°，和 K45°；对于非对称点型，如链型网点，K 版则采用 135°。K 和 M 可以互换。

纸张选用 ISO 12647-2：2004 的 1 # 纸[1]，尽量不带荧光，纸张的色度参数如表 11-25 所示。纸张大约需要 6000~10000 张不等，由操作效率决定。

---

[1] ISO 12647-2 新版发布于 2013 年，G7 还没有发布对应的规范。

油墨应使用符合 ISO 2846-1 的油墨。其基本色油墨及叠印色的参数如表 11-25 所示。数据为在白色衬纸上测量。

表 11-25　G7 所用纸张油墨的基本参数

项目	纸基	C	M	Y	K	MY	CY	MC	CMY
L^*	95	55	48	89	16	46.9	49.76	23.95	22
a^*	0	−37	74	−5	0	68.06	−68.07	17.18	0
b^*	−2	−50	−3	93	0	47.58	25.4	−46.11	0
公差 ΔE	5	5	5	5	5	5	5	5	5

标准测试版可以直接在 G7 网站下载，也可以自行设计，如果自己设计应该包括：两份 P2P 色靶且互成 180°、GrayFinder 灰平衡查找表、两张互成 180°且排成一排的 IT8.7/4 特性文件测试靶（也可以用近似的其他色靶）、一条横布全纸张长的半英寸（50C，40M，40Y）的信号条、一条横布全纸张长的半英寸 50K 的信号条、一条合适的印刷机控制条（应包括 G7 的一些重要参数，如 HR、SC、HC 等）、一些典型的 CMYK 图像。常规 G7 印刷测试版（28in×40in）如图 11-15 所示。

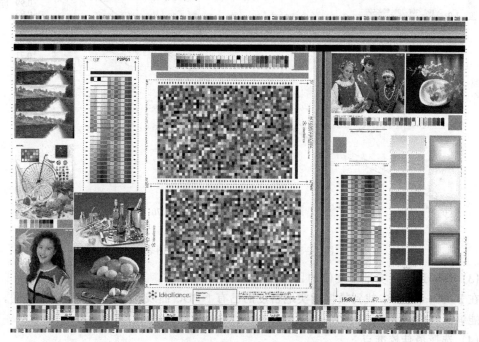

图 11-15　常规 G7 印刷测试版（见文后彩插）

2. 校正过程

(1) 测量 P2P 色靶

测量 P2P51 色靶第四列和第五列的中性灰密度值，第四列是只含 K 的灰阶，第五列是只含有 CMY 成分的灰阶，并将结果在 FanGraph 上描点。密度值必须是减去纸张密度，当减去承印物后，CMY 与 K 灰阶的最高光部分的 ND（中性灰密度）值都应该刚好为 0.0。

(2) 绘制常规 CMYK NPDC 曲线

将上面所描的数据点连线，在 CMY 图中用蓝色表示，在 K 图中用黑笔划线，如

图 11-16 和图 11-17 所示。

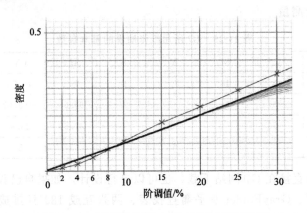

图 11-16　连接各标记点绘制 CMY 样本图表

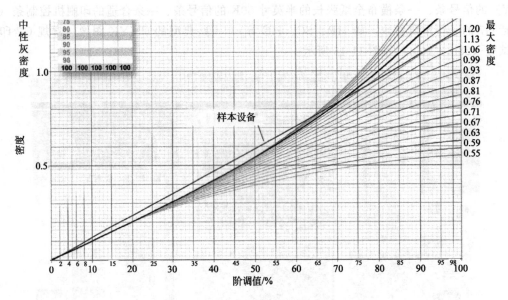

图 11-17　标准的 CMY 样本设备图表

(3) 找到最接近实地密度值的目标曲线

在 FanGraph 图中找到最接近实地密度的已有 NPDC 曲线。在该两条扇形线之间，绘制一条能够真实代表设备在 100%（D-max）的扇形曲线，如图 11-18 所示。

(4) 选择最佳校准点

检查图表并决定具体需要多少"校正点"——通常来说是在曲线有明显弯折处。举例来说，在图 11-19 中需要校正的点是在 2% 和 15%，而处于最大准确性考虑通常在 10% 和 20% 处校正。对于高光阶调的最准确控制点应该包括 2%，5% 和 10%。

(5) 当无需灰平衡校正时的 RIP 补偿曲线

如果不需要灰平衡调整，则对于 CMY 三色通道，可以生成一条公用的 RIP 曲线，如下：

在 50% 点处的 X 轴垂直作一条直线与目标曲线相接；在该处水平作一条直线（向左或向右）相交于样本曲线；在样本曲线相交处垂直作一条向下与 X 轴相交的直线来得到新的目标值；记录下 FanGraph 上得到的新目标值数据，如图 11-20 所示。

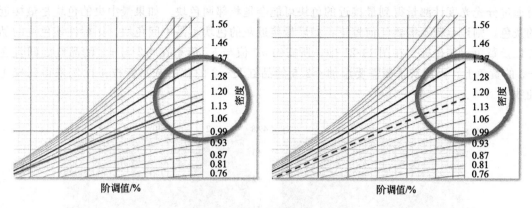

图 11-18　确定目标 NPDC 曲线

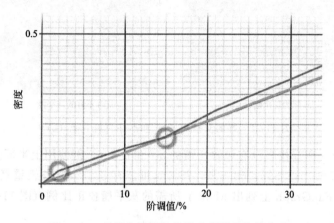

图 11-19　在带有转折点的样本曲线上的校准点

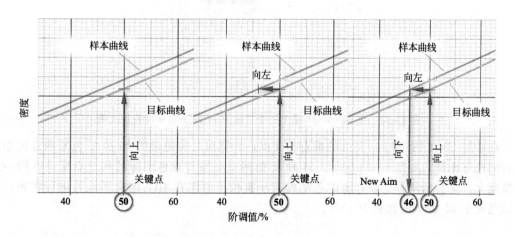

图 11-20　找到 50% 处新目标值

对除了 0% 和 100% 之外的曲线点重复以上步骤。

(6) 考虑灰平衡因素生成 RIP 补偿曲线

使用分光光度计测量承印物上印刷的 P2P51 色靶以及灰平衡查找表（图 11-11）的 a^* 和 b^* 数据。由公式得到每个色靶所需的 a^* 值和 b^* 值。

在 50% 的灰平衡查找表色靶处找到与上一步得到的目标 a^* 与 b^* 值最接近的色块。有时通过分光光度计测量得到最接近的色块可能会是相邻两色块。如果最中央的色块是最接近的灰色,则该色靶不需要任何校正;如果最接近灰的色块不是中间色块,则标注该色块的品红以及黄色比例坐标。在图 11-21 中,所需的 a^* 值与 b^* 值是在 +2 与 +3 的品红之间且在 -3 的黄色上,因此灰平衡需要添加 +2.5 的品红及 -3 的黄的灰平衡校正比例来得到校正曲线。

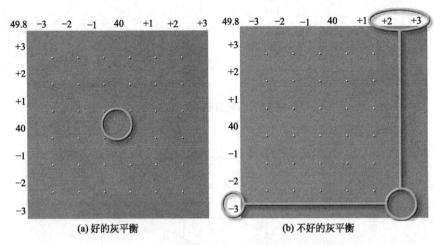

图 11-21　好的灰平衡(a)和不好的灰平衡(b)

如果下排的灰平衡查找表没有包含所需的 a^* 和 b^* 值,则使用上半部分的查找表。对 12.5%,25%,37.5%,63.5%,75%(可能有 87.5%)色靶重复以上步骤。

在 G7 NPDC FanGraph 上列出 M 和 Y 所需的灰平衡校正比例(图 11-22)。

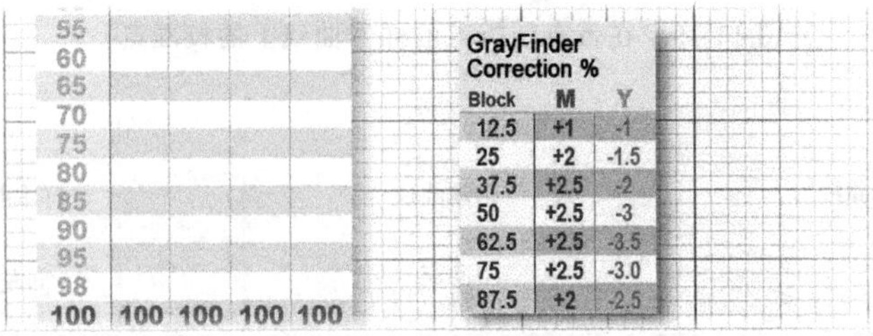

图 11-22　在 FanGraph 纸上一个常规的 M 和 Y 灰平衡校正比例

在常规 CMY 图中与 40% 处的垂直相交点,计算出之前记录的 M 和 Y 色彩网点向左或向右的校正比例,如图 11-23 所示。M 和 Y 的网点必须与青色图标的相交点保持在同一水平高度上。50% 的灰平衡查找表的色靶的灰平衡校正值需在 40% 的交叉点处进行标定,因为该色靶中 M 和 Y 的比例为 40%。

图 11-23　M 与 Y 的灰平衡校正值被标定在了与 40% 值与青色曲线交叉点的同一水平高度

对其余色靶重复以上步骤，并使用下列垂直线标定 M 和 Y，如图 11-24 所示。

灰色靶	M&Y垂直线
12.5	9
25	19
37.5	29
50	40
62.5	53
75	66
87.5	81

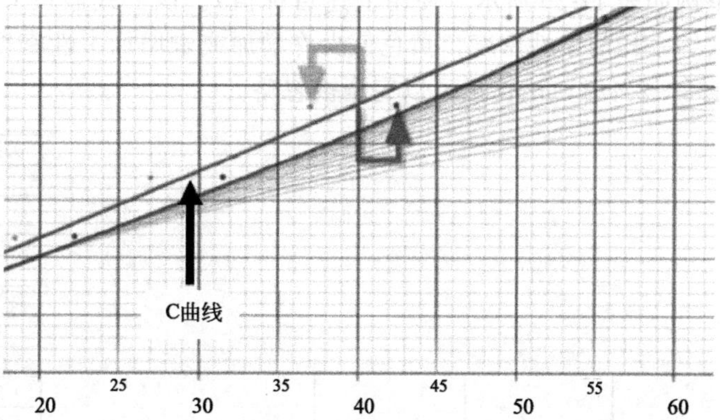

图 11-24　对每一色靶的 M 和 Y 网点定标

连接品红与黄色的各点绘制两条新的 M 与 Y 曲线，如图 11-25 所示。

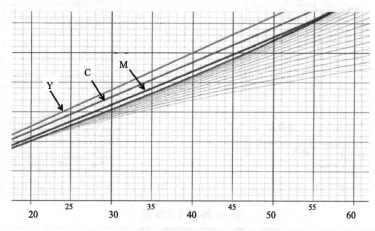

图 11-25　连接各点绘制三条分色 CMY 曲线

寻找新的 CMY 目标曲线：对曲线上的每一点垂直于 X 轴作一条直线并与目标曲线相交；在相交点做一条水平线分别于 C、M 和 Y 曲线相交；分别对三个相交点作垂直向下线相交于 X 轴得到 C、M 和 Y 的新目标值，如图 11-26 所示；记录在 FanGraph 上的 CMY 新目标值，如图 11-27 所示。

3. 通过灰平衡调整 NPDC 曲线误差

如果使用单独曲线来计算 C、M 和 Y，则由于 M 值的 ND 增加，NPDC 曲线可能会不准确，该不准确性可以通过在目标 C 值中减去目标 M 值来得到 ND 校正值，并将均分的 ND 校正值分别于 C、M 和 Y 目标值相加，公式如下：

$$\begin{cases} ND_c = (C_{new} - M_{new})/2 \\ C_c = C_{new} + ND_c \\ M_c = M_{new} + ND_c \\ Y_c = Y_{new} + ND_c \end{cases} \quad (11\text{-}7)$$

式中　　　ND_c——中性灰密度校正值；

C_{new}、M_{new}、Y_{new}——青、品红、黄墨的新目标值；

C_c、M_c、Y_c——青、品红、黄墨校正后的目标值；

举例如表 11-26 所示（使用上述目标值）。该公式假设 CMY 灰色区域的品红与青色增加了大约一样的中性密度，黄色值少许增加或未增加中性密度。当 M 值略低于单独的 C 值大约 1%～2%时，该校正可以完全被忽略。

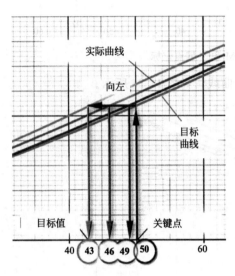

图 11-26 分别找到 CMY 目标点　　图 11-27 在 G7 FanGraph 上记录的新目标值

关键点	C	M	Y	K
0	0	0	0	0
2				
4				
6				
8				
10	9	8	7.5	
15				
20				
25	23.5	21.5	20	
30				
35				
40				
45				
50	49	46	43	
55				
60				
65				
70				
75	74	72	69	
80				
85				
90	90	91	88	
95				
98				
100	100	100	100	

表 11-26 校正示例

新目标值			ND_校正	校正目标值		
C	M	Y		C	M	Y
8	9	7.5	(8-9)/2=-0.5	7.5	8.5	7
21.5	23.5	20	(21.5-23.5)/2=-1	20.5	22.5	19
46	49	43	(46-49)/2=-1.5	44.5	47.5	41.5
72	74	69	(72-74)/2=-1	71	73	68
90	91	88	(90-91)/2=-0.5	89.5	90.5	87.5

4. 提供新目标值给 RIP

将上述 CMY 和 K 的 NPDC 校正结果，为 RIP 或校正设备赋新的目标值。有些 RIP 设备需要输入"测量后"的值，而不是"所需要的"值，还有些 RIP 会要 delta 值。无论如何，请记住，新的目标值就是经过校正后每个曲线点都应该得到的值。

5. 利用新的 RIP 补偿曲线制版

用新的 RIP 曲线，制作标准样张的新印版，并且将 P2P 上的印版值与在第二部分中所记录的未校正过的印版曲线进行对比，确保所要求的变化已经获得。例如，如果 50% 的曲线点有一个新的目标值为 55%，则检查新版的 50% 色块处是否比未校正过的印版大约重 5%。由于印版表面测量困难，因此，只要这些值大概正确即可。

6. 印刷

使用新的印版或 RIP 曲线，并且用相同的印刷条件，印刷特性标准样，最好是整个测量标准样。照着与校正印刷最后所记录的相同的 $L^*a^*b^*$ 值（或密度值）来印刷。注意均匀性和灰平衡。

调机时，测量 HR，SC 和 HC 值，确定印刷机满足 NPDC 曲线。如果可能的话，也测量 P2P 标准样，或者在一张空的 G7 图纸上动手绘出第 4 和第 5 列。这些曲线此时应该可以与目标曲线几乎完全一致。如果不是，调节实地密度，或者再多印几张让印刷机预热。

检查其他参数，如灰平衡、均匀性等，其数据都在控制内，然后高速开动机器到正常印刷速度，检查测量值，看看是否到最后都很好。

从现场选取至少两张或更多张，自然干燥。如果可能，再以相同的条件，进行两次或更多次的印刷机操作，从每一次印刷中选取最佳的印张，为后续工作平均化准备。

五、G7 的常规印刷

在完成了 G7 工艺的测试实验后，我们就获得了 G7 生产中的特性数据。用这些特性数据，可以进行高质有效的 G7 印刷。

G7 印刷机控制法与传统的印刷机控制类似，以 CMYK 的实地密度读数作为一个基本的出发点，然后用中间调读数来控制阶调变化。区别在于，在 G7 中，不靠传统的 CMYK 的 TVI 读数来控制，而是由亮调范围 HR（50C，40M，40Y）的密度值或色度值，和一个 50K 的色块所代替。传统的印刷相对反差 K 值的计算则由暗调反差 CS（75C，66M，66Y）的密度和 75K 的色块所代替。

G7 的方法比 TVI 更加可靠地控制灰平衡和亮度，由实地密度变化而带来的中间调密度或者灰平衡的变化会更小。不过，应该看到，胶印机上的灰平衡比单独控制 TVI 值时，一般更加不稳定，所以，机长和质量人员在整个的印刷过程中，要做好充分的准备。

也要看到，这种胶印机的控制方法非常新，建立时间不长，还没有一个能普遍接受的公差。请准备好要做多次实验，来建立起设备、条件和公差范围。

下面是一个常规的 G7 印刷的开始。

(1) 将印刷机开到常规的油墨水平

开机，按指定的实地密度或色度印刷。在机器调整阶段要把 CIE $L^*a^*b^*$ 值放在密度值前面考虑。调机工作完成后，相对密度测量是印刷机控制的有价值和有效率的基础。此时，可以记录下密度和色度之间的关系，为以后的调试阶段作准备。

(2) 调节灰平衡、CMY 的 HR 和 SC

在允许的公差内调节实地密度或其他印刷机的参数，直到 CMY 三色的 HR 点（50C，40M，40Y）尽可能地接近灰平衡的 a^*、b^* 的目标值、密度值或 L^* 的目标值。检查 CMY 三色的 SC 点（75C，66M，66Y），尽可能接近其目标值。由于一般印刷机存在着变化，有些折中的方法也是必要的，但是，尽量均衡控制 HR 和 SC 色块间的误差。

(3) 调节黑版的 HR 和 SC

调节黑版实地密度或其他胶印机的参数，直到黑版的 HR（50K）尽可能接近其目标值。检查黑版的 SC 色块（75K），尽可能接近其 SC 目标值。由于一般印刷机存在着变化，有些折中的方法也是必要的，但是，尽量均衡控制 HR 和 SC 色块间的误差。

表 11-27 为一般的 HR、SC 和 HC 的目标值。

表 11-27　一般的 HR、SC 和 HC 的目标值

灰色块	相对密度值		绝对密度值		绝对亮度 L^* 值	
	CMY	K	CMY	K	CMY	K
25%（HC）	0.25	0.22	0.31	0.28	75.5	77.5
50%（HR）	0.54	0.50	0.60	0.55	57.4	59.9
75%（SC）	0.92	0.90	0.97	0.95	38.9	39.8

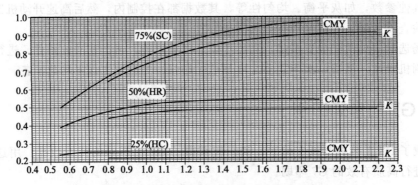

图 11-28　不同实地密度时的 HR、SC 和 HC 的目标值

在整个印刷过程中，必须要时刻保持 CMY 的灰和 50K 的色块同样的 Lab 值。如果灰平衡和实地密度在类似的方向变化，可以通过少量的实地密度来恢复灰平衡，见图 11-28。也可以利用以前记录下的实地密度值来参考调节。

复习思考题

(1) 控制印刷色彩的方法有哪些？
(2) ISO 2846 规定的油墨的参数是什么？
(3) Device-link 有何优点？
(4) 如何根据 ISO 12647-2 控制印刷品质量？
(5) ISO 15339 与 ISO 12647-2 在印刷质量控制上有何异同点？
(6) 简述 G7 的工艺流程。

第十二章

印刷质量检测系统

近年来，随着日益严格的印刷质量要求，同时印刷业在不断地向着小批量、多品种、高质量的方向发展，所以对印刷质量的控制和检测精度也不断提升。印刷品检验长期都是靠手工完成的，工作单调、劳动强度大，且漏检率高。对于条形码、二维码、RFID 之类的产品检验有时靠人眼很难判断，通常必须手持专用仪器进行检查，这无疑又进一步提高了劳动强度、降低了检验效率。传统印刷质量检测方法存在很多缺陷：受观测人员的经验和心理因素等影响，无法进行定量描述和保证印刷质量检测的稳定性；不能针对印刷品画面进行检测，只能通过检测印刷测控条进行印刷质量检测；人工离线检测，出现印刷质量缺陷后不能及时调节、控制；多采用随机抽检的方法，容易漏检。印刷品检测设备已经成为当前生产厂家所必备的设备之一。因此，开发自动化设备代替人工进行产品检验，将会节省大量的员工，且劳动生产效率和准确率都会显著提高。

第一节 基于视觉的印刷质量检测系统

一、检测原理

印刷质量在线检测系统是以印刷质量评价指标为基础，利用数字图像处理、机器视觉、模式识别以及印刷工艺原理等技术而形成的一种能够适应高速印刷的对印刷质量进行实时控制与检测的系统。整个印刷质量在线检测系统由光源、图像采集系统、图像采集卡和图像处理系统组成，如图 12-1 所示。目前，印刷质量在线检测技术已经应用在税票印刷、纸币印刷、烟包印刷、银行支票等方面。

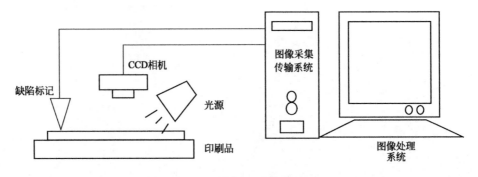

图 12-1　印刷质量在线检测系统

在印刷质量在线检测系统中，印刷图像质量检测算法是图像处理系统的核心部分。而传统印刷质量评价和检测体系主要由印刷生产系统、印刷图像以及人眼视觉系统（human visual system，HVS）三部分组成，它们之间的关系如图 12-2 所示。

在对印刷质量进行评价时，HVS 将接收到的印刷图像形成图像视觉，根据主观视觉感知以及印刷质量评价参数形成对印刷产品的质量评价结果。由此可见，人眼作为印刷品的最终视觉信宿，在整个印刷质量评价体系中占有重要地位。而根据人眼所具有的视觉特性，人眼在观察图像时，会根据图像的亮度、对比度等产生不同的视觉效果，如视觉掩盖、亮度适应以及对比度敏感等。因此，在对印刷图像质量进行评价时，不能仅依靠印刷质量客观评价

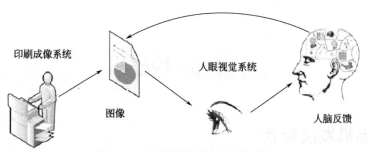

图 12-2　印刷质量评价要素关系图

指标，应该充分考虑视觉特性对质量评价的影响。

通常情况下，在印刷图像中，一般都含有文字、图形和图像等视觉元素。对于文字和图形，其视觉要求为边缘清晰，文字笔画和图形没有缺损、断笔、白点等，文字和图形厚实，墨色均匀一致。而对于图像，更加注重图像阶调层次、色彩和清晰度等。因此，文字和图像的印刷质量评价的侧重点并不相同。而如果在对整个印刷页面进行印刷质量评价时采用相同的评价方法会导致最后的印刷质量评价结果偏离人眼的视觉感知，从而使印刷质量的客观评价结果与主观评价不一致。另外，在观察和理解图像时，通常会不自觉地对图像中的某些区域产生兴趣，形成视觉"感兴趣区"，并且图像质量很大程度上取决于"感兴趣区"视觉感受。当视觉"感兴趣区"图像质量发生变化时，人眼能敏锐地感知并察觉，而当非"感兴趣区"图像质量发生变化或降质却不易察觉。因此，在图像占主导或文字、图形为主的印刷页面中，将分别形成以文字、图形、图像为主的视觉"感兴趣区"，需要采用不同的评价准则对其进行印刷质量评价。所以，利用视觉"感兴趣区"策略，将印刷页面分割成文字区和图像区，分别根据文字和图像印刷质量评价指标选择不同印刷质量检测方法，建立基于视觉特性的印刷质量检测体系。

二、质量检测系统

印刷质量在线检测系统在国外出现时间较早，运用比较广泛，同时技术也相对成熟，主要设备有：罗兰 Inline Inspector Eagle Eye 系统，通过安装在胶印机最后一个印刷色组上方的摄像头对印刷产品进行实时监控，检测内容包括偏色、墨斑、墨杠、套印、重影、刮痕等印刷缺陷，可以根据印刷产品质量要求在控制系统中对检测灵敏度和检测内容进行调节、控制，以实现不同印刷品的质量控制要求；SHARK 4000 是德国 BST 公司推出的一个实时的印刷缺陷全检系统，检测精度最高可达 $0.05mm^2$，同时可以根据印刷缺陷的种类对缺陷检测分类，通过选配集成的 Power Link 可实现 100% 印刷缺陷全检，该系统最主要的特点是提出人眼视觉特性的 ROI（感兴趣区域）检测概念，在非 ROI 区域不进行缺陷检测或设置较大缺陷宽容度，而对 ROI 区域进行精确的缺陷检测，既可以提高检测速度，也使检测结果符合人眼视觉特性，凸显印刷质量检测智能化；以色列 AVT 公司 Print vision9000 系统，能够对偏色、拉毛、套印不准等缺陷进行自动检测并报警。

另外，其他应用比较广泛的印刷质量在线检测系统还有海德堡 CP2000 系统、高宝 Quali Tronic 系统、Vision-Experts 公司 Print-Expert 4000 系统、Isra Vision 公司的 Print Star 系统、Lithec Gmbh 公司的 Lith Check 等。

第二节 检品机

一、检品机发展现状

随着现代印刷机的速度越来越快,质量检测的速度很难和印刷速度匹配,因此大量的印刷质量检测离线设备应运而生,许多相关企业研制出一系列针对印品质量、QR 二维码(一种矩阵二维码)和条形码等的检测设备——高速单张检品机。它既能提高生产效率,还能在很大程度上降低生产成本,为企业带来经济效益和社会效益。

目前这些产品遍布各个行业,有专门针对食品行业的单张纸烟标、酒标、药标、饮料外标签等包装的外观检测设备,还有针对化妆品行业各类化妆品的外包装进行检测的设备,此外,还应用于一些其他领域,例如汽车外观、芯片外观检测等。检品机机型有单张和复卷两种,单张检品机主要分为分页、定位、检测、剔废、收纸五个部分,先将印品码放在给纸部,通过皮带与印品间的摩擦力将一堆印品逐个分离,分离后的印品通过侧规进行定位,接着进入到检测平台,通过高速摄像机进行图像提取、检测,判断是否合格,如果满足要求,直接进入收纸部;如果检测出残次品,需通过剔废部分进行剔除。剔除主要是针对两种不同的错误:一是印品表面质量出现问题,例如,烫金转移不良、拉线、破损、全息烫缺失、烫金糊版、白点、材料斑点、产品划伤、电化铝残缺、反面蹭脏、套印不良、压凸偏位、脏点、褶皱、油墨脏点、覆膜晶点等印刷工艺缺陷;二是监管码出现白色拉丝、刮蹭、黑色拉丝、漏印、污点、遮盖、扭曲、模糊,二维码出现墨脏、定位标缺失、缺印、走版歪版,光学字符识别(OCR)出现重码、错码、骑码、空码等条码缺陷。设备将这两种错误分开剔除,以避免进行二次剔除,剔除过程采用气动控制剔除系统。废品通过 90°转弯皮带机输出;合格品则直接通过收纸部收集,从而完成整个印品检测过程。单纸张的检测幅面由实际产品的大小决定,目前市场上可检测产品种类从吊牌到集装箱外包装等都有涉及。

二、系统功能

1. 概述

本系统是采用模板比对的方式,即利用高速、高分辨率的彩色相机拍摄标准图像创建标准模板,在此基础上针对客户的检测要求设置检测精度,然后对拍摄的每张印品图像进行实时检测,通过和标准模板比对,检测出印品缺陷。按照缺陷类型,可分为背景漏印、前景漏印、背景污点、前景污点、色差、套印、拉墨等。其中前景的划分原则为:被认为特别重要的区域称为前景(如字体、字符和烟标等),其他区域称为背景。

2. 系统应用范围

系统主要应用于烟包、化妆品、药品、标签等印刷品的离线和在线检测。

3. 系统主要功能特点

(1) 最有效的可量化印品检测系统

检测系统采用计算机图像处理系统，将视觉信息数码化，消除人为的感性失误，建立有效的可量化的印品检验标准，从而节约大量的人力成本，提高劳动生产率，以高质量的印品满足用户的需求。

(2) 高速全面的检测能力

系统可适用 420 检品机的运行速度，实现对每张产品全幅面实时检测。

(3) 简单灵活的建模操作

检测系统分多种印刷工艺（默认 5 种，用户可自定义增加），每种印刷工艺多检测区域（不限），检测区域内还可以设置任意多个不检测区域，每种工艺可分别设置不同过的检测标准，即同一工艺下的不同检测区也可分别设置检测标准；同时还可以对不同的缺陷类型设置不同的检测标准，并可在检测中随时调整检测标准。

(4) 多样化的模板学习方式

检测系统提供三种模板学习方式，分区域丢弃学习：针对模板中某些检测区域重新学习，丢弃以前的学习结果；分区域添加学习：针对模板中某些检测区域添加学习，将现有的学习结果和以前的检测结果相累加，可以满足各种学习要求；在线学习（缺陷学习）：检测过程中发现检测出的缺陷不足以让此产品报废，此时可以通过缺陷学习将此缺陷图像添加到学习模板中。

(5) 稳定的废品剔除接口

检测系统采用专门研发的信号处理系统，准确无误控制剔除信号输出。另外系统还具备双路剔废功能：可以把不同缺陷程度的废品分别剔到两个剔废仓。

(6) 灵活的质量标准控制

模板中每个检测区域的检测精度都可以单独设置。

(7) 方便快捷的错误数据存储查询

系统实时存储错误结果信息，并可以对历史记录进行查询。

(8) 简洁清晰的印品缺陷显示

检测系统对不合格品能实时显示缺陷图像、位置等信息，以便及时发现问题，采取相应措施，统一品质要求。

三、系统结构及工作原理

1. 系统结构及工作原理

彩色印刷质量检测系统是由以下几部分组成：

硬件部分有图像采集系统、照明系统、机械系统、图像及信息处理系统、通讯系统、外部信号处理系统、UPS 电源等主要设备。

软件部分有前端检测软件、服务器软件、数据库管理软件和网络通讯软件。

2. 检测工作过程

计算机启动后，检测系统自动进入工作状态。当每张产品在检品机上走过，到达线阵 CCD 摄像机下方时，开始采集产品图像。采集的图像，通过每台线阵摄像机对应的线阵图像采集卡保存在前端检测机的内存中，根据预先设定的标准模板对产品图像进行漏印、脏点、色差、套印、拉墨等错误类型进行检测，遇到有质量问题的产品，分别将错误图像、错误类型、级别等信息通过高速局域网传到服务器，服务器将各个错误信息存入到数据库，可以对错误的情况进行查询和统计，同时，服务器通过信号处理系统来输出报警信号，遇到严重错误可以控制检品机停机。

3. 系统硬件设备

(1) 图像采集系统

图像采集系统包括 CCD 摄像机、照明光源、图像采集处理卡。

CCD 摄像机：在检测系统中，CCD 摄像机是最基本的前端设备之一。它的作用是将现场被测物体通过摄像镜头在摄像机的 CCD 图像传感器靶面上成像，由于被检测物体上各点的图像亮度是不同的，因此 CCD 靶面上各像素点的光照度也随之不同。CCD 图像传感器起着转换器的作用，它把光强度随空间分布变化转换成随时间变化的（CCD 图像传感器在不同时刻输出的电压不同）与图像亮度成正比的电信号，该电信号经摄像机内部的电路处理后，输出给图像采集卡。

照明光源：照明光源在图像应用系统中起着非常关键的作用。通常人眼也可以称作传感器，人眼能够在相对恶劣的条件下，如光照暗、不均匀、背景噪声大、灰度反差小时仍能识别出被测物体，是智能的。而 CCD 图像传感器仅仅是单纯地表达现实状况，因此，创造良好的照明环境，是图像应用系统和机器视觉系统成功和可靠的关键因素之一。

图像采集处理卡：线阵图像采集处理卡安装于前端检测计算机上，采集并处理线阵 CCD 摄像机所拍摄的图像，将数字化图像数据传送给前端检测计算机。

(2) 机械系统

摄像机支架：用于固定采集图像用的线阵 CCD 摄像机，摄像机可左右、上下调整位置，并可调整俯仰角度使摄像机的视场前后移动。

光源支架：用于固定光源，可以上下整体调整光源位置。

(3) 图像及信息处理系统

前端检测计算机：前端检测计算机连接到摄像机上，接收从摄像机采集到的图像数据，并对图像中相关信息进行检测，检测结果及图像通过网络传输到服务器。

服务器：服务器用于接收和显示前端检测计算机的检测结果，同时可以向前端检测计算机发送检测控制信息，控制前端检测计算机完成检测功能。

(4) 通信系统

网络交换机：通过网络交换机组成一个局域网络，连接前端检测计算机和服务器，实现计算机间的通信。

网卡：每台计算机上都有 1~2 块千兆网卡，使各计算机都连接到局域网络，实现各台计算机间的通信。

(5) 外部信号处理系统

信号处理接口卡：在前端检测机上装有专门设计的带信号处理功能的接口卡，具有信号输入、输出及运算处理功能，主要用来接收包括编码器、前后光电传感器的输出信号，并经过相应处理后，发送出有效的供前端检测机使用的信号，从而控制采图、控制机械停机输纸以及校验外部信号和排除干扰等，并可以根据检测结果的好坏发送剔废信号。在服务器上也有一块专用的接口卡，该接口卡主要用来控制报警灯及检品机停输纸。

编码器：安装在与传输皮带同步的轴上，是保证检测系统与检品机同步必不可少的硬件设备。通过编码器，可以准确地定位正在检测的产品与线阵摄像机的相对位置；并且在检品机速度变化时仍能采集到不变形的产品图像。

（6）其他外部设备

由于前端检测计算机不配备显示器、键盘和鼠标，通过切换器可以实现对各个前端检测机的显示和操作。

4. 系统软件结构

系统软件主要由两大部分组成：前端检测软件、服务器软件。

（1）前端检测软件

前端检测软件是本系统的一个重要组成部分，它运行于前端检测计算机上，实现对印刷品质量的检测，主要功能是控制摄像机和图像采集处理卡进行采图操作，并同时对采集得到的图像进行实时处理和分析，检测印刷品质量问题，用计算机视觉技术来代替人眼检查，实现对产品定量检测。

前端检测计算机运行的检测软件同时需要自动地把检测结果及时发送到服务器，由服务器运行的软件对前端检测计算机传递过来的检测结果进行综合处理。

（2）服务器软件

服务器软件通过网络连接到前端检测计算机，使独立的计算机连成一个互通的网络。服务器软件不仅是一个面向用户的操作平台，而且也是整个检测系统的控制中心，用户只要在服务器上操作，就可以实现系统的所有功能。服务器软件主要完成以下几项主要功能：

前端检测计算机的状态监测。监测和控制各个前端检测机是否处于正常的检测状态。

接收和显示检测结果。接收从前端检测计算机传递过来的检测结果数据，并且在界面上进行显示。如果接收到有问题的检测结果，系统会自动地保存对应的图像和错误信息，并将错误信息及时地显示出来，并报警处理。

系统参数设置。设定系统相关的各种参数，这些参数包括当前产品的模板信息、前端检测计算机相连的相机参数、各种错误类型的检测松紧度参数、检测精度级别、界面显示参数等。这些参数的设置直接影响到检测结果的准确性，是本系统操作的重要组成部分之一。

系统报警控制。检测出印刷错误之后，系统会根据检测结果中错误类型及错误程度向用户发出报警信息。报警方式有灯光报警和控制检品机停输纸。

检测结果的浏览查询。对于所有的检测结果，用户可以方便地进行任意查看，及时发现检测过程中出现的各种问题，给印刷工序予以提醒，减少废品率，提高印刷质量，还可以随时查询历史检测结果。

第三节　印刷质量检测系统的发展趋势

随着《中国制造2025》的落实，高新技术会越来越多地渗透到各行各业，加速我国的工业化进程。目前中国已经成为全球印刷业增长速度最大的市场。印刷需求逐年提升，印刷制造业会朝着自动化、标准化、系统化方向发展。印刷质量检测技术在其中起的是促进和提高行业竞争力的作用。

随着印刷生产线的高速化，以及高印刷质量需求，印刷品质检测的需求会越来越多，也越来越多样。在这个大好形势下，企业抓住这个大好的机遇就能发展壮大自身。机遇与挑战是并存的，企业在发展自身的情况下还需要注意未来的发展趋势才能持续发展。

① 统一的技术评价标准。目前各大印刷检测设备公司开发的产品在性能指标、性能标准、硬件模块、软件开发等各个方面都存在较大差异，还未存在实质上的统一评价标准和通用检测数据库，不利于领域内技术的交流和的发展。只有形成统一而开放的评价标准才能让更多的厂商在相同的平台上互相学习和竞争。这也是促进中国印刷图像在线检测技术朝国际化水平发展的原动力。

② 接口标准化。未来检测系统与生产设备结合越来越紧密，检测系统与生产设备的接口都标准化，或者检测系统本身就是一个生产设备。计算机蓬勃发展的一个重要原因就是接口标准化。接口标准化后设备生产公司和机器视觉公司就不需要花费功夫在设备接口调试上，节约的资源和劳动力可以投入到自身产品的研发上，提高了整体行业的资源利用率。

③ 信息化与智能化。现在工业现场的检测设备都已经能够做到互联，各个设备之间通过网络通信。但目前还远未发挥出互联网络的价值，通过互联网络将设备检测的缺陷按照工艺类型进行归类，输出数据分析报告。分析报告可以为企业的质量管理提供有效数据支撑。检测设备就不再是被动的缺陷检测工具，而是能主动地为企业生产出谋划策。

从 2010 年开始，图像视觉检测系统就已经开始加速进入印刷各个工序中，替代人工进行质量检测和质量控制，以此提高检测精度和检测效率，这在"用工荒"的背景下具有极其长远的战略发展意义。但是，全流程的印刷质量检测方案并不是每个印刷工序质量检测的简单堆砌和组合，而需要不断地深度融合，并持续发展。未来，包装印刷质量缺陷视觉检测系统将具有以下几个发展趋势。

① 光学成像系统及图像处理软件更加贴近印刷工艺的实质，最终比拼的不是 CMOS 相机数量多少，而是光学成像系统对于印刷工艺中各种缺陷的表现能力；

② 出厂的终检环节的自动检品机现阶段主要比拼速度，后期将逐步良性竞争，在工业自动化方向上朝节省人力，提高交货速度，在漏检率、误检率、易用性方面的潜力将得到深度挖掘；

③ 印刷质量的控制环节逐渐前移，印前工艺、印刷工序、印后工序的印刷质量缺陷检测系统将得到更广泛的应用，特别是高光谱颜色测量技术、印前电子文稿对版技术、墨色闭环反馈控制技术的综合应用将成为主流；

④ 采用全流程印刷质量缺陷检测系统的数据综合分析软件，实现检测系统软件和客户 ERP 系统的无缝衔接，通过大数据的新技术融合，全工序检测系统将向企业决策者提供更加系统、完善的质量分析报告、质量决策建议，最终将视觉检测系统融入到工厂品质体系当中，作为生产环节不可缺少的一部分；

⑤ 工业领域中，视觉检测系统将逐渐实现傻瓜化、IT 化、智能化。检测系统融合最新科技，如多点触控技术、云计算和云存储技术、大数据、人工智能技术等，让工业领域的视觉检测系统表现得更智能，更人性化。

未来发展将是视觉系统更多融入生产各个环节的过程，检品机的发展将不仅仅局限在目前的工业领域，将会在人类生活当中发挥更多的作用。

复习思考题

(1) 为什么需要质量检测系统？
(2) 质量检测系统的原理是什么？
(3) 检品机的发展现状是什么？有何发展趋势？

参 考 文 献

[1] 郑元林主编. 印刷品质量检测与控制技术 [M]. 北京：化学工业出版社，2013.

[2] ISO 5-1：2009（E）. Photography and graphic technology—Density measurements—Part 1：Geometry and functional notation [S]. Switzerland：ISO，2009.

[3] ISO 5-3：2009（E）. Photography and graphic technology—Density measurements—Part 3：Spectral conditions [S]. Switzerland：ISO，2009.

[4] ISO 13655. Graphic technology—Spectral measurement and colorimetric computation for graphic arts images [S]. Switzerland：ISO，2009.

[5] ISO 12647-1：2013. Graphic technology—Process control for the production of halftone colour separations，proof and production prints—Part 1：Parameters and measurement methods [S]. Switzerland：ISO，2013.

[6] ISO 12647-2：2013. Graphic technology—Process control for the production of halftone colour separations，proof and production prints—Part 2：Offset lithographic processes [S]. Switzerland：ISO，2013.

[7] ISO 12647-7：2016. Graphic technology—Process control for the production of half-tone colour separations，proof and production prints—Part 7：Proofing processes working directly from digital data [S]. Switzerland：ISO，2016.

[8] ISO 3664：2009. Graphic technology and photography—Viewing conditions [S]. Switzerland：ISO，2009.

[9] ISO 12646：2015. Graphic technology—Displays for colour proofing—Characteristics and viewing conditions [S]. Switzerland：ISO，2015.

[10] ISO/TS 10128：2009（E）. Graphic technology—Methods of adjustment of the colour reproduction of a printing system to match a set of characterization data [S]. Switzerland：ISO，2009.

[11] ISO 2846-1. Graphic technology—Colour and transparency of printing ink sets for fourcolour printing—Part 1：Sheet-fed and heat-set web offset lithographic printing [S]. Switzerland：ISO，2006.

[12] ISO 14861：2015. Graphic technology—Requirements for colour soft proofing systems [S]. Switzerland：ISO，2015.

[13] ISO/PAS 15339-1：2015. Graphic technology—Printing from digital data across multiple technologies—Part 1：Principles [S]. Switzerland：ISO，2015.

[14] ISO/PAS 15339-2：2015. Graphic technology—Printing from digital data across multiple technologies—Part 2：Characterized reference printing conditions，CRPC1－CRPC7 [S]. Switzerland：ISO，2015.

[15] GB/T 7705—2008. 平版装潢印刷品 [S]. 北京：中华人民共和国国家质量监督检验检疫总局和中国国家标准化管理委员会，2008.

[16] GB/T 7706—2008. 凸版装潢印刷品 [S]. 北京：中华人民共和国国家质量监督检验检疫总局和中国国家标准化管理委员会，2008.

[17] GB/T 7707—2008. 凹版装潢印刷品 [S]. 北京：中华人民共和国国家质量监督检验检疫总局和中国国家标准化管理委员会，2008.

[18] GB/T 8941—2013. 纸和纸板 镜面光泽度的测定 [S]. 北京：中华人民共和国国家质量监督检验检疫总局和中国国家标准化管理委员会，2013.

[19] GB/T 18720—2002. 印刷技术 印刷测控条的应用 [S]. 北京：中华人民共和国国家质量监督检验检疫总局，2002.

[20] GB/T 17934.1—1999. 印刷技术 网目调分色片、样张和印刷成品的加工过程控制 第1部分参数与测试方法 [S]. 北京：国家质量技术监督局，1999.

[21] GB/T 18722—2002. 印刷技术 反射密度测量和色度测量在印刷过程控制中的应用 [S]. 北京：中华人民共和国国家质量监督检验检疫总局，2002.

[22] GB/T 18359—2009. 中小学教科书用纸、印制质量要求和检验方法 [S]. 北京：中华人民共和国国家质量监督检验检疫总局和中国国家标准化管理委员会，2009.

[23] GB/T 24999—2010. 纸和纸板亮度（白度）最高限量 [S]. 北京：中华人民共和国国家质量监督检验检疫总局和中国国家标准化管理委员会，2010.

[24] GB/T 30325—2013. 精装书籍要求 [S]. 北京：中华人民共和国国家质量监督检验检疫总局和中国国家标准化管理委员会，2013.

[25] GB/T 30326—2013. 平装书籍要求 [S]. 北京：中华人民共和国国家质量监督检验检疫总局和中国国家标准化管理委员会，2013.

[26] 曲洪. 浅谈绿色印刷之认证 [J]. 今日印刷，2016，(6)：32-33.
[27] 莫春锦. 印刷标准化系列讲座（一）国际印刷标准：概念及架构 [J]. 印刷杂志，2010，(01)：44-46.
[28] 牟笑竹，汪丽霞. 国际主流印刷标准化认证介绍 [J]. 印刷质量与标准化，2014，(07)：45-48.
[29] 郑元林，周世生. 印刷色彩学 [M]. 第3版. 北京：印刷工业出版社，2013.
[30] HJ 2503—2011. 环境标志产品技术要求印刷第一部分：平版印刷 [S]. 北京：环境保护部，2011.
[31] HJ2539—2014. 环境标志产品技术要求印刷第三部分：凹版印刷 [S]. 北京：环境保护部，2014.
[32] HJ/T 370—2007. 环境标志产品技术要求胶印油墨 [S]. 北京：国家环境保护总局，2007.
[33] HJ/T 371—2007. 环境标志产品技术要求凹印油墨和柔印油墨 [S]. 北京：国家环境保护总局，2007.
[34] CY/T 5—1999. 平版印刷品质量要求及检验方法 [S]. 北京：全国印刷标准化技术委员会，1999.
[35] CY/T 6—1991. 凹版印刷品质量要求及检验方法 [S]. 北京：全国印刷标准化技术委员会，1991.
[36] 孟琳琳，姜桂平. 解读数字印刷质量标准——ISO 13660 [J]. 印刷质量与标准化，2010，(06)：58-61.
[37] 姚海根. 印刷质量的客观评价标准ISO13660 [J]. 印刷质量与标准化，2005，(08)：16-19.
[38] 郭强. 高速单张品检机走纸系统稳定性研究 [D]. 北京：北京印刷学院，2015.
[39] 付芦静. 基于视觉特性的印刷质量在线检测技术研究 [D]. 无锡：江南大学，2014.